KB136788

왜 체 게바라인가

무상의료 무상교육의 모범 국가 쿠바를 찾아서

왜 체 게바라인가

무상의료 무상교육의 모범 국가 쿠바를 찾아서

초판 1쇄 인쇄 2022년 12월 9일
초판 1쇄 발행 2022년 12월 22일

지은이 송필경
펴낸이 김승희
펴낸곳 도서출판 살림터

기획 정광일
편집 조현주, 송승호
북디자인 이순민

인쇄·제본 (주)신화프린팅
종이 (주)명동지류

주소 서울시 양천구 목동동로 293 2215-1호
전화 02) 3141-6553
팩스 02) 3141-6555
출판등록 2008년 3월 18일 제313-1990-12호
이메일 gwang80@hanmail.net
블로그 https://blog.naver.com/dkffk1020

ISBN 979-11-5930-244-2 03300

*가격은 뒤표지에 있습니다.
*잘못된 책은 바꾸어 드립니다.

무상의료 무상교육의 모범 국가 쿠바를 찾아서

왜 체 게바라인가

송필경 지음

살림터

머리글

파랑새를 찾아서

사람이 살면서 가장 바라는 건 행복이 아닐까?
피를 나눈 소중한 가족, 서로 이해하는 친구 그리고 믿을 수 있는 이웃과 따스한 눈길을 주고받는 삶이 주는 행복 말이다.

사람은 혼자서 다니는 무소와 달리 사회 집단을 이루어야만 살아갈 수 있다. 집단 속 개인 모두가 행복하려면 서로 자유를 존중하고 평등을 이루어야 하리라.

인류는 원시 시대를 지나 철기 시대에 들어서 생산력이 비약적으로 발전하면서 힘센 소수 무리가 강력한 무기를 만들고 생산물을 독점하여 힘없는 다수를 억압하고 착취하는 계급사회를 만들었다. 힘센 소수는 쓸데없이 뚱뚱한 행복을 누리고, 힘없는 다수는 말라비틀어진 근육을 겨우 뼈에 붙이고 목숨을 이어 갔다. 힘센 자에게 자유와 평등을 빼앗긴 다수는 가족·친구·이웃 사이에서 나누는 따뜻하고 소박한 행복을 잃어버렸다.

비참한 현실을 눈 부릅뜨고 바라본 '의식이 깬 사람(선각자)'이 있었으니, 당시 인류의 선각자는 종교인이거나 철학자였다. 선각자 중에 모든 이들이 위대한 스승으로 우러러보는 거룩한 성인이 나타났다. 성인들은 억압과 착취가 없는 자유롭고 평등한 사회를 이루라고 인간들을 향해 신신당부했다.

성인을 따르는 제자들은 나름의 행복한 이상 사회를 제시했다. 붓다의 불교도들은 미륵 세상을, 소크라테스의 제자인 플라톤은 이상 국가를, 공자의 제자들은 윤리적 질서가 가지런했던 요순시대를, 예수를 따르던 기독교도들은 하나님의 하늘나라를 꿈꾸었다.

고상한 종교와 심오한 철학도 착취와 억압의 현실을 근본적으로 바꾸지 못했다. 18세기 영국의 산업혁명은 인류가 철기를 발견한 이래 또다시 물질의 생산력을 비약적으로 향상시켰다.

기독교와 근대 철학으로 무장한 영국과 프랑스를 비롯한 소수의 유럽 국가와 신대륙 아메리카(미국)는 획기적으로 늘어난 생산력을 바탕으로 자본주의 체제로 이행하면서 아시아, 아프리카, 중남미, 중동 국가 등 지구상 대다수 나라를 식민지로 만들었다. 이들은 국내에서도 소수 자본가가 대다수 노동자를 억압하고 착취했다. 선진 자본주의 국가는 제국주의로 바뀌었다.

19세기에 마르크스(Karl Marx, 1818~1883)는 경제 철학으로 무장한 새로운 이념의 이상 국가인 공산주의를 제시했다. 돈(자본)에 인간이 소외당하는 체제를 날카롭게 비판하고, 돈에서 해방된 사회를 실현하려 했다.

19세기 말에서 20세기로 넘어가면서 유럽은 제국주의 팽창에 따른 식민지 쟁탈전과 자본주의 내부 모순으로 이념 투쟁이 치열해졌다. 20세기에 접어들자 1차 세계대전의 전운이 감돌았고, 러시아에서는 레닌이 인류가 한 번도 경험하지 못한 공산주의 혁명의 불씨를 지피려고 했다.

세계적인 불안이 고조된 1908년에 벨기에 극작가 마테를링크(Maurice Maeterlinck, 1862~1949)는 자신에게 노벨문학상을 안겨 준 동화극 『파랑새

(L'Oiseau Bleu)』를 출간했고, 이 작품은 모스크바에서 초연되었다.

『파랑새』는 어린 남매가 성탄절 전야에 행복을 가져다준다는 파랑새를 찾아 헤매는 꿈을 꾸다가 아침에 깨어나 자기들이 기르던 비둘기가 바로 그 파랑새였음을 깨닫는다는 내용이다. 작품의 동화적인 구성은 독자를 소박한 동심으로 이끌지만, 인간의 원초적이고 근원적인 행복을 다시 생각해 보게 하는 깊은 철학적 요소가 배어 있다.

내가 동화로 각색한 『파랑새』를 읽은 때가 중학교 1학년인 1968년이었다. 이걸 읽고는 "야, 너희들 말이야. 행복은 멀리 있는 게 아니야." 하며 친구들에게 우쭐댔던 기억이 또렷하다. 지금 생각하니 좁쌀 같은 유식을 자랑했던 유치하지만 순진했던 시절이 아련하다. 그때는 소박한 것을 소박하게 이해했고, 초라하더라도 누추하지 않으면 단아하다고 느끼는 맑은 눈을 가졌었다. 이제는 벌거벗은 임금님을 보아도 '야, 저 사람 벌거숭이야!'라고 말하기가 두렵다. 눈에 보이는 너무나 명백한 광경도 그대로 바라보는 능력을 상실한 것일까. 그동안 눈에 너무나 많은 때를 묻히고 살아서, 보이는 대로 말할 자신이 없기 때문일까.

모든 문학이 그렇듯 독자는 작가가 생각한 주제의 상징을 나름대로 해석할 수 있다. 마테를링크의 파랑새는 행복을 상징했다지만, 어떤 이에게는 그것이 사람이 생각할 수 있는 가장 완벽한 상태인 이상(理想, Idea)을 상징할 수도 있다. 파랑새가 누구에게는 꿈을 좇는 몽상가, 이를테면 돈키호테를 상징하기도 할 것이다.

1975년 나는 대학에 입학하면서 같은 학교에 다니는 형과 자취를 했다. 형은 베트남전쟁에 전투부대원으로 참전했다가 다행히 멀쩡히 살아 돌아온 뒤 제대하고 복학했다. 형에게 베트남전쟁에 관한 진솔한 이야기를 많이 들었다. 한국군이 잔인하게 전쟁을 치렀다고 이야기하면서 형은 눈물도 보였다.

1975년 4월 30일 북베트남이 민족통일을 이루었다. 파병을 지시했던 박정희는 크게 당황했고 대한민국 사법 사상 가장 악법인 긴급조치 9호를 발동하여 남베트남 패배에 따른 충격에서 벗어나려 했다.

바로 그때 베트남전쟁의 진실을 밝힌 이영희 선생의 책『전환시대의 논리』가 나와 남한 지성계에 엄청난 충격을 주었다. 선생은 베트남전쟁은 미국이 침략한 전쟁임을 주장했다. 참전한 형이 직접 경험했던 사실과 그 책의 핵심 내용은 별반 차이가 없었다.

1970년대 후반 유신 말기에는 학생들의 이른바 지하 '의식화' 활동이 활발했다. 지하 동아리에서 선배와 함께 '쿠바의 의료제도'를 공부하면서 완벽에 가까운 예방의료제도를 마련한 쿠바 혁명을 동경했다.

나는 치과를 개업하고 사회생활을 하면서 어린 시절에 어렴풋하게 꿈꾸었던 '파랑새'를 좇았다.

먼저 2001년 이후 한국군 학살 지역 진료 활동을 시작한 이후 2019년까지 베트남을 28번 오가며 베트남의 민족통일 과정을 공부했다. 그때 내가 좇은 파랑새는 호찌민이 이끈 베트남 민족통일이었다.

우리나라 의료문제에 관심을 기울이면서 대학 때 동아리에서 공부했던 쿠바의 의료제도를 떠올렸다. 쿠바가 수준 높은 무상의료를 시행하는 바탕에는 쿠바 혁명의 성공이 있었다. 이제 나의 또 다른 파랑새는 쿠바의 국부 호세 마르티와 혁명가 카스트로였다.

2013년 나는 『왜 호찌민인가』라는 책을 썼다. 영광스럽게도 이 책은 베트남 정부 출판사에서 2020년 베트남어로 번역 출간되었다. 2001년부터 20여 년 동안 베트남을 찾으면서 호찌민이 영도한 베트남의 민족해방투쟁에 더욱 관심이 커졌다. 이는 인류 역사에서 유례가 없는 독보적인 혁명이었다.

2018년 서강대 손호철 교수의 안내로 혁명의 나라 쿠바 땅에서 '사회주의 혁명'을 맛볼 기회가 있었다. 쿠바는 그때 열흘가량 가 본 것이 유일하지만, 쿠바의 카스트로가 이룩한 사회주의 혁명 역시 현재로는 세계 혁명사에서 독보적이라고 생각한다.

무상의료제도를 마련한 쿠바 혁명은 하루아침에 이루어 낸 것이 아니다. 1492년 콜럼버스의 쿠바 상륙 이후 식민 지배를 받은 원주민과 아프리카 노예를 비롯해 쿠바에 정착한 유럽계 이민자들의 자유를 향한 오랜 투쟁의 결실이었다.

쿠바의 국부로 추앙받는 19세기 독립혁명가 호세 마르티는 베트남의 국부 호찌민에 비할 수 있는 인물이다. 호세 마르티가 호찌민보다 행운을 만난 것을 하나 고르라면 천재적인 혁명가 카스트로를 후배로 뒀다는 점이다.

카스트로의 쿠바 사회주의 혁명 성공 역시 호찌민의 베트남 민족해방투쟁 승리만큼 세계사에서 귀중한 인류 유산의 반열에 올려도 지나치지 않다.

그런데 이 책의 제목은 어째서 『왜 체 게바라인가』일까?

쿠바에서 내가 좇았던 파랑새가 사실 체 게바라였던가?

이 글을 쓴 이유

치과 의사 생활을 하면서 나 자신이 상업 진료에 빠지지 않으려 늘 조심했다. 하지만 내 능력으로 우리 의료제도의 현실을 넘어서기는 참으로 힘들었다. 아니 불가능했다.

어떤 의료가 바람직한지 세계 여러 나라 의료제도에 관심이 깊었다. 복지 모범 국가라는 북유럽 여러 나라에도 멋진 의료제도가 있지만, 지금 내게 가장 바람직한 제도 하나만 고르라고 한다면 쿠바 의료제도를 선택하겠다. 이런 판단을 하는 데는 네 가지 계기가 있었다.

첫 번째는 1970년대 후반 본과에 다닐 때 지하 동아리에서 쿠바의 예방의료를 공부했던 경험이다. 그 당시나 지금이나 예방의료는 매우 중요한데, 우리나라에서는 아직도 낯설고 찬밥 신세다. 쿠바의 예방의료에 담긴 따듯한 휴머니즘에는 경탄하지 않을 수 없다.

두 번째는 1990년대 초 소비에트 해체 이후 극심한 경제위기를 정신력으로 극복하는 쿠바 인민의 모습을 담은 MBC 특집 방송을 보았다. 무상교육과 무상의료를 실현한 혁명 정부에 인민들이 보내는 철석같은 믿음에 무척 감명했다.

세 번째는 2007년 8월에 쿠바 의료인의 국제적인 활약상을 보여 준 SBS 기록물 〈맨발의 의사들〉인데, 쿠바의 의료 수준과 젊은 의사들의 의료 철학과 봉사 정신이 돋보였다.

네 번째는 일본인 요시다 다로(吉田太郞)의 쿠바 현지 보고서인 『의료천국, 쿠바를 가다』와 『교육천국, 쿠바를 가다』를 읽고 쿠바 의료제도와 그 바탕을 마련한 교육제도에 무척 놀랐다.

> 2005년 파키스탄 북서부에 대지진이 나자 쿠바 의료진은 파키스탄으로 날아가 7개월 동안 야외 텐트에서 치료 활동을 했다.
> "파키스탄이 그렇게 춥고 황량한 땅인지 상상하지 못했어요. 오로지 사람들을 돕고 싶다는 생각 하나로 배낭에 약을 챙겨 넣고 양치기들이 살고 있는 마을을 돌았죠. 눈이 내리는 산을 걸어 올라가서 노인과 아이들을 치료하고 왔어요. 파키스탄을 떠날 때는 저도 모르게 눈물이 솟구쳤고 파키스탄 사람들도 울고 있었죠."
> 귀국한 지 불과 나흘 뒤에 인도네시아 자바섬에 대지진이 덮쳤다. '바로소'는 그들을 돕기 위하여 다시 짐을 챙겼다.
> "저는 돈 때문에 의사가 된 게 아니에요. 돈이 인간보다 가치 있는 시대가 된다면 유감이겠지만 그렇게 되지는 않겠지요.
> 파키스탄에서는 산길을 10킬로미터나 걸어갔지만 나이 드신 분들이 반겨 주시고 아이들 얼굴에 웃음꽃이 다시 피어나는 것을 보고 기뻤습니다.

저는 병이 아니라 인간을 진찰하고 있는 것예요. 다시 태어나도 저는 의사가 될 것예요."

[『의료천국, 쿠바를 가다』(2011)에서 발췌]

'알레니스 바로소'는 당시 24살의 젊은 여성 의사다. 쿠바의 젊고 평범한 애송이 의료인의 자세와 철학에 찬탄하지 않을 수 없었다. 요시다 다로의 책을 계속 보자.

1959년 1월 1일 쿠바 혁명은 성공했다. 혁명 정부는 다음 달인 2월에 일찌감치 장대한 목표를 내걸고 농민기술, 의료, 문화지원국을 창설하여 가난한 농민들의 의료 개선에 착수했다.
다음 해인 1960년 6월에 "복지의료는 국가의 책무이며, 모든 사람이 건강할 권리를 갖는다"라고 선언하고 전 국민 무상의료를 위한 개혁을 시작했다.
급진적인 의료개혁으로 당시 6,000명이던 의사 2/3가 해외로 빠져나가고 2,000명만 남았다. 때문에 1960년대 전반에는 국민 건강에 심각한 영향을 미쳤다.
2000년대 중반 영국 의료진은 의사와 의료 종사자 100여 명을 이끌고 쿠바 의료계를 2년 동안 시찰했다. 한 의료진은 이렇게 말했다.
"사람들은 걸핏하면 GDP로 빈곤을 판단하는 경향이 있지요. GDP로 따지면 쿠바는 꽤 가난합니다. 하지만 인적 자원 면에서는 아주 풍요로운 나라입니다. 쿠바의 패밀리 닥터(가정주치의)가 맡는 환자

수가 300명이란 말을 들으면 영국 의사들은 깜짝 놀랍니다. 영국 의사가 맡아야 하는 환자 수는 1,800명이거든요."

요시다 다로가 책을 쓸 당시 쿠바에는 25개의 의대가 있었으며 의사 수는 13만 명 정도였다. 인구와 소득 수준은 우리의 1/5에 불과한 나라가 의사 총수는 우리나라와 비슷하고, 암과 심장이식 수술까지 무료였다.

쿠바 혁명의 주역 피델 카스트로는 의학이 발전하도록 힘닿는 대로 노력했다. 의료 발전으로 이 세상의 모든 아이들이 건강하게 자라기를 뜨겁게 소원했다. 인도주의적 배려심과 국제 인도주의 정신으로 똘똘 뭉친 카스트로의 의료 파랑새는 전 지구에 의료 혜택을 널리 보급하고자 했다. 수천 명의 쿠바 의사를 여러 나라에 파견해 가난한 사람들을 치료하게 했다. 1963년 의료 노동자 56명을 알제리에 파견했다. 소비에트가 해체한 1991년 무렵까지 쿠바는 의사 1만 명을 포함한 의료 노동자 3만 명을 해외에 파견했다. 쿠바 혁명이 다른 나라 민중에게 약속한 것을 지켰다.

2005년 쿠바에는 7만여 명의 의사, 2만 5,000명의 의학도가 있었다. 쿠바 의대는 미국보다 10배는 더 많은 의사를 교육할 수 있었다.

2005년에 미국은 초대형 허리케인으로 엄청난 인명 피해를 입었다. 쿠바가 1,610명의 의사를 보내겠다고 하자 미국은 이를 거절했다. 미국은 구조 지역에 헬리콥터만 보낼 뿐 의료진은 보낼 수 없었다. 수많은 사람이 헬리콥터로 이송되었으나 의료진의 도움을 받지 못하고 죽었다. 세계 제일의 의료 수준을 자랑하고, 인권을 지킨다고 큰소리치는 이 나라의 실제 모습이다. 필요할 때는 정작 의사가 없는 나라, 다시 말해 돈이 되지 않는 곳에는 의사들이 접근하지 않는다.

자본주의의 관심사는 상품을 많이 생산해서 이익을 얻는 데 있다. 해로운 상품도 이익이 되면 생산한다. 상품을 생산해서 필요로 하는 사람에게 분배하기보다는, 이익을 위해 수단을 가리지 않고 판매한다. 고급 음식이 주방 쓰레기통에 넘쳐나는 부유한 사회에서도 가난하기 때문에 굶주리는 사람은 흔하다. 자본주의는 구매 능력에 따른 불평등을 마땅하다고 생각한다.

의료도 마찬가지다. 기초 건강을 지키는 예방의료는 천대받고 첨단 기기를 사용하는 고가의 상업 의료가 발달했다. 그래서 카스트로는 이렇게 말했다.

> "자본주의는 도덕적, 윤리적 가치가 없다. 모든 것은 팔기 위한 것이다. 그러한 환경에서 사람들을 교육하는 것은 불가능하다. 사람들은 이기적이고, 때로는 도적이 된다."

쿠바는 자본주의적인 첨단 의료 기계나 첨단 의약품이 부족하지만 영아 사망률이 미국보다 낮다. 평균 수명은 그토록 잘사는 미국과 비슷하다. 이런 꿈같은 쿠바의 의료 정신과 현실에 내가 어찌 놀라지 않을 수 있겠는가.

쿠바의 또 다른 놀라운 모습은 무상교육제도에서 볼 수 있다. 유치원부터 대학 졸업까지 교육비가 무상이다. 의과대학도 마찬가지다.

쿠바 교육 사상은 "인간은 교양을 갖추어야만 자유로울 수 있다"고 한

국부 호세 마르티의 사상에서 비롯했다.

마틴 카노이 교수(스탠퍼드대학교)는 쿠바 교육의 특징을 다음과 같이 봤다.

"쿠바에서는 '물질적 소비도, 정치적인 자유도 희생한다. 하지만 그 대신에 양질의 사회적 서비스를 제공한다. 이것이 우리가 행한 선택이다'라고 지도자가 주장하고 있듯이, 개인의 자유는 제한이 있다. 하지만 다른 라틴아메리카 국가에서는 중상류 계급의 아이들만 받을 수 있는 교육을 쿠바에서는 누구나 받고 있다. 그리고 국민 교육 수준을 높이기 위해 정부가 교사나 각 가정에 압력을 가하여 교육에 대한 사회 전체의 관심을 높이고 있다. 그러므로 모든 아이들이 학교 안팎에서 안심하고 건전한 환경 아래에서 배울 수 있다."

그렇게 배운 학생은 이렇게 말한다.

"우리들은 언제나 체 게바라가 말하는 '새로운 인간'이 되려고 노력하고 있습니다."

그런 교육을 받은 젊은이들은 이렇게 말한다.

"친구가 근심하면 나는 울고, 내가 기뻐하면 친구는 춤춘다."

[『교육천국, 쿠바를 가다』(2012)에서 발췌]

좋은 제도는 하루아침에 생겨나지 않는 법이다. 무상교육과 무상의료를 갖추기 위해서는 그 나라가 축적한 역사와 문화, 국민들의 간절한 희망, 지도자의 헌신이 한데 어우러져야 했다. 교육제도와 의료제도를 인류의 모범으로 제시하기까지 쿠바 인민과 지도자들은 얼마나 많이 노력했을까?

이런 인민과 지도자를 낳은 쿠바의 역사와 문화가 정말 궁금했다.

나는 쿠바가 무상교육과 무상의료란 성과를 내기까지의 과정을 맛보려고 2018년 쿠바를 찾았다. 열흘 동안의 여행은 수박 겉핥기조차도 되기 힘들었지만, 쿠바의 역사와 혁명이 어떤 것이었는지 어렴풋이 깨달을 수 있었다.

일반인이 세계적인 대가수의 노래를 공연장에서 직접 들을 기회는 별로 많지 않다. 공연장에서의 감동이 오디오에서 들을 때의 느낌과 어찌 같을 수 있겠는가.

쿠바에 관한 책을 수십 권 읽었지만, 열흘가량 직접 체험한 답사 여행의 생생한 감동에는 못 미쳤다. 그 한 번의 감동을 '백문이 불여일견'이라 하지 않던가.

아무리 정교한 이념이라도 반드시 진리는 아니다. 내가 보편적이라 믿고 주장하는 가치 역시 하나의 이념에 불과한 것은 아닐까.

이성이 있는 사람이라면 자신의 말이 모두 옳은 것은 아님을 잘 안다고 한다.

내가 이 글에서 주장하는 바가 모두 옳은 것이라면 좋으련만….

차례

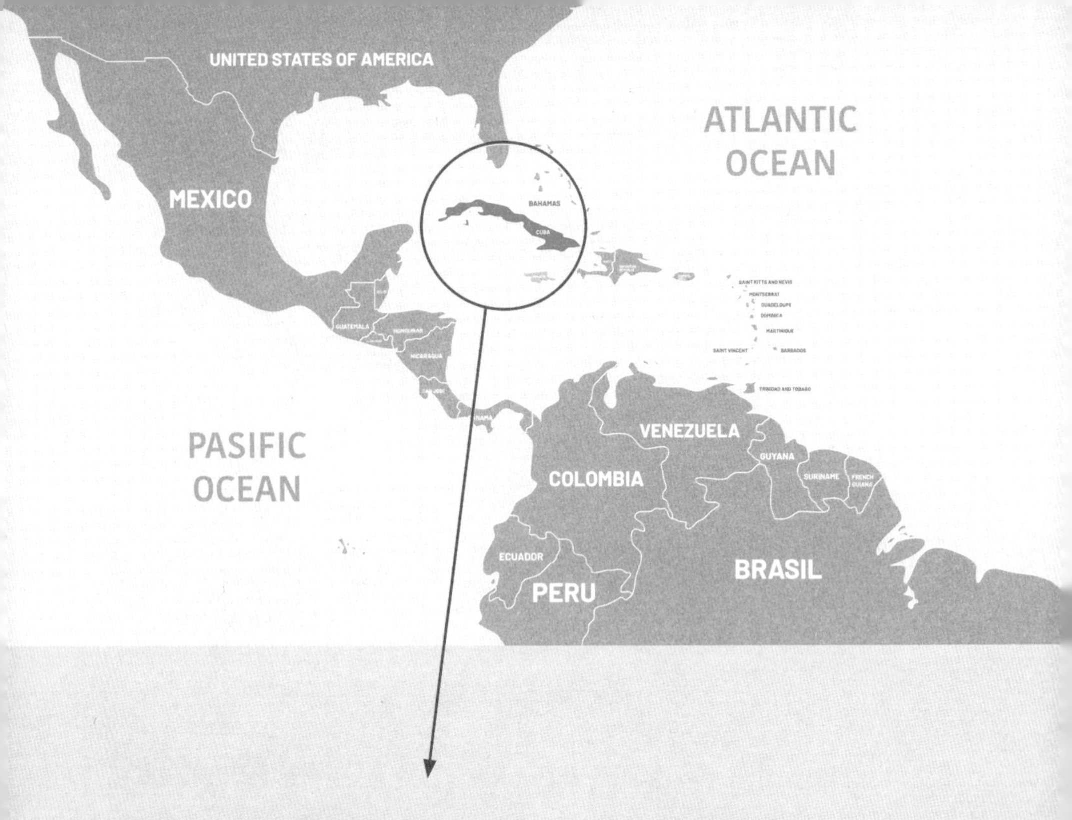

아바나에서 프로펠러 비행기 타고
산티아고 데 쿠바로 갔다.
거기서 전용 버스를 타고
바야모, 카마구에이, 트리니다드,
산타클라라를 거쳐
아바나로 돌아왔다.

호세 마르티, 총을 든 성인

2018년 7월 3일 오후, 인천공항을 떠나 합류할 일행이 있는 LA로 갔다. 이 나라 저 나라를 다녀 봤지만 만 63세에 처음으로 미국 땅을 밟았다. 한나절 동안 LA 시내 구경을 하고 나서 멕시코행 밤 비행기를 탔다.

7월 4일 새벽 5시 반에 멕시코시티의 베니토 후아레스 국제공항에 도착했다. 1박을 하고 7월 5일 오전에 쿠바행 비행기를 탔다. 멕시코에는 만 하루를 머물렀다.

멕시코시티의 고대 유적, 가톨릭 유적, 문명사 박물관을 둘러보니 이집트 카이로 못지않은 어마어마한 규모였다. 한나절 스쳐 지나며 본 것으로는 멕시코시티에 대한 감상을 쓸 엄두가 나지 않는다.

레닌과 함께 소비에트 혁명을 주도한 트로츠키(Leon Trotsky)는 1929년에 레닌 사후에 권력을 쥔 스탈린에게 소비에트에서 추방당했다. 유럽 여러 나라를 떠돌다 1937년에 멕시코로 망명한 트로츠키는 멕시코 정부의 보살핌 속에 멕시코시티에서 지냈다. 스탈린이 보낸 자객에게 1940년 암살당할 때까지 살던 집을 지금은 트로츠키 박물관으로 꾸며 놓았다. 이곳을 구경한 것이 나에게는 귀한 경험이었다.

7월 5일 오전 11시 비행기로 멕시코를 떠나 쿠바로 향했다.

HUMANIDAD MIGRANTE
EXPOSICIÓN INTERNACIONAL
Museo Casa León Trotsky
1 de Marzo al 30 de Junio 2018
Presentación de documental fotográfico (Migrac
y Mural de la Hermandad (Muro Fronterizo)
CDMX

트로츠키 박물관

역사의 땅을 찾아서

역사학자 토인비(Arnold Joseph Toynbee)가 친구와 함께 비행기로 눈 덮인 로키산맥을 넘을 때였다. 친구가 비행기 창밖의 광경을 보며 감탄했다.

"보게나, 저 자연의 장관을!"

토인비가 답했다.

"나는 경관이 웅장한 이 산맥보다는 인간 냄새가 나는 아테네의 작은 동산이 더 좋다네."

나도 눈부신 자연 경관보다 땀과 눈물과 피가 밴 역사의 땅을 좋아한다. 그래서 20세기에 인간 냄새가 가장 진했던 베트남을 18년 동안 28번 찾았다. 베트남 못지않게 인간 냄새가 가득한 쿠바에는 처음 간다. 범종 소리가 퍼지면 산골짝 가득히 은은한 떨림이 일듯이 내 마음도 그러했다.

멕시코시티와 쿠바 수도 아바나는 거의 같은 위도에 있다. 비행기는 멕시코시티에서 곧장 동쪽으로 향한다. 비행기가 이륙하여 어느 높이에 이르자 멕시코시티의 고원이 한눈에 들어왔다. 창밖 멀리 남쪽으로 뜨거운 여름인데도 뾰족한 봉우리 꼭대기에 만년설 같은 흰 눈이 쌓인 모습이 보였다. 멕시코시티의 해발 고도가 약 2,000미터인데, 저 산 높이는 얼마나 되려나 싶었다.

귀국해서 자료를 뒤져 보니 높이 5,482미터인 포포카테페틀 화산(Popocatepetl volcano)이었다. 이 글의 주인공인 피델 카스트로(Fidel Castro, 1926~2016)와 체 게바라(Che Guevara, 1928~1967)가 멕시코시티에 머물 때 게릴라 활동을 대비해 체력 단련을 하기 위해 이 산에 자주 올랐다고 한다. 체는 선천성 천식 때문에 정상은 한 번도 밟지 못했지만 훈련에는 빠지지 않았다. 피델은 이런 체의 노력에 감탄했다.

"여기서 체의 성격을 알 수 있었습니다. 엄청난 정신력과 성실성이 바로 그것이죠."

비행기는 멕시코만과 유카탄(Yucatán)반도와 유카탄해협을 거쳐 3시간 정도 지나서 쿠바 상공에 진입했다. 착륙하기 위해 고도를 낮추자 아바나 주변의 끝없는 녹색 평원이 넓은 잔디밭처럼 보였다. 아바나 하늘 관문의 이름은 아바나 국제공항이었으나, 1959년 카스트로가 집권하고 공항 이름을 '호세 마르티' 국제공항으로 바꿨다.

국제공항은 외국인에게는 그 나라의 얼굴이기도 하다. 미국은 1948년 개항한 세계 최대 도시의 공항 이름을 1963년 케네디가 암살된 이후 뉴욕 국제공항에서 '존 에프 케네디' 국제공항으로 바꿨다. 프랑스 파리 하늘 관문의 이름은 2차 세계대전 영웅이며 프랑스 대중에게 가장 인기 있는 정치인의 이름을 딴 '샤를 드골' 국제공항이다.

피델 카스트로는 1959년 혁명이 성공하자 모든 혁명의 명예를 64년 전 죽은 선배 '호세 마르티(José Julián Martí Pérez, 1853~1895)'에게 바쳤다. 49년 동안 최고 권좌에 있으면서도 그는 동상이나 조형물은 물론 자신의 이름이 붙은 어떤 기념관도 만들지 않았다.

우리 인천공항이 시설과 서비스 질에서 세계 1위라고 하는데, 아쉬운 건 세계 최고의 공항 이름에 혼이 없다는 점이다. 우리에겐 세계에서 가장 과학적인 문자인 '한글'을 만든 '세종'이 계시고, 일본인들조차 세계 최고의 해군 제독으로 꼽는 '충무'공이 계신다. '한글' 공항, '세종' 공항, '충무' 공항 이런 식으로 이름을 바꾸면 외국인에게 우리 혼을 보여 줄 수 있고, 우리도 역사와 문화에 더 큰 자부심을 느낄 수 있지 않을까?

맨 위_포포카테페틀산, 이 산에서 겨울 체력 훈련하는 체 게바라

아래 왼쪽_하늘에서 본 아바나 주위 평원

아래 오른쪽_호세 마르티 공항

쿠바 혁명의 모든 지적 소유권은 호세 마르티에게 있다

피델 카스트로의 동료이자 형제인 누나 아이데 산타마리아(Haydée Santamaría, 1922~1980)와 남동생 아벨 산타마리아(Abel Santamaría, 1927~1953)는 독재자 바티스타를 타도하기 위해 1953년 몬카다 병영(Cuartel Moncada) 습격 사건에 참가했다. 공격을 시작하자마자 실패하고 남매는 바로 붙잡혔다. 그날 서로 다른 방에서 조직원을 밝히라는 고문에도 남매는 입을 꾹 다물었다.

그날 밤 경찰은 동생 아벨의 눈알 하나를 떼어 아이데에게 보여 주며 실토하지 않으면 다른 쪽 눈알도 뽑겠다고 윽박질렀다. 그러나 누나는 단호했다. 동생이 그 고통 속에서도 말하지 않았는데 내가 어찌 말하겠는가 하며 버텼다. 아벨은 나머지 눈마저 뽑힌 채 결국 사망했다. 쿠바의 혁명 도시 산타클라라에 있는 공항 이름이 '아벨 산타마리아' 국제공항이다.

착륙 직전 비행기 창밖으로 호세 마르티 국제공항의 전경이 보였다. 활주로 수도 적고, 공항 터미널은 우리나라 웬만한 고속버스 터미널보다 작게 보였다. 하지만 나에게는 '호세 마르티'란 이름만으로도 공항의 크기나 열악한 시설을 상쇄하고 남을 만한 위엄이 느껴졌다.

호세 마르티는 내 의식 속에 외국인으로는 호찌민(Hồ Chí Minh, 1890~ 1969) 다음으로 깊이 새겨 있으며 19세기 세계사에서도 큰 의미가 있는 인물이다.

우리나라에서는 쿠바의 위인을 들라면 흔히 카스트로나 체 게바라를 떠올리는데, 쿠바인에게 가장 친근하면서 존경받는 역사 인물은 호세 마르티다. 중국 현대사에서 장제스(蔣介石, 1887~1975)의 대만이나 마오쩌둥(毛澤東, 1893~1976)의 붉은 대륙 모두가 이데올로기적 판단을 뛰어넘어 국부로 숭상하는 쑨원(孫文, 1866~1925)과 비슷한 인물이다. 우리로 치면 사상의 수운 최제우(崔濟愚, 1824~1864)와 실천의 녹두장군 전봉준(全琫準, 1855~1895)을 합한 인물이라 보면 너무 억지일까.

호세 마르티를 알지 못하고서는 쿠바의 역사 문화를 제대로 이해할 수 없다. 내가 아는 호세 마르티의 이야기를 하지 않고는 누구에게도 내 나름의 쿠바를 설명할 수 없다.

"게으르지도 않고 성질이 고약하지도 않은 사람이 가난하게 살고 있다면 그곳에는 불의가 있다."

호세 마르티의 금쪽같은 이 말은 더할 나위 없는 '궁극의 정의'를 표현한 것이다. 혁명이 필요한 이유를 이보다 더 간략하고 절실하게 표현한 것을 나는 아직 듣지 못했다. 이 말은 쿠바 혁명 정신의 진수이자 골수이며 후배들의 혁명 항해를 이끈 나침반이었다.

나는 이 책에서 이 말을 몇 번이나 되풀이할 것이다. 약소국을 착취하는 속성을 지닌 제국주의의 위선에 나는 이렇게 말한다.

"사랑의 기본은 절대로 남을 착취하지 않는 것이다!"

19세기의 호세 마르티는 20세기 피델 카스트로와 체 게바라의 쿠바에서는 물론 라틴아메리카에서 혁명을 꿈꾸는 모든 민중에게 혁명 정신의 원천이었다. 호세 마르티란 샘은 150여 년이 지나도 물이 마를 날이 없으며, 라틴아메리카에서 혁명에 목마른 사람은 반드시 그 샘을 찾는다. 혁명에도 지적 소유권이 있다면 쿠바 혁명의 모든 소유권은 호세 마르티에게 있다.

- - - - -

호세 마르티를 처음 만난 베트남의 새벽 거리

나는 해외여행을 가면 일찍 일어나는 편이다. 숙소에서 빠져나와 새벽 거리를 어슬렁거리다 보면 그 나라의 속살을 얼마간 엿볼 수 있기 때문이다.

2010년 3월 20일 오전 5시, 베트남 하노이 구시가지에 있는 호아빈 호텔을 나섰다. 아직 종업원이 일어나지 않아 로비 문이 잠겨 있었지만, 잠금장치를 찾아내 풀고서 거리로 나섰다. 구름이 짙고 아직 해가 뜨지 않아 거리는 어두웠다. 드문드문 오토바이와 짐을 가득 실은 자전거가 지날 뿐이다. 베트남 도시의 도로는 오토바이가 주인이다. 러시아워는 물론 늦은 밤까지 군무하는 새 떼가 하늘을 가득 메우듯 거리는 온통 오토바이 물결이다. 새벽만큼은 오토바이가 썰물에 쓸려간 것처럼 조용하니, 논라를 쓰고 가인항에 과일을 넘치게 담은 여인이 차도로 지나고 있다.

'논라(Non la)'는 나뭇잎을 말려 만든 삿갓 모양의 모자이고, '가인항(Ganh Hang)'은 단단한 대나무 장대 양쪽에 바구니를 달고 장대 중간을 어깨에 올려놓는 운반 도구를 가리킨다. 여자들이 주로 열대 과일을 넣고 다닌다. 논라와 가인항은 순결하고 아름다운 옷 '아오자이'(Ao Dai, Ao는 옷, Dai는 길다는 뜻, 즉 긴 옷)와 함께 베트남을 대표하는 상징이다.

호텔에서 조금 걸어 나가니 도로에는 인부들이 차량이 뜸한 심야에 도로 보수를 하다가 이제 공사 마무리를 하고 있었다. 특이하게도 파헤친 도로를 메울 뜨거운 김이 나는 아스팔트를 작은 수레에 담아 실어 나르는 사람은 대부분 여자였다. 여자가 전체 노동자의 3분의 1쯤 되어 보였다. 동틀 무렵이 되니 인부들은 밤새 흘린 땀을 닦고서 장비를 정리하고 집에 갈 준비를 서둘렀다.

뜨거운 남쪽 나라에서 해뜨기 전 선선한 이른 아침은 매우 소중한 시간이다. 하루 일과를 위해 분주하게 움직이는 사람도 있고, 작은 공원 주위를 달리거나 빠른 걸음으로 빙빙 돌며 체력 다지기에 열중하는 남녀가 적지 않다. 남자 몇몇은 웃옷을 벗고 반바지 차림으로 뛰면서 거친 숨을 내쉰다.

베트남의 서민들은 아침을 길에서 파는 음식으로 해결한다고 한다. 베트남의 아침 거리는 거대한 뷔페나 레스토랑을 연상시킨다. 컴컴한 새벽 한 아낙이 작은 플라스틱 의자에 앉아 가져온 음식들을 척척 손질한다. 육수가 가득한 큰 찜통을 숯불에 올려 데우고, 다른 이는 쌀국수에 넣을 닭고기를 잘게 찢고 갖은 야채와 양념을 써는데 그 손놀림이 몹시 빠르다. 가까운 곳에는 기다란 바게트며 샐러드, 소시지를 담은 바퀴 달린 작은 수레를 끌고 오는 아낙이 있다. 거리를 조금 더 걷다 보면 작은 숯불 화로, 석쇠, 염소고기, 돼지고기, 야채 담은 소쿠리, 큰 대야 가득히 밥을 준비한 아낙이 아침 식사 손님 맞을 채비를 하고 있다. 따끈한 차와 베트남 커피를 파는 좌판을 편 아낙도 분주한 아침을 기다린다. 베트남은 천혜의 자연환경 덕분에 식재료가 풍부해 음식문화가 다양하다.

아내와 함께 여행할 때 가끔은 따로 다니기도 하는데, 내 목에서 카메라가 떠나는 적은 없다. 나같이 기억력이 좋지 않은 사람에게는 디지털 사진기의 매력은 이만저만한 게 아니다. 필름 걱정을 하지 않고 셔터를 마구 누를 수 있고, 순간순간 이미지를 만날 때마다 무의식적으로 셔터에 손가락 힘을 줘 순식간에 날아가 버릴 이미지를 붙잡아 맬 수 있기 때문이다. 문인들이 늘 메모지를 곁에 두고 생각이 떠오를 때 즉시 메모하는 것처럼 디지털 사진기는 나의 훌륭한 메모장이다. 디지털 사진은 찍은 시간을 초 단위까지 기록해 저장하니 기억의 혼란을 없앤다. 이런 문명의 이기에 한번 맛들이면 그 유혹에서 좀처럼 헤어나기 힘들다.

우리 일행이 호텔에서 아침 뷔페 식사를 하기로 약속한 시간은 7시다.

아직 시간이 많이 남았다. 무작정 천천히 걸어갔다. 어느새 어둠이 걷히면서 밝아졌다. 플래시를 사용하지 않고 사진을 찍을 만큼 빛이 생겼다. 길거리 레스토랑의 모습을 찍으며 걸었다. 가다 보니 쭉 뻗은 길 끝에 로터리 같은 장소가 나타났다. 가까이 다가가 보니 교차로 가운데 자리한 작은 공원이었다. 타원형의 공간이 100평쯤 될까? 가운데 머리 조각상을 얹은 자줏빛 대리석 기둥이 있고, 그 기둥 사방으로 보도블록을 깐 폭 6미터 남짓한 십자형 길이 있다. 사방의 자투리 땅에는 잔디와 나무가 있었다. 보도블록 위에서 20여 명 남짓한 중 노년의 남녀가 열 지어 느릿느릿한 동작으로 열심히 체조를 한다. 중국 태극권처럼 보였다. 태극권은 원래는 싸움하는 권법이었지만 요즘 중국에서는 아침마다 남녀노소가 공공장소에 모여 체조로 즐긴다고 한다. 베트남도 그런 것 같았다. 누구의 선창이나 시범 강사 같은 사람도 없이 모두가 조용조용 일정한 리듬에 따라 움직였다. 이 부근 주민들이라 오랫동안 함께 체조를 해 왔으리라. 멀리서 줌 렌즈로 이 모습을 담았다.

궁금한 것이 보였다. 공원 가운데 머리 조각상이 아무래도 베트남 사람 같지 않았다. "당신이 찍은 사진이 불만이라면 그것은 당신이 찍을 대상에게 충분히 가까이 가지 않았기 때문이다." 보도 사진에서 전설적인 인물로 꼽히는 로버트 카파(Robert Capa)가 한 말이다. 궁금증을 해결하려면 대상에 가까이 가야 했다. 길을 건너 공원으로 들어갔다. 얼굴 조각상은 마르고 카랑카랑한 골격, 근사한 콧수염, 단호한 눈빛을 지닌 서양인이었다. 대리석 기둥 중간에 그 사람에 대한 해설이 쓰여 있었다. 베트남어로 된 해설판에서 내가 읽을 수 있는 것은 "José Martí Pérez, Cuba, Habana, 1853, 19-5-1895"이었다. 귀국해서 베트남 사람에게 보이면서 읽어 보라 하니 '호세 막티 페렛'이라 했다.

소중한 아침을 외국인 동상이 있는 작은 공원에서 보내는 베트남인들

맨 위_하노이 시내의 외국인 동상이 있는 작은 광장에서 시민들이 아침 운동을 즐기고 있다.

아래 왼쪽_동상의 주인공이 외국인이어서 놀랐다.

아래 오른쪽_이 인물에 대한 해설

의 모습이 의아했다. 우리나라 거리에 있는 동상은 세종대왕과 이순신 장군 정도가 아닌가. 기념공원이나 학교에는 다른 동상도 더러 있지만, 대구만 해도 거리 가까이에 있는 동상은 홍의장군 곽재우 하나뿐이다. 베트남 거리에는 동상이 무척 많다. 이천 년 동안 중국에 극렬히 저항하고 백 년 동안 프랑스, 일본, 미국 같은 초강대국과 싸운 역사 속에서 탄생한 영웅은 하늘의 별만큼이나 많았다. 베트남의 역사를 어느 정도 알고 나면 마을마다 유관순 누나 같은 사람이 수십 명씩 있다는 게 그리 놀랄 일이 아니다. 그런 베트남에서 외국인의 동상이라니 그 주인공에 대한 궁금증이 솟았다.

본명을 우리 식으로 읽으면 '호세 마르티 페레스'이다. 카메라에 꾹 눌러 담고 호텔로 발걸음을 옮겼다.

7시 가까이 되니 오토바이 물결이 썰물처럼 거세지고 길거리 뷔페마다 엉덩이만 겨우 붙일 수 있는 플라스틱 의자에 앉아 아침을 해결하는 사람들이 빼곡하다. 얼큰한 육수에 담긴 쌀국수를 젓가락질하는 사람, 샐러드와 소시지를 넣은 바게트를 양 볼이 불룩하게 꾹꾹 씹는 사람, 석쇠에 구운 돼지고기에 야채를 곁들인 밥을 담은 접시를 턱 밑에 들고 숟가락을 부지런히 움직이는 사람, 커피나 찻잔을 손에 잡고 느긋하게 배를 쓰다듬으며 담배 연기를 뿜는 사람. 길바닥에서 취향대로 아침을 해결하는 베트남 사람들이 무척 정겹게 보였다.

관타나메라, 소박한 시를 노래하다

2010년 당시 나의 베트남 방문은 9번째였다. 2001년부터 방문할 때마다 무언가를 보고 듣고 배웠다. 그 교훈은 충격과 함께 벅찬 감동이었다. 민족의 자존심만큼은 하늘에 닿을 듯한 하노이에서 서양인 동상을 본 것은 의외였다. 하노이 시내 중심 공원의 동상은 레닌이었다. 레닌을 러시아보다 더 소중히 여기는 나라가 베트남이다. 붓다가 본고장인 인도보다 스리랑카나 미얀마에서 더 귀한 대접을 받는 것처럼 말이다.

레닌 동상은 그렇다 치고 베트남 발음으로 '호세 막티 페렛'은 도대체 누구란 말인가? 한국에 돌아와 제일 먼저 검색해 본 것이 그 이름이었다. 뜻밖에도 이미 알고 있던 인물이었다. 동상의 주인공은 일반적으로 '호세 마르티'라 부르는 쿠바인이었다. 젊었을 때부터 잘 알던 노래, 쿠바의 아리랑이라 할 수 있는 〈관타나메라〉의 작사가였다.

쿠바 아바나항을 배경으로 한 〈라 팔로마〉와 함께 나는 쿠바 음악 특유의 리듬과 정서가 밴 〈관타나메라〉를 퍽 좋아했다. 그럼에도 가사의 내용에는 관심이 없어 아예 몰랐는데, 그 기회에 애절한 가사를 알게 되었다. 원래 시의 제목은 「소박한 시」라 한다.

소박한 시

호세 마르티

나는 신실한 사람
종려나무가 자라는 곳에서 왔으니
죽기 전에
내 영혼에 남아 있는 시를 바치고 싶다네.

대지의 가난한 사람들과
나의 운명을 꽃피우고 싶으니
산속의 개울이
바다보다 더 네게 기쁨이어라.

나의 시는 온화한 초록색이며
불타는 연짓빛이니
나의 시는 피난처 숲을 찾는
다친 사슴이라네.

– 『호세 마르티 시선집』(김수우 옮김, 2019)에서 발췌

삶의 진정성과 강고한 의지를 소박하고 단순한 언어에 담은 이 시를 바탕으로 만든 노랫말은 이렇다.

나는 순박하고 성실한 사람
종려나무 무성한 마을 출신
죽기 전에 이 가슴에 맺힌 시를 여기에
사랑하는 사람들에게 바치리

관타나메라
관타나메라 과히라 관타나메라(후렴)

내 시는 화창한 초록색
그러나 불타는 선홍색이려 하네
내 시는 상처 입은 새끼 사슴
산속 보금자리를 찾는

(후렴)

이 땅의 가난한 사람들과 더불어
이 한 몸 바치리라
7월이면 난 1월의 흰 장미를 키우리라
내게 손을 내민 성실한 친구를 위해

(후렴)

행운을 나누고 싶어
이 땅의 가난한 사람과 함께
골짜기에서 흐르는 시냇물이
나는 바다보다 더 좋아

(후렴)

(이 가사는 2010년 당시 인터넷에서 가져와서 지금은 정확한 출처를 알 수 없다.)

'관타나메라(Guantanamera)'는 스페인어로 쿠바의 '관타나모(Guantánamo) 지방 출신 여자', '과히라(guajira)'는 '여자 농부'이니 '과히라 관타나메라'는 '관타나모의 여자 농사꾼'이란 뜻이다.

1898년 아바나항에서 미 군함 폭발 사건이 있었다. 미국은 폭발 책임을 당시 쿠바를 지배하던 스페인 식민 당국에 씌우고 스페인에 전쟁을 선포했다. 늙은 제국 스페인을 쉽게 꺾은 청년 제국 미국은 쿠바를 거머쥐고 아름다운 항구인 관타나모에 미군 기지를 건설했다. 그 기지를 1903년부터 1년에 2,000달러(1903년도 기준 가격)에 영구 임대해서 지금까지 이르고 있다. 미국은 카스트로가 혁명으로 집권한 후 쿠바와 외교관계를 끊었지만, 관타나모 점령을 계속하며 수표로 임대료를 지불했다. 카스트로 정부는 이 수표를 한 번도 현금화하지 않았다.

미국은 이 기지에 주로 미국에 저항한 정치범을 가둬, 가혹한 형벌로 인간 존엄을 조롱하고 인권을 유린하는 악명 높은 수용소로 이용하고 있다. 2010년에는 '9·11 사태'를 빌미로 이라크와 아프가니스탄을 침공해서 잡은 알카에다 포로를 가두었다.

관타나메라는 자기 땅에서 추방된 지 100년을 훌쩍 넘겼다. 오바마 대통령이 선거 공약으로 관타나모 기지를 폐지하겠다고 했지만 이는 공염불이었다. 관타나모를 쿠바에 돌려주지 않는 한 미국은 어떤 나라에도 인권을 운운할 자격이 없다. 이보다 더 심하게 인권을 유린하는 곳이 세상 어디에 있는가. 미국의 관타나모 점령은 '힘센 자'의 오만이고 위선이다.

"그대들의 손으로 내 마음을 만지라!"

호세 마르티는 1853년 1월 28일 스페인 식민지였던 쿠바 아바나에서 태어났다. 아버지는 가난한 스페인군 군인이었다. 어려서부터 시와 글쓰기를 좋아했으며 쿠바 독립이라는 현실에 일찍 눈을 떴다. 마르티가 만 15살이던 1868년 쿠바 최초의 독립전쟁(1868~1878)이 일어났다. 어린 마르티도 민중봉기에 가담했다가 체포당해 감옥에 갇혀 족쇄를 차고 채석장에서 강제노동을 했다. 그때 「쿠바의 정치 감옥」이라는 멋진 글을 썼다.

마르티는 건강이 악화하여 강제노동에서 풀려났다. 불과 열여섯 살 애송이가 〈해방조국〉이라는 신문을 만들고 조국 쿠바 독립의 정당성과 그 열정을 담은 시를 발표했다. 그리고 「쿠바 혁명 앞의 스페인 공화국」을 썼다. 스페인과 쿠바, 피비린내 나는 전쟁의 모순을 분석했다. 그 나이에 이렇듯 훌륭한 글을 썼다고 하니 호세 마르티는 믿기 힘든 재능을 지녔다.

1871년 마르티의 인생에서 가장 충격적인 사건이 일어났다. 독립운동을 하던 쿠바 의대생 8명이 부당하게도 총살당했다. 이 학생들은 겨우 열여덟 살이었다. 같은 나이의 마르티는 그 사건과 관련해 「11월 27일 죽은 내 형제들에게」라는 시를 썼다.

언젠가 내 조국의 꿈이 될
사랑하는 시체들이여
내뱉으라, 좀 먹힌 그대들의 뼈의 먼지를,
내뱉으라, 내 이마 밑에!
그대들의 손으로 내 마음을 만지라!
내 귀에 대고 흐느끼라!
한 방울 한 방울이 곧 나의 느낌,
폭군들은 그보다 더 많은 눈물을 흘릴 것이다!

–『호세 마르티 시선집』에서

그해 마르티는 쿠바에서 스페인으로 강제 추방당했다. 스페인 사라고사대학교에서 법률과 철학과 문학을 공부했다. 신념이 있는 이 청년 지식인은 언제나 꿈을 꾸었다. 젊은 몽상가는 '모든 사람이 참여하고 모든 사람의 이익을 위한' 공화국을 꿈꾸었다. 성실한 후배 카스트로는 혁명의 위대한 선배 마르티에 대해 이렇게 증언했다.

"마르티는 지식인이었고 신념이 있었습니다. 그는 꿈을 꾸었죠. 정말로 존경할 만합니다. 그는 작가입니다. 거의 전기 작가에 가까우며, 모든 위대한 애국자들을 무척 특별한 문체로 찬양했습니다. 그의 연설문은 이해하기 어렵습니다. 하지만 사상들, 즉 사상의 강으로 가득합니다. 나는 가끔씩 그것을 '단어의 시내에 있는 사상의 폭포'라고 표현했습니다."

1878년 마르티는 쿠바로 돌아왔지만 정치활동을 한 이유로 1년 뒤 다시 스페인으로 쫓겨났다. 마르티는 스페인을 빠져나와 멕시코, 과테말라, 베네수엘라로 돌아다니다가 1880년 미국 뉴욕에 정착하면서 〈조국(La Patria)〉이란 신문을 발행했다. 기자 생활을 하면서도 집필활동과 정치활동을 멈추지 않았고 그 명성이 라틴아메리카 전역에서 자자했다.

1882년에 시집 『이스마엘리요(Ismaelillo)』를 펴내고, 1891년에는 〈관타나메라〉 노랫말의 소재가 된 『소박한 노래(Versos sencillos)』를 출판했다.

마르티의 시는 소박한 감정이 넘치면서도 근대적 감각을 표현해 세계 문학사에서 근대주의의 선구자로 평가받고 있다. 그의 이 모든 활동은 조국 쿠바의 독립혁명을 위한 부업이고 방편일 뿐이었다.

1892년 뉴욕에서 '쿠바 혁명당'을 결성한 이후 설교를 하면서 기금을 모았다. 이어서 미국, 멕시코, 중미 및 카리브 지역에서 혁명군을 모집하여 독립투쟁을 전개할 준비를 했다. 세상에 참전할 군인을 모으기보다 더 어려운 일이 어디 있겠는가. 더욱이 마르티는 전쟁 경험이 전혀 없는 지식인이었다. 그러나 그는 감탄할 만한 확고한 사상과 신념을 지녔고, 독립의 철학과 보기 드문 인문주의 사상으로 무장한 사람이었다. 이런 명성 때문에 많은 사람이 마르티의 명분에 따랐고 당에 동조했고 참전했다.

다음은 카스트로가 프랑스 〈르몽드 디플로마티크〉 편집인 이냐시오 라모네(Ignacio Ramonet)와 인터뷰한 내용이다.

"나는 쿠바 애국자들이 쓴 책을 읽었습니다. 나는 그들과 그들의 투쟁에 애정을 느낍니다. 물론 학교에서는 그들에 대해 제대로 가르치지 않았습니다. 게다가 미국인들이 우리 공화국을 독립시켰다고 말했기 때문에, 우리는 독립전쟁에서 애국지사들이 무엇을 했는지 알 수 없습니다.

나는 청년기에 들어서자마자 독립전쟁에 관한 글과 마르티가 쓴 책을 가장 먼저 읽었습니다. 그 작품들을 읽고 동조자가 됐습니다.

마르티는 예측했죠. 제국주의, 즉 신흥 제국주의를 가장 먼저 언급한 사람이 바로 마르티입니다. 마르티는 팽창주의와 멕시코 전쟁을 비롯한 다른 많은 종류의 전쟁에 대해 알고 있었습니다. 그리고 그런 모든 것을 신랄하게 비판한 치열한 반대자였습니다.

또한 마르티는 선구자였어요. 레닌에 앞서 마르티는 혁명을 하기 위한 당을 조직했습니다. 바로 '쿠바 혁명당'이죠. 그건 사회당이 아니었습니다.

우리 사회는 얼마 안 되는 자유인과 애국자들이 독립을 위해 싸우던 노예주의 속에 있었기 때문입니다. 하지만 무척 진보적인 사고방식을 갖고 있었습니다. 그는 반노예주의자였고, 독립주의자였으며, 본질적으로 인본주의자였습니다.

서양의 모든 인문사상처럼, 마르티에게도 기독교 윤리라는 것이 있습니다. 그는 매우 윤리적인 사람이었습니다. 자기 자신을 신앙인이라고 생각하지 않았죠. 하지만 최고의 가치들, 이를테면 이 지구상에서 벌어진 독립전쟁들, 유럽의 투쟁과 프랑스 대혁명은 그에게 많은 영향을 끼쳤습니다. 마르티는 언론인이었고 작가였고 시인이었으며, 정치가였고 몽상가였습니다. 본질적으로 마르티는 평화로 우며, 진정으로 평화를 사랑하는 사람입니다. 비록 전쟁을 찬성하긴 했지만, 그것은 '빨리 끝내야 하는 필요한 전쟁'이었습니다. 마르티는 증오에 대하여 이렇게 이야기했습니다. '스페인 사람에게 증오를 품지 맙시다.'

그리스도는 물을 포도주로 만들었고, 물고기들과 빵의 개수를 늘렸습니다. 우리도 이와 마찬가지로 물고기와 빵을 몇 배로 늘리고자 합니다. 그리스도는 특정 순간에 폭력을 사용하기도 했습니다. 이를테면 장사치들에게 채찍을 내리쳐서 그들을 사원에서 쫓아냈습니다. 종교적 관점이 아니라 사회적 관점에서 나를 기독교인이라고 한다면, 나 역시 기독교인이라고 확신합니다.

기독교는 야만의 시절에 나온 최초의 교리였고, 거기에 아주 인간적인 가르침이 나옵니다. 그 윤리적 가치와 사고가 이바지한 사회정의를 이해하기 위해서는, 구태여 기독교인이 될 필요는 없습니다. 나는 처음에는 마르티를 따랐고. 나중에는 마르티와 마르크스와 레닌을 따랐습니다. 내 첫 번째 정치사상은 마르티의 사상입니다. 하지만 1953년에 몬카다 병영을 습격했을 때, 이미 나는 사회주의에 대해 충분히 알고 있었고, 더 발전된 마르티 사상이 있었으며, 게다가 급진적 사회주의 사상도 있었죠. 그래서 1953년 7월 26일 혁명이 시작됐을 때, 우리는 그 혁명이 이미 1868년 10월에 시작되었으며, 그것이 역사를 통해 이어져 왔다고 한 것입니다."

카스트로는 자신이 성취한 혁명의 명예를 선배 마르티에게 고스란히 바쳤다. 마르티는 마르크스에 대해서도 어느 정도 알고 있었다. 「1883년 3월 29일 뉴욕에서 보낸 편지」에서 그에 대해 이렇게 썼다.

"가난한 약자들의 편에 섰기에 높이 살 만하다."

마르크스가 사망하자 1883년 5월 13일 부에노스아이레스의 신문 〈라나시온〉에 다음과 같은 글을 써서 추모했다.

"최근에 세상을 떠난 비단결 같은 영혼과 강철 같은 손을 지닌, 유명하기 그지없는 독일인 칼 마르크스를 기념하면서."

"이 땅의 가난한 사람들과 나는 나의 신념을 나누고 싶다"

반란의 전통이 살아 숨 쉬는 지역은 독립전쟁을 원했다. 마르티는 도미니카의 몬테크리스티로 가서 쿠바 독립전쟁의 정신을 담은 「몬테크리스티 선언문」을 작성했다. 그 글은 독립주의 혁명을 대표하는 마르티의 사상을 집약했다.

동지를 모은 호세 마르티는 1895년 4월 11일 무장투쟁을 위해 바하마 군도의 이구아나섬을 출발하여 관타나모 부근의 마리시곶에 상륙했다. 그리고 식민 군대와 싸우던 중 그해 5월 19일 도스 리오스 전투에서 치명상을 입고 숨을 거두었다. 자신이 말한 대로, 글 쓴 대로 살다가 눈을 감았다.

"단지 그런 순간을 살아 볼 영광이 없었던 사람만이 호세 마르티의 꿈과 이상을 부정합니다."

카스트로는 그 어떤 사회주의나 노동자 운동의 주역들보다 호세 마르티를 많이 인용했다. 마르티는 카스트로에게 영감을 끊임없이 길어 올릴 수 있는 깊은 샘물이었다.

이 위대한 혁명가 호세 마르티는 눈감을 때까지 생각할 수 없는 것을 생각했고, 상상할 수 없는 것을 상상했다. 죽기 전 미완성으로 남은 편지 마지막 부분은 다음과 같다.

"오늘날까지 내가 했고, 앞으로 내가 할 모든 일은 쿠바의 독립을 바탕으로 미국이 아메리카의 나머지 국가들로 뻗어 나가려는 시도를 막는 것이네.
나는 이 생각을 밝히지 못하고 침묵해야 했어. 밖으로 알려지면 자칫 승리할 수 없기 때문이지."

이것이 마르티가 남긴 유산이다.

호세 마르티가 숨을 거둔 지 3년 뒤인 1898년, 미국은 쿠바를 식민 지배한 스페인과의 전쟁에서 승리하여 쿠바의 지배권을 확보했다. 미국은 곧이어 쿠바의 명목상 독립을 허용했으나 얼마 되지 않아 쿠바인들은 자신들의 조국이 미국의 신식민지 상태에 빠진 것을 알아차렸다.

쿠바가 순종적인 섬이 되기를 원했던 미국은 군부 출신 독재자 바티스타(Fulgencio Batista y Zaldívar, 1901~1973)를 내세웠다. 지극히 친미적인 성향을 제외하면 어디 한 군데도 쓸모 있는 인간이 아니었다.

미국은 바티스타를 통해 도시 상층 계급을 미국 기업의 행복한 예속 집단, 미국이 허락한 지위에 만족하는 기생 집단으로 만들어서 소수 게릴라의 저항을 잠재우고자 했다.

쿠바 민중은 마약과 매춘이 춤추는 미국의 뒤뜰이 되기를 완강히 거부했다. 뒤에 설명할 영화 〈대부 2〉는 마피아가 지배한 쿠바의 모습을 잘 보여준다.

호세 마르티가 남긴 시와 글은 혁명의 나무를 자라게 할 건실한 씨앗이었다. 1956년 11월, 마르티가 약 60년 전 그랬던 것처럼 피델 카스트로를 비롯한 투사 82명은 '그란마호'라는 조그만 배를 타고 멕시코에서 쿠바로 떠났다. 몇 번의 시도가 실패하고 천신만고 끝에 살아남은 게릴라들은 마에스트라산맥(Sierra Maestra) 지역에 기지를 마련했다. 1957년부터 작은 승리를 거두며 1958년에는 기지를 더 마련하고 승승장구하기 시작했다. 1959년 1월 1일, 카스트로와 체 게바라가 이끈 마르티의 후배들은 인간을 착취하는 데 능수능란한 미국 마피아의 등에 업힌 바티스타 독재 정권을 무너뜨리고, 마르티가 그토록 염원했던 제국주의의 압제에서 벗어나 혁명의 꽃을 피웠다.

후배는 자신의 이름을 앞세우지 않고 쿠바의 하늘 관문에 '호세 마르티 국제공항'이란 이름을 붙였다. 그때부터 나는 쿠바를 생각하면 카스트로나 체 게바라보다 호세 마르티가 먼저 떠올랐다.

하노이에 있는 호세 마르티 동상의 해설판 사진을 대구에서 베트남어 통역으로 일하는 레티비츠다오에게 보냈더니 그 뜻을 알려 주었다. 그 내용을 읽어 보자.

호세 마르티 페레스.
쿠바의 국민적 영웅.
1853년 1월 28일 쿠바의 아바나에서 태어난 그는 기자요, 문필가요, 혁명가였다.
당시 쿠바는 스페인의 식민지였기 때문에 젊은 시절부터 독립운동에 관여하다가 식민 당국에 체포되어 6년 형을 선고받았다. 출소 후에도 그는 쿠바 혁명당을 조직하여 스페인의 식민 지배에 대항하여 해방전쟁을 일으켰고 식민 군대와 싸우던 중 그해 5월 19일 도스리오스 전투에서 치명상을 입고 숨을 거두었다.

호세 마르티는 19세기 후반 라틴아메리카에서 민주 해방 사상가의
선지자로 평가된다.
그는 쿠바 사람들의 정신적 지주였으며, 그들을 애정으로 보살폈
고, 그 사상은 베트남 국민들에게까지 큰 영향을 미쳤다.
말을 행동으로, 글을 실천으로 옮겨 시에서 썼듯이, 죽기 전에 노래
를 쏟아 놓고, 조국을 위해 목숨을 바쳤다.
그의 시 마지막 부분에서 호세 마르티는 이렇게 말하고 있다.
"이 땅의 가난한 사람들과 나는 나의 신념을 나누고 싶다."

혁명의 나라 베트남이 위대한 외국인 혁명가를 극진히 대접하고 있는 모습이 무척 부러웠다.

"단 한 사람이라도 불행한 사람이 있다면 그 누구도 편안하게 잠
을 잘 권리가 없다."

이렇게 말한 호세 마르티가 아름다운 땅 관타나모를 아직 돌려받지 못하고 미국의 경제 보복에 시달리는 후세들을 하늘에서 바라본다면, 진정 편안히 잠들 수 있을까?

쿠바와 베트남

20세기를 가로지른 제3세계의 혁명 가운데 그 품격의 수준을 따지자면 단연 베트남 혁명과 쿠바 혁명이 으뜸이라고 나는 생각한다. 쿠바 역시 베트남처럼 미국에게 고통을 받았고 미국 앞잡이와 싸워 기어코 이겼다.

박정희도 자신의 성공한 군사 모험을 쿠데타라 하지 않고 5·16 '혁명'이라 부른 것을 보면 혁명이란 보수를 두렵게 하거나 해를 끼치는 나쁜 말이 아닌 것이 틀림없다.

나는 오랫동안 베트남 혁명을 공부하며 깊이 감동했는데 쿠바 혁명도 참으로 감동적이다. 2010년 베트남을 다녀와서 미처 알지 못했던 위대한 역사를 들춰 보았다. 그때 역사의 교훈이 주는 기쁨을 맛보았다. 다시 한번 확인한 것은 쿠바 혁명이나 베트남 혁명이 하루아침에 이루어지지는 않았다는 사실이다.

나는 쿠바 혁명이 카스트로와 체 게바라 같은 피 끓는 젊은 천재들의 무한한 용기에 힘입어 전광석화같이 성공한 줄 알았다. 100년이나 걸린 베트남 혁명과 다르다고 생각했다.

하지만 쿠바 혁명은 호세 마르티와 같은 선열들이 흘린 피가 역사의 거름이 되어 후손들이 그 토양에서 힘찬 근육으로 노동을 했기 때문에 혁명의 나무에서 열매를 맺을 수 있었다. 항거하고 투쟁하며 단합을 거듭하는 과정에서 민중은 험난한 고통을 견디며 자기 발전의 길을 걸었다.

베트남과 쿠바 두 나라가 성취한 혁명은 인간의 존엄과 자유의 확대를 위해 끊임없이, 주체성 상실 없이 역사에 민중의 저력을 축적한 결과였다.

나는 19세기 호세 마르티를 20세기 호찌민과 비교할 수 있다고 생각한다. 마르티는 시인이요, 저널리스트요, 반식민지 저항 운동의 선구자요, 직접 전쟁을 치른 실천적 혁명가였다. 호찌민도 마찬가지다.

19세기의 무한한 상상가 호세 마르티도 20세기에 일어날 소비에트 혁명에 관해서는 상상하지 못했는데, 그가 죽고 60여 년 뒤 후배 카스트로는 소비에트 혁명보다 더 성숙한 사회주의 혁명을 일으켜 사회주의 정신을 실천했고, 미래에도 흔들리지 않을 혁명의 토대를 다졌다.

시민 혁명광장의 전사들

호세 마르티 공항의 입국 수속은 관광의 나라답게 간단했다. 짐을 들고 공항 터미널에 나오자 오래전 영화에서 본 1960년 이전의 미제 승용차가 가장 먼저 눈에 띄었다.

1960년대까지 우리나라는 차를 생산하지 못했다. 엔진 등 주요 부품을 중고로 수입해서 조립하고 차체는 드럼통을 뚝딱뚝딱 펴서 만든 지프차 형태였다. 어릴 때 통통하고 늘씬한 미제 차를 길거리에서 가끔 봤는데, 성냥갑 같은 우리 차에 비해 세련된 꿈의 차였다. 지금 쿠바에 있는 승용차들은 1961년 미국과 단교하기 전, 우리가 꿈의 차인 듯 바라본 그 미국 차들이다. 차량 수명이 60년이 넘었을 텐데 아직 씽씽 달린다. 미국인에게는 향수를 자극하는지 관광 상품으로 인기가 높지만, 오르막에선 진한 매연을 내뿜었다.

공항 입구에서 40대 초반으로 보이는 쿠바인 여성 가이드가 우리를 맞이했다. 이분은 어릴 때 외교관인 아버지를 따라 북한에서 10년쯤 살았다고 했다. 20인승 소형 버스를 타고 시내로 향했다.

멕시코에서 쿠바로 올 때는 저가 항공이어서인지 국제선임에도 기내식이 없었다. 서비스라곤 생수 한 병뿐이었다. 점심을 먹지 못한 채 시내로 향

왼쪽_쿠바 국영 관광회사 버스

아래_ 호세 마르티 기념탑과 동상

하는 버스에서 가이드가 준비한 샌드위치로 배고픔을 달랬다. 쿠바에서 먹은 첫 음식이 하필이면 미국식이었다.

먼저 아바나 베다도(Vedado) 지역에 있는 혁명광장(Plaza de la Revolución)으로 갔다. 쿠바에는 크고 작은 광장이 도시 곳곳은 물론 어느 마을에나 있다고 한다. 여기 혁명광장이 쿠바에서 가장 넓고, 쿠바를 상징하는 장소다. 1920년대에 프랑스 파리의 에투알 광장을 본떠서 작은 언덕 위에 건설했다고 한다. 세계에서 13번째로 큰 광장인데, 72,000㎡(약 2만 2,000평) 넓이를 환산해 보니 여의도의 약 1/4 크기다.

1953년에 시공하여 1996년에 완공한 높이 109미터의 호세 마르티 기념탑이 광장 가장자리 중앙에 있다. 처음에는 '시민광장'이라 했으나 쿠바 혁명 이후에 '혁명광장'으로 이름을 바꾸었다. 여기에서 매년 기념일에 혁명 시위와 퍼레이드가 펼쳐졌다. 연설 중독자인 카스트로가 노동절인 5월 1일과 혁명기념일인 7월 26일에 때로는 100만 명에 이르는 관중 앞에서 2~4시간의 긴 연설을 자주 했다고 한다.

기념탑 앞에는 로댕의 '생각하는 사람' 같은 자세를 취한 호세 마르티의 동상이 있다. 17미터 높이로 꽤 큰 동상인데 거대한 기념탑 앞에 있으니 장난감처럼 작아 보였다. 광장 주위로 국립도서관, 국립극장, 여러 행정 부처들이 들어서 있다. 기념탑 건너편 가장자리 양쪽에 내무성 건물과 통신성 건물이 있다.

체 게바라와 카밀로 시엔푸에고스, 그리고 피델

내무성 건물 전면에 이 글의 주인공인 체 게바라 얼굴 형태를 철근 부조로 장식했다. 1957년 한 게릴라 전투에서 체가 혁혁한 성과를 올리자 피델은 체를 사령관으로 임명했다. 체는 스스럼없이 자랑했다.

> "우리 모두의 마음속에는 허영심이 있기 마련이다. 그날 나는 지구상에서 가장 의기양양한 사람이 되었다."

사령관으로 임명된 뒤부터 체는 별을 단 베레모를 썼다. 이 모자, 길게 덥수룩한 머리칼과 수염, 형형한 눈빛, 오뚝한 콧날의 불꽃 같은 이미지는 체를 혁명아의 영원한 상징으로 만들었다.

1960년 3월 군수품을 가득 실은 프랑스 수송선 라쿠르브호가 아바나 항에서 원인 모를 폭발을 했다. 쿠바 정부는 미국 CIA를 배후로 확신하고, 이 혁명광장에서 폭발 희생자를 추도하고 CIA를 규탄하는 대규모 집회를 열었다.

유명한 패션 사진작가이자 카스트로의 전속 사진작가로 일한 코르다(Alberto Korda, 1928~2001)가 이 집회에서 비장한 눈빛으로 먼 곳을 응시하는 체를 우연히 찍었다. 체 게바라의 수많은 매력적인 사진 가운데서도 혁명 의지가 가장 잘 나타난 사진으로 꼽힌다. 코르다가 저작권 없이 무료로 배포해 지금도 지구상에서 가장 널리 사용하는 상업 사진이 되었다.

"체 게바라의 얼굴은 커피 머그잔, 포스터, 열쇠고리 액세서리 끝 딸랑이, 록 음악, 오페라, 미술 전시회의 광고판에서 우리를 바라보고 있다"라고 미국의 〈타임〉은 썼다. 이 사진 이미지는 쿠바 전국 방방곡곡, 거리 노점에서도, 골목 담벼락에서도, 가정집 벽화에서도, 기념품 가게 같은 곳에서도 흔히 볼 수 있다.

체 게바라는 1965년 3월 또 다른 혁명을 꿈꾸며 아프리카 콩고로 떠날 때, 피델에게 비공개를 부탁하며 편지를 남겼다. 피델은 이 편지를 1965년

위_체 게바라 부조

오른쪽_코르다의 사진

10월 3일 쿠바 공산당 중앙위원회 회의에서 낭독했다. 약 10여 년 동안 피델을 만났던 행운과 피델에게 혁명을 배운 고마움을 표시하고, 이제는 정치 견해를 달리하기에 헤어져야 하는 아픔을 솔직히 담은 편지다.

그는 편지의 끝부분에 "영원한 승리의 그날까지(Hasta la Victoria Siempre)"란 글귀를 남겼다. 이 또한 영원한 혁명아의 표어로 쿠바 사람들의 가슴을 파고들어 영원한 울림으로 자리 잡았다.

코르다가 찍은 사진에서 뽑은 체의 형상과 그의 구호를 내무성 벽면에 철골 부조로 만들어 놓았다. 요즈음은 관광객에게 호세 마르티 기념탑보다 더 유명해 혁명광장의 상징으로 자리 잡았다.

내무성 건물 옆 통신성 건물 정면에는 넓고 둥근 챙모자를 쓴 수염이 긴 나이 많은 농부처럼 보이는 얼굴이 있다. 이 형상을 피델이라고 오인하는 사람이 많은데, 그는 피델보다 6살 어린 또 다른 혁명 영웅인 카밀로 시엔푸에고스(Camilo Cienfuegos, 1932~1959)다.

1959년 1월 1일 혁명군이 아바나에 입성했는데, 카밀로는 1월 3일 아바나에 들어왔다. 피델은 아직 지방에 머무르고 있었다. 피델은 카밀로와 통화하면서 아바나에서는 자신을 어떻게 보느냐고 물었는데, 카밀로는 "잘하고 있어 피델(Vas Bien Fidel)"이라고 대답했다. 카밀로의 초상 아래에는 이 말을 철근 부조로 새겨 놓았다.

시엔푸에고스는 혁명 성공 열 달 뒤인 1959년 10월 28일, 지방에서 임무를 마치고 아바나로 돌아오던 길에 비행기가 감쪽같이 사라지면서 실종되었다. 피델과 체는 카밀로의 흔적을 일주일이나 찾았지만 오리무중이었다. 그때 그는 27살이었다.

초상과 함께 어록이 드넓은 광장의 가장자리 건물 전면에 크게 걸려 있어 강한 인상을 준다. 두 혁명 전사는 선배 호세 마르티를 응시하는 것처럼

위_카밀로 시엔푸에고스 부조

아래_호세 마르티 기념탑과 마주하고 있다.

보였다. 밤마다 철근 부조가 조명을 받아 이들 형상이 빛으로 탄생하는데 이 또한 관광 명물이라 한다. 일정상 밤에 이곳을 다시 찾지 못해 야간 사진을 남길 수 없었던 게 무척 아쉽다.

평등이 가난을 사라지게 하리라

쿠바 혁명이 낳은 가장 소중한 결과물은 무상주택, 무상교육 그리고 무상의료 제도다. 내가 쿠바를 찾은 이유는 치과 의사로서 혁명이 어떻게 무상의료의 바탕이 되었는가를 보기 위해서다. 혁명의 광장에서 '혁명'을 떠올리니 가슴이 뭉클했다.

혁명이란 말에 본능적으로 거부감이나 혐오감을 느끼는 사람이 우리 사회에는 많다. 보수적인 성향의 그들은 박정희를 좋아하거나 숭상하기도 한다. 1961년 5월 16일 박정희의 행위는 군사 반란으로 보아야 하지만, 박정희 자신은 쿠데타란 용어를 거부하고 '혁명'이라 불렀다. 일반적으로 혁명에 대해서는 혐오감을 느끼는 사람이 박정희가 벌인 혁명만은 숭상하는 이런 틈(괴리), 또는 앞뒤가 안 맞는 뒤틀림을 어떻게 이해해야 할까?

역사에서 혁명은 '평등을 쟁취하려는 반란'이었다!

"언제 어디서나 반항의 배후에는 평등하려는 욕구가 있다."

이는 2,300여 년 전 철학자 아리스토텔레스의 말이다.

인간 사이 '평등' 실현은 이제까지 인류 역사에서 가장 간절한 염원이 아니었을까? 그런 의미에서 개인은 물론 민족과 나라 사이에도 자리를 차지한 '불평등'이야말로 인류의 영원한 굴레로 인류에게 근원적인 재앙을 가져오지 않았던가.

18세기 계몽시대를 선도한 루소(Jean-Jacques Rousseau, 1712~1778)는 『인간 불

평등 기원론』에서 이렇게 말했다.

“문명의 진보가 부와 권력 그리고 사회적 특권의 인위적인 불평등을 초래함으로써 하늘에서 부여받은 인간의 행복과 자유를 파괴하고 억압했다.”

그는 법과 제도 또한 이러한 불평등을 영속화할 뿐이라고 보고 혁명의 필요성을 역설했다. 이 명석한 사상이 1789년 프랑스 대혁명에 불을 댕긴 한 도화선이었다.

공자께서는 경제적 평등에 대해 이렇게 말씀하셨다.

“적게 가지는 걸 두려워하지 말고, 공평하게 가지지 못한 것을 두려워하라. 평등이 가난을 사라지게 하리라.”

나는 2,500여 년 전의 공자 말씀은 2,400여 년이 지난 19세기 마르크스 경제사상의 핵심과 본질적으로 별다름이 없다고 본다.

붓다는 신분의 평등에 대해 이렇게 말씀하셨다.

“인간을 비천하거나 고귀하게 만드는 것은 결코 태어날 때의 신분이 아니라 그 자신의 행위에 따른다.”

붓다의 말씀을 생생히 기록한 불교 초기 경전인『수타니파타』의 중요한 내용이 인간평등관이며 계급타파라고 한다. 이러한 생각은 당시는 물론 현재까지 어처구니없는 인간 차별 제도인 카스트에 의지한 힌두교의 인도에서는 받아들이기 어려웠던 혁명적 사상이었다. 세계적 종교로 발전한 불교는 신분 계급의 불평등이 단단히 굳어 버린 고향에서는 힘을 쓰지 못했다.

예수는 사회적 평등에 대해 이렇게 말씀하셨다.

“하나님의 사랑은 유대인뿐만 아니라 모든 민족에게 나누어 주며 부유한 자나 가난한 자에게 똑같이 베푼다.”

이에 근거하여 “원수마저도 사랑하라!”라는 예수의 말씀은 피부색과 인종을 떠나 인류애적인 평등을 실천하라는 사자후였다. 하지만 유대인들은 자기 민족만 하나님에게 선택받았다고 믿었다. 예수의 동족인 유대인들은 만민 평등을 외친 예수를 로마 당국에 고발하여 십자가로 보냈다. 결국 313년에 기독교를 공인하여 국교로 받아들인 서구 제국주의는 원수마저 사랑하라는 이 말씀을 그 후로도 1,700여 년 동안 따르지 않고 인종 차별, 타 종교 박해, 식민지 침탈이 끊이지 않았다.

인간 사회에서 강자의 소유욕은 약자에게 노예 노동을 강요함으로써 비참한 약자가 생겨났다. 인류사의 큰 재앙은 인간과 인간 사이, 사회와 사회 사이, 국가와 국가 사이의 소유욕이 불러온 불평등에서 비롯되었다.

평등하려는 욕구에서 비롯된 반항을 역사는 혁명(革命)이라 불렀다. 그 뜻을 풀이하면, 기득권을 가진 강자(정복자, 지배자, 권력자, 소유자, 남성)가 강요하는 질서[命]를 약자(피식민자, 피지배자, 민중, 무소유자, 여성)가 뒤엎고 갈아치운다[革]는 의미다.

14세기 르네상스 이후 유럽은 과학혁명에 불을 붙였고, 중세를 지배한 로마 가톨릭에 억눌렸던 인간의 존엄과 개성의 중요성을 깨닫기 시작했다. 항해술과 화약 발달로 국가들은 아시아와 아프리카 그리고 신대륙(아메리카) 식민지 개척에 분주했고, 덕분에 상인들은 무역으로 엄청난 돈을 벌었다. 유럽은 교회 영향에서 벗어나 절대군주체제로 서서히 바뀌고, 무역 상인들과 금융업자들은 부르주아란 새로운 계급을 형성했다. 새롭게 떠오른 부르주아는 왕과 귀족이 권력을 세습하는 낡은 체제를 거부하기 시작했다. 부르주아는 스스로 운명을 개척할 힘과 추진력과 야망이 있었으며, 돈을 벌 수 있다면 언제나 무자비했다. 세습 귀족을 몰아내고 자신들이 권력을 차지할 욕망을 숨기지 않았다.

새로운 경제 권력은 새로운 정치사상을 만들기 마련이다. 18세기 계몽사상은 세습 특권을 부정하고, 공화제 수립을 위해 하늘에서 받은 세 가지

인민의 권리를 옹호했다. 이는 모든 인간은 자유롭고 평등하다, 모든 권력은 인민에게서 나온다, 그리고 압제 정부는 인민이 뒤집어엎을 수 있는 혁명권을 가진다는 세 가지 권리다.

영국의 식민지였던 아메리카에는 귀족계급이 없었으며 봉건적 제약에 얽매이는 농민이 없었다. 대신 자원이 무한한 미개척지가 있었다. 계몽사상으로 무장한 부르주아는 유럽보다 신대륙 아메리카에서 자기들이 원하는 체제를 만들기 쉬웠다.

근대에 들어 토머스 페인(Thomas Paine, 1737~1809)은 1776년 저서 『상식』에서 세습 군주제를 비판하며 미국은 공화제로 가야 한다고 역설했다. 페인은 독립과 민주주의 수립은 상식이라고 주장하면서 미국 독립전쟁을 혁명의 차원으로 끌어올렸다.

모든 사람은 평등하게 태어났다

"모든 사람은 평등하게 태어났다(All men are created equal)."

이는 1776년 7월 4일, 영국 식민정책에 대항하여 발표한 미국 독립선언문의 첫 구절이다. 인류의 염원을 담은 평등이 바로 미국의 건국이념이다. 그래서 역사학자 랑케(Leopold von Ranke, 1795~1886)는 영국에 대항한 미국 독립혁명을 세계사에서 가장 의의 있는 사건이라고 했다.

또한 근대적인 인권 자각의 신호탄이었으며, 프랑스 대혁명의 구호인 '자유, 평등, 우애'는 근대 민주주의 체제의 주춧돌이었다.

명료하고 분명히 존중할 가치가 있는 이 선언은 인류 근대의 새벽을 밝힌 신호탄이었지만, 한편으로는 매우 기만적이었다. 당시 미국 지식인이 정의한 사람, 즉 'Man'의 실상은 모든 인간이 아니라 백인 부르주아만을 의미했다. 이전에는 왕과 일부 특수 귀족들만 '평등하게 태어난 인간'이었다. 독립선언 이후에도 돈 많은 백인 신흥 계급만이 과거의 귀족처럼 평등의 혜택을 누릴 수 있었다. 유색 인종, 여성은 물론 백인 프롤레타리아조차 그때까지 '평등'은 고사하고 인간으로 취급받지 못했다. 1800년대 중반까지 남부의 농장은 노예 없이는 운영이 불가능했다. 수많은 아프리카 흑인들이 인간 사냥으로 잡혀서 상상할 수 없을 만큼 잔인하게 대서양을 건너 미국으로 끌려왔다. 흑인은 사고파는 말하는 가축이었으며, 남부 농장에서 가축과 다를 바 없이 채찍질을 당하며 농사일을 했다.

북부 산업 부르주아들은 흑인을 값싼 임금으로 자유롭게 고용할 수 있는 기업 경제를 바랐고, 남부 농장주들은 흑인을 노예로 소유하며 자신들에게 유쾌하고 유리한 농업 경제를 원했다. 북부를 대변한 링컨(Abraham Lincoln, 1808~1865)이 당선되자 남부 11개 주가 연방에서 탈퇴하고 남부 연합을 결성했다. 링컨은 애초 노예 해방론자가 아니었다고 한다. 노예를 값싼 노동자로 만들기 위해 노예제 폐지에 동조했을 뿐, 인권 존중보다 정치적 계산이 앞섰다. 대통령이 된 링컨은 탈퇴한 남부를 연방에 복귀시켜 북부가 원하는 경제 체제를 만들려고 했다. 이를 남부가 거절하자 무력 충돌이 벌어졌는데 이게 남북전쟁이다.

링컨은 1861년 대통령 취임사에서 "나의 최고 목적은 연방을 유지해 이를 구제하는 것"이라며 노예제도는 문제가 아니라고 밝히면서 이렇게 말했다.

"나는 백인과 흑인이 어떻게든 정치적·사회적 평등을 누려야 한다는 의견에 찬성한 적도 없고, 지금도 찬성하지 않는다."

노예해방은 위대한 역사의 결과물이지만, 시대적 한계 속에서 그 의도는 순수하지 않았던 것이다.

19세기까지 약 400년 동안 라틴아메리카를 지배한 세력은 스페인이었다. 20세기 들어 세계 최강 세력으로 떠오른 건장한 청년 미국은 임종 직전의 늙은 스페인에게서 라틴아메리카의 중요한 식민지를 빼앗았다. 새로운 지배자는 오직 군사력에만 의존한 스페인과 달리 미국식 민주주의를 이식하는 척했다. 그것은 한마디로 인간이 아닌 돈이 주인인 자본주의와 다름없었다.

미국식 민주주의가 라틴아메리카에서 그 정체를 드러낸 사건이 1928년 12월 6일 콜롬비아 산타마리아 근처 시에나가(Ciénaga)에서 일어났다. 이 사건을 '바나나 학살(Masacre de las bananeras)'이라 한다.

미국 자본 소유인 '유나이티드 프루트 컴퍼니(United Fruit Company, UFC)'의 바나나 대농장(플랜테이션)에서 더 나은 노동 조건을 요구한 노동조합의 파업이 한 달간 계속되었다. UFC는 파업을 진압하기 위해 콜롬비아 정부를 압박했다. 그러자 미국 자본에 고분고분한 콜롬비아 정부는 헌법을 중지시키고 계엄을 선포하여, 파업 진압에 군대를 동원했다.

비상사태 아래서 바나나 농장의 노동자들과 그 가족들은, 파업과 항의 차원으로 시에나가시 광장에서 열리는 예배에 참석하기 위해 모였다. 5분 안에 그 구역을 깨끗이 비우라는 명령을 받은 콜롬비아 군인들은 기관총으로 민간인들을 무차별 사격했다. 이날 미국 대사는 콜롬비아 군인들이 1,000명 이상을 사살했다고 보고했다. 실제는 노동자 3,000명이 학살당했고 한다.

마르케스(Gabriel Garcia Marquez, 1927~2014)는 1982년 노벨상 수상작인 소설 『백 년의 고독』에서 바나나 학살을 이렇게 묘사했다.

"희생자 가족들은 군 사령부에 찾아와 소식을 물었다. 군사 당국 관리들은 말한다. '꿈을 꾸신 게 틀림없습니다. 마콘도에선 아무 일도 일어나지 않았고, 현재도 일어나지 않고 있으며, 앞으로도 절대 일어나지 않을 겁니다. 여긴 살기 좋은 곳이니까요."

–『백 년의 고독』(가브리엘 가르시아 마르케스, 2021)에서

유일한 생존자 호세 아르카디오 세군도의 학살 목격담을 미친 소리로 취급한다. 그 후 사람들은 법적인 증거와 교과서 등을 인용하며 마콘도엔 바나나 회사가 존재하지도 않았다고 주장한다. 그러고는 마콘도 또한 신기루처럼 사라진다. 마콘도는 작가가 소설에서 시에나가를 암시하는 지역으로 설정한 곳이다.

20세기의 비극, 혁명은 미래와 과거 간의 목숨을 건 싸움이다

시에나가(소설 속 마콘도) 학살 사건은 1980년 광주 학살을 연상하게 한다. 다음은 손호철 서강대 명예교수가 『프레시안』에 기고한 글의 일부다.

> 광주항쟁 당시 부산 앞바다에 미국 항공모함이 와 있었다는 보도가 있었다.
> … 광주 학살은 우리에게 "국가란, 미국이란 무엇인가?"를 근본적으로 다시 생각하게 만들었고, 그 결과 반미의 무풍지대에 거센 반미운동을 불러일으켰다. 그 기폭제가 된 것은 1982년 2월에 있었던 부산 미문화원 방화사건이다.
> … 풍문과 추측에 의존하던 광주에서의 미국의 역할에 대한 구체적인 증거들이 나타난 것은 1996년이다. 미국의 탐사전문기자 팀 셔록(Tim Shorrock)이 정보자유법을 통해 4천 페이지에 달하는 5·18 관련 미국 정부의 문서들을 받아서 공개한 것이다.

"결정적인 것은 21일 군의 대학살이 있은 뒤 열린 22일 백악관 회의이다. 여기에서 미국은 군의 학살을 알면서도 광주 점령 군사작전을 승인했다. 민주화보다 진압이 더 중요하다는 것으로, 이는 한국전쟁 이후 미국의 최대 실책이었고 미국은 광주에 사과해야 한다."
미국은 그동안 공수부대의 이동을 몰랐다는 등 책임이 없다고 밝혀왔지만, 셔록은 그 허구성을 폭로했다.

–『프레시안』, 「반미운동의 기원을 찾아서: 부산 미문화원, 한국의 반미운동과 자주파는 이곳에서 시작했다」(2021년 4월 7일)에서

바나나 학살 이후 라틴아메리카의 미국 자본에 종속된 정권은 미국의 사주를 받은 콜롬비아 정부의 학살을 탄압의 모범으로 삼았다. 미국 자본가들의 필요와 소유를 위해 자기 나라를 억압하고 착취하는 데 앞잡이 노릇을 하는 그야말로 괴뢰 정권이었다.

유대인으로서 2차 세계대전이 끝난 뒤 독일을 처음으로 공식 방문한 음악가 메뉴인(Yehudi Menuhin, 1916~1999)은 자신의 시대인 20세기를 이렇게 평가했다.

"인류가 품어 온 희망 중 가장 큰 희망을 낳고는, 모든 환상과 이상을 파괴해 버렸다."

20세기를 지나는 동안 공업과 과학이 비약적으로 발전하여 인류는 이전에는 상상조차 할 수 없었던 엄청난 물질적 토대를 쌓았다. 하지만 러시아 혁명에서 극좌라는 일부 몹쓸 사생아가 태어났다면 자본주의 역시 극우 파시스트라는 포악한 자식을 길렀다.

이들의 출몰과 대립으로 광적인 증오가 이전 세기보다 더욱 널리 퍼졌다. 이처럼 야만적인 대량 파괴와 끔찍한 살상이 아무 거리낌 없이 저질러진

적이 인류 역사에 일찍이 없었다. 자본주의 모순에서 비롯한 1·2차 세계대전, 그 와중에 발생한 유대인 학살, 미·소 냉전이 부추긴 한국전쟁, 중국의 티베트 침략, 미국의 야욕이 저지른 베트남전쟁, 소련의 아프간 침공, 석유 쟁탈을 위한 걸프전쟁, 화약 냄새가 끊이지 않는 이스라엘과 주변의 중동, 그 밖에 남미·아프리카·동유럽에서 벌어진 분쟁·약탈·침공 등이 끊임없이 이어진 20세기는 메뉴인의 말대로 인간의 존엄을 여지없이 파괴했다.

20세기 최강자로 등극한 미국은 오로지 '기업'의, '기업'에 의한, '기업'을 위한 나라였다. 미국의 '기업'은 노동을 옹호하는 사회주의나 공산주의를 야만적으로 혐오했다.

인류 역사에 출현한 모든 제국주의 국가와 마찬가지로 미국 역시 더도 덜도 아닌 자기중심적인 제국주의 국가다. 미국은 건국이념으로 '모든 인간은 평등하다'를 내세웠으나, 이와 달리 자본주의의 탐욕과 야심을 위해 유색 인종 살상을 멈춘 적이 없었다. 미국은 자유와 평화가 가득한 에덴의 나라가 결코 아니었다. 사회주의 국가나 유색인종에게 밟아서 꿈틀거리지 않으면 더욱 짓밟는 태도가 미국의 속성이었다.

시몬 볼리바르(Simón Bolívar, 1783~1830)는 1820년대에 콜롬비아, 베네수엘라, 에콰도르를 해방하고 콜롬비아공화국과 볼리비아공화국을 수립하여 미국을 제외한 '범아메리카주의'의 기초를 닦았다. 볼리바르는 일찍이 그리고 정확히 미국의 속성을 예측했다.

"미국은… 신의 섭리에 따라 자유라는 이름으로 라틴아메리카를 괴롭힐 운명인 것 같다."

20세기 인간인 피델 카스트로와 체 게바라는 자라면서 기업이 자유로운 나라 미국이 패권을 장악한 라틴아메리카에서 미국 기업에 자유를 빼앗긴 민중의 비참한 현실을 분노와 연민으로 바라보았다. 젊은 지성인들은 혁명을 꿈꾸지 않고는 도저히 못 배겼을 것이다.

1961년에 호세 마르티 탑이 우뚝한 이 혁명광장에서 열린 혁명 2주년 기념식에서 피델 카스트로는 사자후를 토했다.

"혁명은 장미꽃으로 장식한 침대가 아니다. 혁명은 미래와 과거 간의 목숨을 건 싸움이다."

죽음을 예감한 체 게바라는 볼리비아 밀림에서 전 세계 인민을 향해 절박한 메시지를 보냈는데, 이것이 그의 마지막 유언이 되었다.

"미국을 향해 전면전을 펼쳐라. 제2, 제3, 아니 더 많은 베트남이 나올 때까지 적의 심장부에 증오와 피와 죽음의 화살을 꽂아라."

쿠바에서 〈대부〉를 만나다

내가 처음 본 쿠바 관련 영화가 1978년 개봉한 〈대부 2(The Godfather 2)〉이다. 대학 서클에서 존스홉킨스 의과대학 예방의학 교실의 가장 진보적인 학자 비센테 나바로(Vicente Navarro, 1937~) 교수의 쿠바 사회주의 의료체계에 대해 몰래 공부할 때다. 유신 시대에 박정희는 사회주의의 '사' 자도 꺼내지 못하게 했기에 숨어서 봐야 했다.

대부, '힘센 자'들의 향연

1977년 〈대부 2〉 역시 처음부터 폭발적인 인기를 끌었다. 쿠바에서 미국의 악행을 이보다 더 잘 묘사한 영화는 아마 없을 것이다.

쿠바 여행을 결정하고 〈대부〉 시리즈를 다시 보았다. 40여 년 전에 보았던 영화인데도 대체적인 줄거리가 기억나는 게 신기했다.

영화 평론가들은 〈대부〉 시리즈를 영화사에 길이 남을 명작이라 꼽는다. 전문가들이 극찬하는 영화의 작품성과 영화 제작의 탁월한 기법들에 대해서는 까막눈이지만, 다시 보면서 주제 의식이 뚜렷한 점에 강렬한 인상을 받았다. 이 영화는 할리우드 주특기인 액션 활극이 난무하는 흥미 위주의 갱 영화가 아니다. 마피아의 탄생과 성장을 주제로 삼아 미국 사회 밑바닥에 흐르는 원초적 폭력의 한 단면을 묵직하게 드러냈다.

〈대부 1〉에서 범죄 조직 마피아를 통해 '힘센 자', 다시 말해 국제사회에서 제국주의의 일반 속성을 엿볼 수 있었는데 이 점이 영화가 내게 준 최고의 미덕이었다. 마피아(Mafia)의 원래 뜻은 '기업형 범죄 조직'이라고 한다. 아주 '힘센 자' 미국이 국제사회에서 범죄를 저지르는 주체 세력이 미국의 군산복합체 기업과 다국적 기업이 아니겠는가. 이들 기업은 마피아와 다를 바가 없다.

〈대부 2〉에는 미국이 쿠바를 어떻게 다루었는지가 잘 나타나 있다. 마피아의 마약, 매춘, 도박 사업이 미국 내에서 견제를 받아 활동이 한계에 다다르자 사업 무대를 쿠바로 옮겼다. 마피아는 미국 다국적 기업과 함께 부패한 쿠바의 독재자 바티스타를 앞세워 돈 놀음을 했다. 쉽게 망하지 않고 버틸 줄 알았던 바티스타 정권이 혁명 세력에게 순식간에 몰락하자, 미국 마피아와 기업가들이 허겁지겁 도망치는 장면을 영화는 압축해서 묘사했다.

〈대부 1〉의 첫 장면. 보나세라는 성실히 살아가는 이탈리아계 이민자다. 뉴욕 마피아에게 상납금을 내고 그 힘에 의지하는 보통의 이탈리아계 이민자와 달리, 미국 법과 질서를 신뢰하며 마피아와 담을 쌓고 살았다. 어느 날 보나세라의 딸이 남자 두 명과 드라이브하다가 성폭행 위기에 몰렸다. 딸은 완고하게 저항하여 명예를 지켰으나 많이 얻어맞았다. 보나세라는 애지중지 기른 딸을 자신의 분신으로 생각했는데, 그런 딸이 코뼈가 내려앉고 턱뼈가 으스러져 철사로 연결했을 정도로 폭행을 당했다.

1940년대에는 미국에도 유전무죄가 널리 퍼져 있었나 보다. 영화가 아닌 원작 소설에서는 유전무죄를 이렇게 묘사했다.

"폭행한 두 남자는 집행유예 3년을 받고 법정에서 의기양양하게 걸어 나왔다. 부자 티 나는 그들 부모는 야릇한 승리감을 눈빛에 나타내며 보나세라를 멸시하는 태도를 보이자, 보나세라가 고작 할 수 있는 일이라곤 법정 복도에서 울부짖는 고함뿐이었다."

그래, 더 이상 두려워하지 말자

우리 법원은 80여 년 전 미국 법원의 '유전무죄' 판결보다 더한 몹쓸 짓을 다반사로 하고 있다. 얼마 전 법원이 권력 실세인 청와대와 재판 거래를 했다는 사법농단의 혐의로 물의를 일으켰다. 요즘 영장실질심사와 재판 결과를 보면 검찰의 꼭두각시가 아닌가 하는 의심이 들 정도다.

우리 법원의 지난 자취를 보면 공보다 과가 훨씬 많았다는 생각이 든다. 한 예로 곽상도란 검사가 조작한 유서대필 사건으로 강기훈 씨가 검찰에서 모진 고문을 당하고 법원에서 실형을 선고받았다. 지금까지 이런 사건이 열거할 수 없을 정도로 많았다. 한 사람의 일생을 망친 검사 곽상도는 이 순간에도 비리를 저지르고 있지만 법원에서는 아무런 처벌이 없다.

우리 사회에서 정의를 가장 비웃는 집단이 검찰 못지않게 법원이라는 게 확연히 드러났다. 세상은 죄를 합당하게 묻고자 하고, 합법적인 것을 원하고, 똑똑해지고 있는데도 말이다. 지식 엘리트이자 양심을 가장 깨끗이 지켜야 할 판사들의 저질 불법에 더 오염된 작태를 우리는 어떻게 받아들여야 하는가?

법과 질서를 존중하리라 믿었던 법원이 개판이라 생각한 보나세라는 돈다발을 들고 한 번도 찾지 않았던 마피아 두목을 찾기로 결심했다.

"그래, 더 이상 두려워하지 말자. 우리 같은 사람은 결국 정의를 위해서 돈 코를레오네에게 무릎을 꿇는 수밖에 없다."

코를레오네는 대부가 태어난 이탈리아 시칠리아섬의 한 마을 이름인데, 어려서 이민 올 때 이 이름으로 이민국에 등록되었다. 돈(Don)은 두목을 뜻하는 존칭으로, 대부는 돈 코를레오네를 친근하게 부르는 별명이다. 우리나라 조폭 세계에서 '큰형님'이란 호칭과 같은 뜻일 것이다.

보나세라가 대부에게 딸을 폭행한 남자들의 응징을 청탁하자 대부는 타이르듯 말한다.

"만약 당신이 나에게 '우정'으로 요청해 왔다면, 그놈들은 이미 비참해졌을 거야. 당신의 적은 곧 나의 적일 테니까."

보나세라는 이 말뜻을 알아채고 비로소 돈 코를레오네에게 깍듯이 허리를 굽히고 손등에 입을 맞추고 나서 '대부님'이라고 예의를 갖춘다. 그가 충성을 맹세하자 대부는 흡족해하며 우정의 표시로 어깨를 두드려 준다. 그러곤 다음에 필요하면 부르겠다고 덧붙인다. 대부는 그를 보내고 부하에게 폭행범 두 명을 쥐도 새도 모르게 살해하도록 지시한다.

이 영화의 첫 장면은 마피아의 정체성을 적나라하게 보여 준다.

"내가 먼저 당신한테 은혜를 베푼다. 돈을 받고 하는 일이 아니라 내 정의와 우정으로 베풀겠다. 대신 내가 필요할 때 당신도 나를 도와야 한다."

마치 블랙홀에 가까이 가면 그대로 쭉 빨려드는 것처럼, 누구든 대부와 접촉하는 순간 악마의 거래가 성립하고 그의 지배와 조종 아래 들어온다. 이게 대부의 지배 방식이다.

대부는 평소 권력 사회의 부패 구조를 교묘히 이용하여 정치인, 판사,

경찰 같은 권력층에 접근한다. 일단 접촉하기만 하면 온갖 수단과 방법을 동원하여 권력자들의 허점을 파고들어 타락시킨 뒤 그 약점을 이용하여 거래를 튼다. 거래가 성립하면 대부는 권력층을 자신의 꼭두각시로 만든다.

이런 마피아의 모습에서 '힘센 자'의 일반적인 속성을 엿볼 수 있다. 대부는 자기 질서를 따르고 충성하며 고분고분하게 상납하는 인물이 곤란에 처해 도움을 구하면 어떠한 수단으로든, 심지어 가공할 폭력을 행사해서라도 요구를 들어준다. 대신 자신이 정한 질서에 저항하거나 청탁을 거절하는 개인이나 집단이 있다면 모든 수단을 동원해 가차 없이 보복한다.

하는 일마다 불법이 뒤따를 수밖에 없고, 불법으로 처리한 사건을 뒷말 없이 마무리 짓기 위해 꼭두각시로 만든 정치가와 판사와 경찰의 권력을 보호막으로 동원한다. 대부는 곧 뉴욕 역사의 주요한 주인공임을, 밤의 세계에서 권력임을 그리고 폭력의 거대한 뿌리임을 영화 〈대부〉가 증명했다.

"우리 아버지가 그에게 거절하지 못할 제안을 했지"라는 유명한 대사가 나온다. 이는 마피아 세계의 불법과 잔혹함을 드러내는 상징적인 어투다. '거절하지 못할 제안'이란 대부가 목적을 달성하기 위한 수단으로 상대방에게 던지는 공갈과 협박을 말한다.

힘센 자들과의 전쟁 앞에서

얘기가 옆길로 새지만, 대부의 수법을 우리 현실에 비추어 보면 잘 이해할 수 있으리라. 아주 '힘센' 재벌이 '거절하지 못할 제안'을 하면 평소 재벌의 은혜를 입은 또는 앞으로 입을 권력층(정치인, 판검사, 고위공직자) 가운데 이 제안을 떨쳐 버릴 수 있는 올곧은 사람이 얼마나 있을까?

대부, 즉 마피아의 이런 조직 확장 수법은 미국 제국주의 확장 과정과 비교해 볼 수 있다. 미국은 유럽의 산업 기술력을 이어받았고 여기에 신대륙의 무한한 자원을 바탕으로 19세기 후반부터 세계를 제패할 수 있는 산업 잠재력을 갖추었다. 20세기 들어 미국은 필리핀에서 라틴아메리카까지 태평양 연안의 스페인 식민지를 무력으로 빼앗고 지배력을 넓혔다. 미국은 과거 제국주의와 달리 군사력으로만 식민지를 정복하지 않았다. 민주주의의 탈을 쓴 정권을 먼저 세운 다음 합법을 가장하여 식민지 땅과 기간산업을 싼값으로 사들여서 한 나라의 경제를 통째로 삼킨다. 거대한 자본으로 경제력을 장악한 다음 식민지 노동력을 저임금으로 쥐어짜고 지하자원을 강탈하여 투자한 자본에 대한 이익을 기하급수적으로 부풀린다. 무지막지하게 긁어모은 이익금 일부를 말 잘 듣는 괴뢰 정권에게 조금 떼어 준다.

착취에는 반란 또한 당연하다. 반란을 잠재우기 위해 미국 정부는 기업을 대신해 괴뢰 정권에 '거절하지 못할 제안'을 한다. 그것은 미국 기업과 군산복합체가 주도하는 자본주의 체제와 군사 체제에 편입하지 않으면 막강한 경제력과 군사력으로 보복하겠다는 엄포다.

괴뢰 정권을 꼭두각시 인형처럼 조정하는 정부의 행동 대원이 바로 미국 정보기관 CIA이다. 2차 세계대전 이후 전 세계에서 일어난 모든 분란에 CIA가 95% 이상 개입했다는 보고서를 본 적이 있다.

1961년 쿠바 혁명 정부를 뒤엎기 위해 쿠바 피그만을 습격한 세력의 배후가 CIA였다. 이에 실패한 이후에도 무려 수백 번에 걸쳐 피델 카스트로 암살을 시도한 세력도 CIA였다. 1964년 베트남 통킹만 침공을 조작하여 악랄한 베트남전쟁을 일으킨 세력도 CIA였다. 1973년 칠레에서 민중의 절대적인 지지를 받아 라틴아메리카 최초로 선거로 세운 사회주의 정권을 전복하기 위해 대통령 아옌데(Salvador Allende, 1908~1973)를 살해한 주체도 CIA였다.

이런 점에서 인류 역사상 최대의 제국주의 미국의 속성은 일개 범죄 집단 마피아의 속성과 별반 다르지 않다.

미국의 제안에 딴죽 부리다가 파멸한 대표적인 예가 이라크의 후세인(Saddam Hussein, 1937~2006)과 리비아의 카다피(Muammar Gaddafi, 1942~2011)다.

사회주의 체제로 전환했다가 파멸을 맞은 이가 위에서 언급한 칠레의 아옌데다.

베트남은 이 제안에 맞서다가 30년 동안 미국과 혹독한 전쟁을 치렀고, 전쟁이 끝나고 20년 동안 경제 봉쇄를 당했다. 베트남 민족은 위대한 민족통일을 달성했지만 경제적인 고통은 이루 말할 수 없었다.

북한 역시 미국과 전쟁을 치렀고, 미국의 경제 봉쇄와 체제 흔들기에 맞서 핵무기 개발에 심혈을 기울였다. 적대 행위를 종식하기 위한 종전 협상과 그에 상응하는 핵 폐기를 위한 북미 협상이 진행 중이지만 결론에 도달하기는 그렇게 쉽지만은 않을 것 같다.

미국에 맹목적 충성을 맹세했다면, 다시 말해 '거절하지 못할 제안'에 전혀 이의를 달지 않고 순종한다면 미국의 토닥거림 속에 경제 혜택을 누릴 수 있다. 일본과 한국이 대표적이다.

대부는 사업 확장, 조직 이익에만 매몰되어 배신에는 잔혹한 수법으로 복수하고, 허점 있거나 필요한 정치인을 자신의 범죄로 끌어들여 정치 모리배로 만든다. 하지만 냉혹하기 짝이 없는 대부도 자식이나 조직에 충성을 맹세한 이들에게는 그윽한 사랑을 쏟는 모습이 〈대부〉에 잘 나타나 있다.

대부도 굳이 인간적으로 보자면 평생을 가족끼리 끈끈한 유대를 위해서 매우 헌신했다. 아내에게 마초였지만 바람을 피우지 않고 가정을 충실히 지켰다. 자식에게도 더없이 따듯하고 자상했다. 장남이 길거리를 배회하는 또래 아이와 친해져 집으로 데려오자 대부는 그를 아들처럼 대했다. 그 아들의 친구를 양아들로 받아들여 변호사로 키워 마피아 세계에 걸맞은 유능한 변호사로 성장케 했다.

5·18의 원흉 전두환도 자신의 부인과 자녀들, 주위 친인척에게 특혜를 베푸는 데 극진했고, 장세동을 비롯한 충성스러운 부하에게는 한없이 따뜻한 보스였다. 그의 모교인 대구공고에 가면 지금도 영웅으로 대접받는다.

거절하지 못할 제안을 거절하다

쿠바는 미국의 '거절하지 못할 제안'을 전광석화처럼 묵살했다.

〈대부 2〉 마지막에 쿠바 혁명이 성공하는 장면이 나온다. 1958년 12월 31일에서 1월 1일로 넘어가는 순간, 마피아 일원과 미국 자본가들이 쿠바의 독재자 바티스타와 떠들썩하게 신년 행사를 진행하고 있었다. 1월 1일을 알리는 순간, 바티스타는 혁명군이 아바나에 들어왔다고 발표하고 행사장을 황급히 빠져나가 황금 궤짝을 실은 비행기로 도망친다. 파티장은 아수라장이 되고 마피아와 미국 자본가들도 꼭두새벽에 미국행 비행기를 구하느라 우왕좌왕한다. 미국은 바티스타 괴뢰 정권의 급작스러운 붕괴를 전혀 예측하지 못했다.

〈대부 2〉의 대부는 1세가 사망하고 셋째 아들 마이클이 승계한 대부 2세다. 1950년대 들어 미국 내에서 마피아의 불법을 견제하기 시작하자 돈 마이클 코를레오네는 도박, 매춘 같은 뒷골목 사업을 합법적인 호텔 카지노 같은 사업으로 전환하기 위해 체질 개선에 나섰다. 그러면서 미국에서는 벌이기 힘든 마약 사업을 기존 사업에 덧붙이려고 쿠바로 눈을 돌렸다.

쿠바섬은 미국 마이애미와 직선 뱃길로 150킬로미터 정도 떨어져 있으며, 마이애미에서 아바나까지는 비행기를 타면 한 시간도 걸리지 않는다. 20세기 초부터 미국 자본은 쿠바 농촌의 노른자 땅을 거의 다 사들였으며, 전기·전화 같은 국가 기반 산업도 손아귀에 넣었다.

마피아는 쿠바 수도 아바나를 미국인이 환락을 즐기기에 최적의 위치와 조건을 갖춘 곳으로 점찍었다. 미국에서는 즐기지 못할 쾌락을 마피아가 아바나에서 책임지면서, 아바나 자체를 마약, 매춘, 도박이 자유로운 '카리브의 환락가'로 둔갑시켰다. 마피아는 쿠바를 미국인들이 자국에서는 꺼려하는 짓거리들을 마음대로 즐길 수 있는 자신들의 안마당으로 만들었다. 마피아는 막대한 수입의 일부를 부패한 대통령 바티스타에게 떼어 주었다.

이런 쿠바에서 젊은이들과 의식 있는 민중들이 반미, 반독재 혁명을 꿈꾸지 않았다면 그게 오히려 더 이상한 게 아닐까?

대부 2세 마이클은 사업 투자를 위해 아바나에 처음 갔을 때 길거리에서 시민들이 목숨을 아끼지 않고 군인들에게 저항하는 모습을 본다. 이때 그는 쿠바 혁명이 성공하리라 직감하고 쿠바에 대한 투자를 의심하기 시작했다.

마이클은 아버지의 친구이자 당시 아바나에서 마피아 조직의 터줏대감 노릇을 하던 유대인 두목 하이먼 로스를 찾아 사업 투자에 대한 설명을 듣는다. 하이먼 로스의 실제 모델은 악명 높은 마피아의 실제 두목 마이어 랜스키(Meyer Lansky, 1902~1983)다.

늙고 쇠약한 로스는 사업 이야기를 하기 전에 마이클에게 하소연한다.

"무엇보다 건강이 최고야. 성공보다도, 돈보다도, 권력보다도."

그러면서 질병의 고통을 털어놓는다.

"통증 없이 소변만 볼 수 있다면 400만 달러라도 내겠네."

1958년에 400만 달러면 요새 돈으로는 치면 백 배 또는 천 배가 되는 수천만 혹은 수억 달러에 달할 것이다.

"건강은 가장 큰 재산이요, 만족은 가장 값비싼 보석이요, 신뢰는 가장 위대한 친구다."

2,500여 년 전 붓다가 하신 말씀인데 『법구경』에 나온다. 건강이 인생에서 가장 소중하기는 성현이나 흉악한 범죄자에게나 마찬가지다.

이 영화의 감독은 사회 비판의식이 아주 강한 프랜시스 포드 코폴라(Francis Ford Coppola, 1939~)다. 〈대부〉 연작에 이어 베트남전쟁을 비판적으로 다룬 대작 〈지옥의 묵시록〉을 만들었다.

코폴라 감독은 이런 영화를 통해 '인간의 폭력, 권력의 속성 그리고 그 속에 도사리고 있는 부패'를 그리려 했다고 말했다. 의식 있는 자세로 대작 영화들을 만든 것으로 보아 상당히 치밀한 기획과 그에 따른 의도가 있었음이 분명하다. 늙은 마피아가 병든 몸의 고통을 호소하며 돈 주고라도 건강을 샀으면 하고 바라는 모습을 영화에 삽입한 것을 보면, 감독에게 쿠바 의료제도에 대한 정보와 지식이 있었으리라고 나는 확신한다.

단 한 사람의 생명, 그 중요성을 이야기하다

의사 출신 쿠바 혁명 영웅 체 게바라는 이렇게 말했다.

"단 한 사람의 생명은 전 지구상에서 가장 부자인 사람의 전 재산보다 훨씬 더 가치가 있다."

1990년대 초 쿠바에 가서 만든 MBC 특집 다큐멘터리를 3시간가량 방영한 것을 보았다.

1991년에 소련이 해체됐다. 모든 경제를 소련에 의지하던 쿠바는 수출이 1/5로 감소하고, GDP는 2/3로 줄었다. 대재앙이 닥쳤다. 휘발유 부족으로 거의 모든 차가 움직일 수 없었다. 전기는 수시로 끊겼다. 밤이면 캄캄했다. 미국은 쿠바의 멸망을 확신하며 그 시기만을 기다렸다.

쿠바가 그나마 명맥을 유지한 수단은 유럽 관광객들이 뿌리는 돈이었다. 이 다큐멘터리에서 차마 보기 힘들었던 장면은 여자가 유럽 여행객을 유혹하여 자기 집 안에 끌어들이는 모습이었다. 쥐꼬리만 한 휘발유는 오직 관광객에게만 공급되었다.

사실인지 과장인지 모르겠지만, 이번 쿠바 방문에서 그 당시 상황에 대해 이런 말을 들었다. 당시 쿠바섬에서는 고양이와 쥐가 동시에 사라졌다고 한다. 굶주린 사람들이 쥐는 물론 고양이까지 잡아먹었기 때문이었다. 어쨌든 쿠바 민중은 고통스럽게 굶주렸다.

이쯤 되면 민중이 나라를 뒤집어야 하지 않겠는가. 다음 장면에서 방송기자가 나이 지긋한 쿠바인과 인터뷰하며 미국에 고분고분해서 경제 도움을 받는 것이 더 낫지 않겠냐고 넌지시 속마음을 떠봤다. 그러자 그는 단호하게 거부했다.

"지금 우리는 무척 고통스럽다. 그러나 미국 체제에 편입은 절대 하지 않겠다. 우리는 미국 체제에서 살아 봤다. 카스트로 정권은 미국 체제에서는 꿈도 꿀 수 없었던 성과를 이룩했다. 지금 우리 쿠바에서는 교육과 의료가 완전 무상이다."

이에 방송 기자의 마지막 언급은 이랬다.

"쿠바가 지금보다 경제적으로 훨씬 더 어렵더라도 카스트로 정권은 망하지 않을 것이다."

쿠바 인민은 혁명의 위대한 열매인 무상교육과 무상의료를 직접 맛봤기 때문에 미국이 옥죄는 혁명의 어쩔 수 없는 고통을 순순히 받아들였다.

혁명 후에도 쿠바에는 분명히 문제들이 있다. 경제적인 어려움, 비효율적인 거대 관료주의, 일반화된 소규모의 부정부패, 가난, 전력 부족, 교통 문제, 배급제, 힘든 일상생활, 특정 자유의 제한 등을 안고 있다. 그러나 카스트로의 정적들은 인정하려고 하지 않지만, 쿠바인들은 대부분 혁명에 충성을 다하고 있는 것이 현실이다.

동유럽의 공산주의 국가에서 일어난 것과 반대로, 이런 충성심은 미국의 제국주의 야심에 반대한 역사적 저항에 뿌리를 둔 민족주의에 근거한다. 동유럽 공산주의 체제는 외부 세력인 소련이 강요한 체제였다. 1968년 체코의 민주자유화운동인 '프라하의 봄'에서 보듯이 민중이 혐오한 체제였기 때문에 소련의 해체와 함께 생각보다 빨리 붕괴했다.

쿠바의 국부 호세 마르티는 교육의 중요성을 일찍이 이렇게 말했다.

"인간은 교양을 갖추어야만 비로소 자유로워진다."

카스트로의 혁명 정부는 군부대와 경찰서를 학교로 바꾸어 교육을 보급했다.

"혁명 정권은 요새란 요새는 모두 부수려 하고 있는가? 그것은 혁명이 승리를 거두고 있기 때문이라기보다 학교야말로 혁명의 요새이기 때문이다. … 전투를 해서 요새를 함락시키는 것 이상의 혁명은 요새를 학교로 바꾸는 것이다."

호세 마르티와 카스트로의 말은 빅토르 위고가 『레미제라블』에서 무상교육을 강조한 것과 다를 바가 없다.

"무지한 인간에게 되도록 무료로 교육하지 않는 사회는 죄악이다. 사회는 스스로가 만들어 내는 암흑에 책임을 져야 한다. 우리의 영혼에 그늘이 가득 차 있게 되면, 거기서 죄가 이루어진다. 죄인은 죄를 저지른 자가 아니라 영혼 속에 그늘을 만들어 준 자이다."

혁명이 지향하는 인민 주권과 사회정의, 그리고 경제 제도 등은 모두가 교육을 바탕으로 이루는 것이라는 걸 카스트로는 꿰뚫었다. 그리하여 쿠바는 세계 최고 수준의 고학력 국가에 이를 수 있었다.

나는 병이 아니라 인간을 진찰하고 있다

무상교육을 받으며 자란 쿠바의 젊은 의사는 이렇게 말한다.

"돈이 인간보다 가치가 있는 것이라면 유감이다. 나는 병이 아니라 인간을 진찰하고 있다."

우리 의사협회가 수입이 줄어들까 봐 보험 확대 시행을 반대하는 점을 생각해 보면, 쿠바의 평범한 의사는 얼마나 성숙한가. 그 철학과 휴머니즘은 우리보다 한 세기는 앞섰을지 싶다.

나는 앞으로 의료보장 확대를 위해, 경제적으로는 우리보다 훨씬 못살지만 의료제도와 의료철학만큼은 세계 최고 수준을 자랑하는 쿠바 의료에 대해 내 지식과 경험을 통해 논의해 볼 작정이다.

쿠바의 의료 모델은 앞으로 우리 의료제도의 좋은 참고 모델이 되어야 한다. 더 나아가 전반적인 남북 교류가 활성화되면 한반도 전체 의료 모델의 귀감이 되기를 바란다.

말레콘 해변에서

2018년 5월 18일, 쿠바로 출발하기 한 달 보름쯤 전에 쿠바 국내선 여객기가 이륙하자마자 추락해 탑승자 110명 전원이 사망했다는 뉴스가 아주 충격이었다. 쿠바 당국은 당분간 쿠바 내 국내선 취항을 금지한다고 했다. 이러다 우리 여행이 무산되는 건 아닌지 불안했다.

쿠바는 미국과 단교한 1961년부터 다시 수교한 2015년까지 54년 동안 철저히 경제 봉쇄를 당했다. 미제 차만 낡은 게 아니라 예전부터 쓰던 미제 비행기도 아주 낡았다. 수리해야 할 부품을 구하는 데 애를 먹어 이제는 멕시코에서 비행기를 전세로 빌린다고 했다. 추락한 멕시코 전세 비행기도 문제가 많았으나 항공사에서 당국에 뇌물을 주고 무리한 운항을 했으니 사고가 날 수밖에 없었다는 설이 있다.

영감이 파도처럼 밀려오는 말레콘 해변

조마조마하며 기다렸더니 총체적으로 점검하여 다시 운항한다는 소식이 왔다. 비행기 운항 시간이 변경되어 처음 짠 스케줄을 조정해야 했다. 안 그래도 짧은 일정이 반나절 이상 줄어들었다.

여행 내내 바쁘게 움직여야 했고 몇몇 일정을 취소했다. 봐야 할 분량에 비해 볼 시간이 너무나 짧아 전체 답사는 솔직히 수박 겉핥기조차도 아닌 수박 겉보기에 불과했다.

혁명광장도 몇 마디 설명을 듣고 휙 돌아봤다. 109미터 기념탑을 계단으로 오르면 쿠바 혁명사를 한눈에 볼 수 있게 전시되어 있고, 걸어서 다 오르면 인증서를 준다고 손호철 교수께서 귀띔하셨다. 탑 꼭대기에 오르면 아바나 전경을 볼 수 있는데, 여정의 짧은 시간을 아쉬워하며 기념탑에 가까이 가지도 않고 멀리서 사진만 찍고는 말레콘(El Malecón) 해변으로 갔다.

말레콘 해변은 쿠바의 수도 아바나 구시가지 북쪽에 있는 방파제가 있는 해안을 말한다. 말레콘은 우리말로 방파제를 뜻한다. 방파제란 일반 명사가 아바나에서는 말레콘이라는 고유명사로 바뀐 것 같았다. 어느 지방의 중심에서 남쪽에 있는 산을 흔히 남산이라 일컫지만 서울과 경주, 청도 등 몇몇 지방의 남산이 고유명사가 된 것처럼 말이다.

말레콘은 미국 식민지였던 1901년에 착공해 독재자 바티스타 정부 때인 1952년에 완공했다. 길이 8킬로미터인 방파제를 따라 1960년대에 6차선 도로를 만들었다고 한다. 도로 옆으로 쿠바 특유의 파스텔 색조 건물들이 죽 늘어서 있다. 건물들은 스페인 전통식과 미국식 양식이 섞인 형태라고 한다. 버스로 지나치며 보니 칠이 벗겨진 건물이 태반이고 곧 무너져 내릴 것 같은 건물도 부지기수였다. 쿠바의 어려운 경제 사정이 짐작되었다.

요즘 환경론자 시각에서는 이 콘크리트 방파제를 거대한 흉물로 볼 것이다. 그러나 세월이 흘러 시민들에게 친근해지면서 이곳은 많은 이들이 즐겨 찾는 넓은 공짜 휴식처로 변했고, 외국 관광객들은 아바나는 물론 쿠바를 상징하는 이색적인 명물로 여기곤 한다.

방파제 위에서 낚시하는 사람, 악기를 들고 연주하는 사람, 남녀가 앉아 무릎 세우고 마주 보며 이야기하는 모습, 모두 시간을 잊은 듯했다. 말레콘을 무대가 아주 긴 야외극장이라 할까. '가난한 이들의 카바레'라 보는 사람도 있다. 말레콘에 느긋이 있노라면 온갖 영감이 파도처럼 끊임없이 밀려올 것 같았다.

동서로 뻗은 말레콘은 해변 건물들에 불이 켜지고 해가 저 먼바다에 몸을 숨기면서 하늘과 구름과 바다를 붉은빛으로 물들이는 저녁놀 무렵이 특히 아름답다고 한다. 어둠이 내리면 개방적인 문화 속에 자유롭게 즐기는 이곳 젊은 남녀가 방파제에서 어떤 다정한 모습을 취할까 하는 궁금증이 일었다. 길 건너 건물의 빛은 아련하고 하늘에는 별빛만 있고 바다는 캄캄할 때 젊은 연인들의 자연스러운 모습을 보지 못해 아쉬웠다.

쿠바인들의 웃음

쿠바를 소개하는 책들은 쿠바인들은 가난하지만 문화가 넉넉하고 웃음 또한 넉넉하다고 말한다. 넉넉한 웃음이야말로 만족 상태를 가리키는 최상의 표시이고, 이런 만족이 행복의 근원 아니겠는가?

카리브해의 낙천적인 사람들의 생활을 잘 나타내는 예로 미국 부자와 카리브해 가난한 어부의 대화가 한때 유행했다.

> 미국 부자가 카리브 바닷가에서 한적하게 거닐다가 마침 물고기를 잡는 어부를 보았다. 어부가 물고기 몇 마리를 잡더니 그만 자리에서 일어서자, 부호가 어부에게 말했다.
> "물고기를 더 많이 잡아서 팔면 돈을 모을 수 있을 텐데, 왜 그만하는 건가요?"

어부가 되물었다.

"돈을 모아 어디에 쓰려고요?"

"늙으면 전망 좋은 바닷가에 집을 짓고 낚시나 하면서 한적한 삶을 살 수 있지요."

어부는 어이없는 표정으로 말했다.

"보슈, 내가 지금 그런 삶을 살고 있지 않소?"

물질을 떠난, 물질에서 벗어난, 물질에서 자유로운 만족! 인생에서 행복은 진정 이런 마음이 풍요로운 만족에 있지 않을까.

불교 경전 『법구경』의 "건강은 가장 큰 재산이요, 만족은 가장 값비싼 보석이다"라는 구절이야말로 더없이 귀한 말씀이다.

소박한 만족이야말로 마테를링크의 파랑새가 아니겠는가.

여행의 목적은 사람의 개성만큼 다양하리라. 휴식, 마음의 만족, 지식 획득, 호기심 충족이나 일상에서 탈출하여 누리는 자유에 대한 갈망일 수도 있을 것이다. 다른 문화를 마주하며 '다름'에 대한 편견과 오해를 버리는 것도 여행의 좋은 목적이 될 것이다.

나의 쿠바 여행의 동기는 동경이다. 쿠바가 간직한 다양하고 흥미로운 문화가 아니라 쿠바 혁명 정신에의 동경 말이다. 그런데 과거 역사니 하는 골치 아픈 목적이 있으면 눈앞에 보이는 그대로의 일상을 놓치기가 쉽다. 별다른 목적 없이 언젠가 '멍 때리는' 여행을 꼭 하고 싶다. 말레콘의 유유자적한 분위기를 얼핏 스치며 보니 그런 여유를 부리는 데에는 이곳이 안성맞춤이었다. 다시 꼭 오고 싶었다.

말레콘 해변에도 광장이 있었고, 6차선 도로 중간에 커다란 기념비와 군중을 나타내는 조형물이 있었다. 조형물을 보러 쌩쌩 달리는 차를 피해

도로 중간을 가로질러 갔다. 조형물을 중심으로 기념비 사방을 사진 찍었다. 조형물 해설판은 스페인어로 되어서 한 줄도 읽지 못했다. 귀국해서 스페인어 전공자에게 카톡으로 사진을 보내 번역을 부탁했다.

> "쿠바의 섬을 강탈하려는 제국주의적 탐욕에 희생된 메인의 희생자를 기리며… 1898~1961."

번역문만 봐서는 도무지 내용을 알 수 없었다. 구글 영문판을 통해 내가 모르는 역사를 찾아보았다.

19세기 말에 접어들자 스페인은 눈에 띄게 늙어 버렸다. 쿠바의 국부로 추앙받을 뿐 아니라 라틴아메리카 혁명의 선구자로 대접받는 '호세 마르티'는 1895년 스페인에 대항해 독립전쟁을 하다가 안타깝게도 사망했다. 그럼에도 쿠바 민중의 반란은 끊이지 않았다. 반란군들은 미국의 지원도 받아들였다. 1896년 새로 부임한 스페인 총독은 반란군을 무자비하게 탄압하여 10만 명 이상이 목숨을 잃었다. 노예해방을 경험한 미국 민중은 독립을

원하는 쿠바 민중에게 우호의 시선을 보냈다.

그러나 미국 정부는 달랐다. 1865년 남북전쟁이 끝난 후 미국의 힘은 엄청나게 커졌다. 미국은 코앞의 스페인 식민지 쿠바에 잔뜩 눈독을 들이며 쿠바를 빼앗을 전쟁 명분을 찾으려고 호시탐탐 기회를 노렸다.

미국은 이미 쿠바에 상당한 금액을 투자했고 무역도 활발했다. 1897년 쿠바에서 친스페인 성향의 사람들이 소요를 일으켰다. 1898년 1월, 미국은 자국민을 보호한다는 명분으로 전함 메인(Maine)호를 보냈다. 쿠바인들에게 미국이 국가적 관심을 기울이는 것으로 보이도록 자극하려는 속셈이었다.

쿠바 독립군과 스페인이 전투를 벌이던 1898년 2월 15일 밤 9시, 아바나 항구에 정박해 있던 메인호가 정체 모를 원인으로 폭발했다. 이 참사로 승조원 361명 중 266명이 사망했다. 스페인은 원인을 내부 폭발로 돌렸으나, 미국은 스페인 해군이 몰래 기뢰로 공격했다고 몰았다.

당시 미국 언론들은 사건의 진상을 밝히기보다는 스페인 비방 기사를 보도하며 미국과 스페인의 대립을 부채질했다. 가장 극성을 부린 언론 사주는 미국에서 신문왕이라 불리는 허스트(William Randolph Hearst, 1863~1951)와 퓰리처(Joseph Pulitzer, 1847~1911)였다. 남북전쟁을 통해 전쟁 기사로 신문 판매 부수를 경이적으로 늘릴 수 있음을 터득한 이들은 스페인 식민 지배자들이 쿠바인들에게 얼마나 잔혹한지를 자극적으로 다루면서 경쟁적으로 전쟁을 조장하는 기사를 내보내 미국의 개입을 촉구했다. 황색 언론인들은 스페인 총독을 '도살자'로 몰았다.

언론의 노벨상이라 칭하는 퓰리처상을 제정한 퓰리처도 미국의 이익 앞에서는 그저 황색 언론인이었을 뿐이다.

메인호 폭발 사건을 구실로 미국은 스페인과 전쟁을 시작했다. 물론 우람한 청년 미국은 늙고 허약하기 짝이 없는 스페인을 한 방에 때려눕혔다.

이때 미국은 쿠바뿐만 아니라 필리핀에서도 스페인을 공격했고, 스페인에게서 쿠바와 함께 필리핀, 푸에르토리코, 괌의 지배권을 넘겨받았다.

메인호 사건은 노예해방 문제로 남북전쟁이라는 내란을 겪은 후 국내 정비와 아메리카 대륙 개척에 몰두하던 미국이 그 힘을 바탕으로 본격적으로 제국주의 야욕을 드러내기 시작한 상징적 사건이다. 1971년 조사에서 메인호 폭발 사건은 보일러실에서 일어난 사고로 스페인군의 소행이 아니라고 밝혔지만, 아직 완전한 결론은 나지 않았다.

이 메인호 사건을 들여다보니 우리나라 천안함 사건과 너무나 비슷한 점이 많이 있었다. 이런 의문을 일으키는 미국의 행태는 베트남전쟁을 일으킨 명분인 통킹만 사건을 떠올리게 한다. 1964년 8월 2일 통킹만에서 작전 수행 중이던 미국 구축함 매독스(Maddox)호가 북베트남 측의 기뢰 공격을 받았다고 발표했다. 미국 정부는 언론을 통해 국내 여론을 들끓게 하고서는 선전포고도 없이 북베트남을 무자비하게 공격했다. 이렇게 시작해서 약 8년간 계속한 베트남전쟁은 인류 역사상 가장 잔혹한 전쟁이었다.

당시 전쟁을 기획하고 수행한 이는 국방부 장관 로버트 맥나마라(Robert S. McNamara, 1916~2009)였다. 그는 국방부 장관(재임 1961~1968)을 사임하면서 베트남전쟁에서 미국이 무언가 잘못했다는 생각을 했다. 맥나마라는 매독스호 사건을 CIA가 조작했다는 걸 나중에 알았다고 실토했다. 1995년 회고록에서 미국이 베트남전쟁을 일으킨 데 대해 이렇게 말했다.

"우리는 끔찍이 잘못했다. 우리는 다음 세대에게 왜 이런 잘못을 저질렀는지 설명할 빚을 안고 있다."

CIA라는 조직이 국방부 장관을 속이고 대통령조차 속였으니, 미국의 일반 국민은 물론 세계인들을 얼마나 많이 속였겠는가.

현재 말레콘에 있는 조형물은 1926년 미국이 괴뢰 정권을 통해 지배하던 시절에 세웠다. 조형물 꼭대기에는 미국을 상징하는 흰머리수리 상이 있었는데, 1959년 혁명 정부가 들어서면서 이 독수리 상을 떼어 냈다. 이 미제 조형물 자체를 없애지 않고 그대로 두고 있는 속내를 알 수가 없다. 이 부분에 대해서는 더 많은 자료를 찾아봐야 할 것 같다.

세계문화유산, 나시오날 호텔에서

돌아와서 사진을 정리하다 보니 바다 쪽에서 내륙 쪽으로 바라본 조형물의 왼쪽의 작은 언덕에 아름다운 성과 같은 건물이 있다. 나시오날 호텔(Hotel Nacional)이었다. 호텔임에도 국가기념물이며 아바나의 유서 깊은 상징적인 건물이다. 건축사적으로 상당한 의미가 있어서 세계문화 유산으로 등재되었다고 한다. 1930년 문을 연 이 호텔은 그동안 쿠바의 여러 역사적 인물들이 투숙한 곳이기도 하다.

1933년 10월, 바티스타가 군사 쿠데타를 일으키자 축출당한 군 장교 300여 명이 이 호텔로 몸을 피했다. 당시 이 호텔에 묵고 있던 미국 대사의 관심을 끌기 위해서였다. 군 장교들이 이 호텔에 오자 미국 대사는 즉시 자리를 떴다. 쿠데타 군대가 호텔에 발포하자 장교 7명이 죽었다. 항복하여 체포된 군인 다수는 처형됐다.

앞서 말한 영화 〈대부 2〉에서 쿠바 환락가를 주름잡는 유대인 마피아 두목 로스의 실제 인물인 마이어 랜스키도 여기서 놀았다. 그는 독재자 바티스타와 친분이 두터웠고 이 호텔의 카지노를 운영했다.

쿠바가 마피아의 안마당으로 한창 흥청거리던 시절엔 이 호텔도 전성기였다. 윈스턴 처칠(Winston Churchill, 1874~1965) 같은 정치인은 물론 할리우드 유명 배우, 스포츠 스타 등 수많은 이들이 머물렀다.

말레콘. 뒤편에 나시오날 호텔이 보인다.

1963년에 소련의 미사일을 쿠바에 배치하려다 미국과 전쟁 일보 직전까지 간 '쿠바 미사일 위기' 때는 피델 카스트로와 체 게바라가 이 호텔을 지휘 본부로 사용했다. 정치와 경제를 비롯한 쿠바의 현대 역사에 깊이 개입한 의미 있는 기억을 지닌 호텔이다.

세계를 울리는 쿠바의 음악과 춤

역사의 아버지 사마천이 역사 자료를 보면서 부닥친 가장 큰 고민은 사건이 발생한 지역의 지리 환경과 풍속을 몸으로 느낄 수 없다는 점이었다. 그는 『공자세가』를 집필하면서 공자가 성장한 분위기를 이해하기 위해 자신이 활동하고 있는 산시성 장안에서 공자의 고향인 산둥성 곡부까지 수천 리 길을 걸어갔다.

교통과 통신 수단이 발달하지 않았던 먼 과거에는 역사 배경을 체험하려면 직접 발로 찾아가 눈으로 봐야만 했다. 그래서 나온 말이 '백문불여일견(百聞不如一見)' 아니겠는가. 요즘은 역사 배경을 확인하기 위해서 직접 찾아가 보아야(一見) 할 필요는 없다. 인터넷이 워낙 발달해서, 어설프게 본 것보다 컴퓨터 자판을 두드리면 나오는 정보와 첨단 영상의 '일견'이 훨씬 더 풍부하고 정확하게 지식을 전달해 주기 때문이다.

사실적인 지식은 온갖 정보를 저장한 디지털의 풍부한 양을 따라가기 힘들지만 그럼에도 인간 체취를 맡기 위해선 아무래도 아날로그 수법인 발품을 파는 게 최선이리라.

일반적으로 쿠바 하면 가장 먼저 떠오르는 이미지가 혁명이다. 혁명이란 과실은 저절로 결실을 맺어 입안으로 뚝 떨어지지 않는다. 노련한 농사꾼이 고된 농사일을 해야만 딸 수 있는 게 혁명의 과실이다. 나는 성공한 혁명의 속살에만 있는 그 체취를 맡기 위해 쿠바에 갔다.

이 전사들과 지도자들은 도대체 어떤 사람인가?

1934년 10월 15일 밤, 중국 남부 장시[江西]에서 남자 약 8만 명과 여자 35명이 길을 나섰다. 작전상 후퇴를 한다고 했지만 사실은 도망자 신세였다. 이들은 총 9,654킬로미터 길을, 중국에서 어쩌면 지구상에서 인간이 걸을 수 있는 가장 길고 험준한 지대를, 그것도 수만 명이라는 거대한 집단이 368일 동안 걸었다. 산맥 18개를 넘었고, 강 24개를 건넜으며 수많은 늪지대를 통과했다.

마오쩌둥이 이끄는 홍군(紅軍)은 미국의 지원을 받은 장제스 국민당군의 추격과 비행기 폭격을 수없이 받았다. 굶주림과 질병에 시달리면서 평지도 아닌 험한 길을 제대로 된 신발도 없이 하루 평균 26킬로미터를 걸었다. 이른바 오천 년 중국 역사에서 가장 장엄한 투쟁이었다. 그들이 눈 쌓인 산을 넘고 급류의 강을 가까스로 건너 넝마주이 차림으로 옌안[延安]에 도착했을 때는 1만 명도 채 안 되었다.

미국 언론인 에드거 스노(Edgar P. Snow, 1905~1972)는 1936년 6월에 홍군이 머물던 옌안으로 들어가 마오쩌둥[毛澤東, 1893~1976], 저우언라이[周恩來, 1898~1976], 주더[朱德, 1886~1976] 등 홍군 지도부를 비롯해 어린 병사들까지 4개월 동안 직접 취재하면서 자신에게 이렇게 물었다.

> 그토록 장기간, 그토록 맹렬하고 용감하게, 그토록 불패의 싸움을 벌인 이 전사들은 어떤 사람들인가? 이들의 운동을 뒷받침한 혁명

적 기반은 무엇인가? 이들을 도저히 믿을 수 없을 만큼 완강한 전사로 만들어 대장정을 이겨 내게 한 이들의 희망과 목표와 꿈은 어떤 것이었는가?
이들의 지도자들은 어떤 사람들인가? 그들의 이상과 이념, 신조를 열렬하게 신봉하는, 교육받은 사람들인가? 아니면 사회적 예언가들이거나 또는 생존을 위해 맹목적으로 투쟁하는 무지한 농민에 불과한가?

취재를 마친 에드거 스노는 모든 사람이 골고루 잘 사는 세상을 그리는 꿈이 그들을 고난의 행군으로 이끌었음을 확인했고, 꿈을 꾸며 행군한 홍군의 행적을『중국의 붉은 별(Red Star Over China)』이란 책으로 소개했다. 이 책은 1917년 러시아 혁명을 직접 목격한 존 리드(John Reed, 1887~1920)의『세계를 뒤흔든 열흘』과 함께 20세기 세계 최고의 기록문학(르포문학, Reportage)으로 평가받는다.

『중국의 붉은 별』에서 묘사한 대장정은 호메로스의『오디세이』에 비견할 대서사시이며, 중국 역사에 가장 웅장한 발자취로 평가받고 있다.

"이 전사들과 지도자들은 도대체 어떤 사람인가?"

나는 에드거 스노가 중국 홍군을 취재하면서 자신에게 한 이 질문을 베트남 역사에서 되새겼고, 이제는 쿠바 역사에서 되새기고자 한다.

중국은 인류 역사에서 가장 큰 나라를 가장 오랫동안 유지했다. 비록 19세기 중반부터 20세기 중반까지 외세에 침탈당하면서 굴욕은 있었지만 큰 나라답게 주체를 잃지는 않았다. 그에 비해 베트남은 19세기 중반부터

100여 년 동안 프랑스에게 주체를 잃고 굴욕의 지배를 받았다. 2차 세계대전 끝난 뒤 냉전을 강요한 미국으로 인해 베트남 인민은 끔찍한 전쟁의 고통을 무려 30년(1945~1975) 동안 당했다. 베트남의 전 인민에게는 30여 년, 즉 1만 일이란 세월 동안 그 하루하루가 혹독한 대장정과 다름없는 고난이었다.

신화인가 기적인가, 전쟁과 함께 살자고 했던 사람들

1492년 콜럼버스(Christopher Columbus, 1451~1506)가 쿠바에 첫발을 내디딘 후 1898년 미국이 쿠바를 점령할 때까지 쿠바 인민은 스페인 식민 체제 아래서 노예의 삶을 강요당했다. 1898년에서 1958년까지 60여 년 쿠바를 경제 식민지로 만든 미국은 1950년대에 카리브해의 보석보다 아름다운 섬을 매춘과 도박과 마약이 난무하는 환락가로 이용했다.

쿠바는 1959년 혁명 성공 이후 미국과의 관계가 아슬아슬하다가 1961년 단교했다. 그 후 2015년 수교할 때까지 경제 봉쇄를 당했고, 특히 1990년 소비에트가 해체되자 경제 후원의 줄이 떨어져 국가 경제가 곤두박질했다. 식량 사정이 어려워 고양이는 물론 쥐까지 잡아먹었다는 말이 있을 정도다.

중국 문명은 현재까지 온존하고 있는 문명 가운데 최장(最長), 최고(最古)다. 세계에서 가장 인구가 많은 나라다. 중화(中華)라는 자기중심의 자존심이 굉장하다. 힘으로도 미국과 견줄 수 있는 지구상 유일한 나라다. 대장정은 기적에 가까운 과업이었지만 이들은 그만한 저력을 발휘할 수 있었다.

100년 동안 프랑스 식민 착취에 찌든 베트남은 미국 국력의 1/1000도 안 되는 가련한 농업 국가였다. 사탕수수 농장밖에 없었던 쿠바의 국력은 그 베트남 국력의 반도 채 안 되는, 그러니까 많아 봐야 미국 국력의 1/3000 정도나 되었을까?

누더기 걸친 다윗인 베트남과 쿠바는 갑옷을 입고 총 든 골리앗인 미국을 상대로 돌멩이만 들고 싸운 셈이었다. 골리앗이 질 만한 조건이 전혀 없었고, 다윗이 이길 수 있는 조건이 전혀 없었는데 다윗이 이겼다.

신화인가 기적인가? 도대체 달리 표현할 말이 있겠는가? 내가 베트남 역사에서 느낀 점은 이렇다. 미국과의 30년 전쟁에서 베트남 인민이 보여 준 헌신성은 베트남의 이천 년 역사를 살펴보지 않고서는 이해할 수 없다. 그 저항의 역사라는 거대한 강에는 말로 표현할 수 없는 격언과 믿음의 시냇물이 항상 흘러들어 왔으니, 선조들은 침략에 대한 치열한 항쟁으로 온 강산을 신선한 피로 붉게 물들였고, 20세기 후손들은 그 숭고한 역사를 결코 잊지 않았다.

인간은 긴장만이 연속되는 상태에서는 살 수 없다. 현실의 가혹함을 잠재울 심리적 도구가 필요했다. 베트남 민족의 심리적 특성 가운데 하나는 고난의 현실을 있는 그대로 받아들이는 낙관을 지녔다는 점이다.

베트남 땅은 남북으로는 길지만 동서로는 짧다. 베트남 서쪽에는 높고 긴 쯔엉선[長山]산맥이 있다. 베트남에는 일 년에 10번 이상 태풍이 오는데, 태평양에서 발생한 태풍은 서쪽 산맥에 부딪히면서 엄청난 비를 뿌린다. 그런 환경에 놓인 베트남 민족은 "홍수와 같이 살자"라고 하면서 홍수를 재난이 아닌 일상사로 받아들였다.

베트남은 예부터 외침이 엄청 많았다. 그들은 전쟁을 맞이할 때마다 "전쟁과 함께 살자"라고 했다. 이런 낙관이 고통스러운 전쟁을 치르면서도 좌절하지 않고 신화와 기적을 만들어 내는 데 큰 몫을 했을 것이다.

- - - - -

노래와 춤으로 고통을 달래는 사람들

쿠바 인민은 혹독한 시련을 어떤 심리적 도구를 가지고 견뎌 냈을까? 여러 글을 찾아보면 쿠바인들은 노래와 춤을 일상으로 즐긴다는 점이 가장 두드러진 특징이라고 한다. 푸른 카리브해의 뜨거운 태양이 담긴 쿠바의 '음악과 춤'이 내게는 '혁명' 다음으로 쿠바를 연상하는 이미지로 자리 잡고 있다.

쿠바인들이 힘든 상황에서도 웃을 수 있는 까닭은 춤과 음악을 사랑할 수 있는 문화 덕분이라 한다. 현실의 고통을 달래는 무기로서 말이다. 쿠바에서는 집집마다 음악 소리가 들리고 거리에서 춤추는 사람을 많이 만날 수 있다. 마약은 현실을 회피하게 하지만 노래와 춤은 현실을 정면으로 바라보면서 고통을 극복하게 하는 가장 강력한 무기가 아닐까?

'가난해도 넉넉한 웃음'이라는 슬기로운 무기로 열정을 간직하며 그 어떤 역경도 이겨 낼 수 있는 희망을 간직했다고 나는 본다.

중국인이 우리 민족을 글로써 나타낸 최초의 문헌이 『삼국지』의 『위지』 「동이전」이라고 한다. 이 책에서는 중국인이 우리 민족인 동이족을 봤을 때 첫눈에 들어온 아주 독특한 특징이 '음주가무'라고 했다.

나는 유신 시대에 대학 생활을 했다. 그 시절 정치 억압에 따른 학생 저항이 많다 보니 툭하면 휴교였다. 그러니 학점을 얻는 데 까다롭지 않았고 대충 공부를 해도 그럭저럭 졸업을 할 수 있었다. 대학 졸업장만 있으면 취직 걱정은 하지 않았으니 요즘 젊은이들은 상상할 수 없는 아주 다른 세상이었다. 휴교를 강제한 유신 시대는 대학생에게 공부를 강요하지 못했다. 그러니 수업 끝난 저녁이면 바로 시장 술집을 찾았다. 드럼통을 개조해서 둥그런 양철판을 올려놓고 중간에는 연탄불을 피워 안줏거리를 굽거나 찌개를 끓였다. 술이 익으면 젓가락을 들고 양철판을 두드리며 돌아가며 노래했다.

지금은 사라진 '고고클럽'에 가서 마구잡이 춤을 추기도 했다. 이는 암울한 시대의 울분을 빙자해 스트레스를 푸는 핑계 좋은 놀이였다.

21세기 지구상에서 '노래방'이 가장 성업을 이루는 곳이 우리나라다. 〈강남 스타일〉의 싸이와 현재 미국 대중음악계 최정점에 있는 방탄소년단(BTS)의 출현이 단순한 우연이 아니리라.

쿠바에서 보낸 마지막 밤에 그 유명한 아바나의 '부에나 비스타 소셜 클럽(Buena Vista Social Club)'을 찾았다. 사회자가 우리 일행 자리를 찾아와 어디서 왔느냐고 물었다. '코리아'라 했더니 '사우스냐 노스냐'고 묻는다. '사우스'란 소리에 무대 위 커다란 전광판에 바로 태극기가 올라오고 〈강남 스타일〉이 울려 퍼졌다. 세계적인 초일류 남녀 무용수가 무대 위에서 모두 싸이의 말춤을 추었다. 우리는 사회자에 이끌려 무대에 올랐다. 각국에서 온 관광객들도 모두 자리에서 일어나 음악에 맞춰 말춤을 추었다. 한류의 인기를 음악의 나라 쿠바에서도 실감했다.

동이족의 '음주가무'가 세포 유전자로 자리 잡은 전통이 한류의 원천이 아닐까. 이는 일본인도 중국인도 결코 우리를 따라오지 못하리라.

우리 민족의 또 하나 특징은 '신바람'이다. 음주가무를 즐기는 특성이 동이족의 토속적인 샤머니즘과 결합해서 나타나는 마음의 현상을 '신바람'이라고 한다. 이윤추구를 개인의 자유에 맡기면 무서운 저돌성을 발휘하는 '신바람'을 낸다. 20세기 후반 우리나라의 경제 성장 동력을 나는 자본주의 이익에 '신바람' 근성을 지닌 대중의 잠재력이라고 본다. 이 부분에 대해서는 논의를 하면 끝이 없으니 더 이상 나아가지 않겠다.

말레콘을 구경하고 말레콘 끝나는 지점에서 조금 더 동쪽으로 가서 해변에 자리 잡은 숙소인 4성급 호텔 '파노라마'로 갔다.

짐을 풀고 간단히 샤워를 하고 로비로 내려갔다. 20층 높이 호텔의 한

가운데 공간은 천장까지 시원하게 뚫려 있고 객실은 그 공간을 중심으로 사방으로 위치했다. 맨 꼭대기 층에서도 복도 아래로 내려다보면 로비가 다 보인다. 엘리베이터를 기다리는데 로비에서 노랫소리가 들린다. 내려가 보니 어떤 여행객 커플이 소파에 앉아 있고, 그들 앞에서 남자 두 명은 기타, 여자 한 명은 타악기를 들고 노래를 했다. 유심히 보고 있자니 노래 두 곡을 부르고 CD 한 장을 내밀더니 커플에게서 10달러를 받았다. 내가 그들을 우리 쪽 소파로 불렀다. 그들이 먼저 노래 한 곡을 부르고 내가 〈관타나메라〉를 신청했다. 노래가 끝나자 CD 한 장을 받고 10달러를 줬다. 일행 중 한 사람이 따로 10달러를 주고 CD를 샀다. 세 사람이 호텔 로비에서 20분 정도 노래를 부르고 30달러를 번 셈이다. 쿠바는 노동자와 전문직 월급이 거의 비슷해서 노동자나 의사, 변호사, 교수나 월급이 50달러에서 100달러 사이라고 한다. 기타 들고 혼자 노래를 부르는 사람도 있었고, 많게는 7~8명으로 구성된 밴드까지 쿠바에서 우리가 간 식당에는 거의 다 노래하는 연주자가 있었다.

저녁 식사는 시내 레스토랑으로 갔다. '엘 토코로로(El Tocororo)', 쿠바에 있는 깃털이 예쁜 새의 이름을 딴 식당이었다. 가이드 말에 따르면 해산물 요리가 일품이라 한다. 넓은 식당으로 들어서니 8~10명 앉는 식탁에 벌써 6팀이 있었다. 음악 연주가 한창 무르익었고 백인 여자 가수 한 명이 마이크를 들고 식탁을 돌며 노래하다가 무대로 올라갔다.

곧 예약한 음식이 나왔다. 들던 대로 바닷가재를 비롯한 해물 요리가 가득했다. 인천공항을 떠난 지 3일 만에 처음으로 푸짐한 진수성찬을 맛았다. 맛있게 먹으며 와인을 쭉쭉 들이켰다. 금방 취기가 올랐다. 귀에 익은 연주는 〈베사메 무초〉였다. 이 노래는 멕시코 대중가요라 생각했는데, 원곡은 스페인 작곡가의 피아노 작품이었으나 이를 멕시코 작곡가 겸 가수가 편곡하여 불렀다고 한다. 이후 웬만한 식당 연주에서는 이 노래가 나왔다.

나는 동이족인데도 불구하고 '음주'와 '가'와 '무' 유전자 가운데 앞의 세 가지는 어느 정도 세고, '무'는 춤치다. 음주를 했으니 '가'가 나와야 하는데, 외국이라 쉽지 않았다. 대신 얼큰 취한 일행 몇몇과 자리에서 일어나 어설프게 몸을 흔들었다. 그러자 루이 암스트롱과 닮은 색소폰 주자가 우리 자리로 오더니 연주를 했다.

무대 연주자는 여섯 명이었다. 여자 가수 한 사람과 드럼 치는 사람은 백인이고, 피아노, 기타, 색소폰 주자들과 또 다른 여자 가수는 흑인이었다. 체격이 우람한 흑인 여자 가수는 성량이 폭발적이어서 노래에 박력이 넘쳤다. 아프리카적인 요소가 저런 것이 아닐까 하는 느낌을 받았다. 쿠바에 있는 동안 여러 식당에서 연주를 들었지만 가장 강력한 인상을 이 여성의 노래와 몸짓에서 느꼈다.

세계를 울리는 아프로 쿠바 음악

1492년에 콜럼버스가 오기 전까지 쿠바는 토착민이 평화롭게 살아가던 섬이었다. 스페인 식민지가 되자마자 원주민은 혹독한 노동 착취와 유럽에서 옮아온 전염병인 천연두로 멸종하다시피 했다. 원주민의 노동력을 착취하지 못하자 대신 19세기 중반까지 대략 350만 명의 아프리카인을 노예로 끌고 왔다. 쿠바의 푸른 땅은 담배 농장과 사탕수수 농장으로 변하여 검은 노예들의 붉은 피와 한 맺힌 흰 눈물이 깊게 밴 땅이 되었다.

아프리카 노예들은 16세기 초 자신들의 고달픈 운명을 함께 나눌 모임인 '카빌도 공동체'(Cabildos de nación)를 만들었다. 인류가 만든 제도 가운데 가장 잔인한 노예제도의 사슬에 묶여 뼈에 사무치는 극도의 불안, 고난, 좌절,

분노를 달래줄 심리적 연대감과 상호 믿음이 필요했기 때문이다. 원시를 간직한 아프리카 대륙에서는 문자를 통한 문화가 발달하지 않았고 음악과 춤이 문학을 대신한 가장 역동적인 예술 표현이었을 것이다. 카빌도에서는 아프리카 선조들이 조상과 신을 숭배한 종교의식의 유산인 음악과 춤을 기억하고 있었다.

이 풍부한 예술적 유산에 대해 식민 지배자들이 문화 박탈(deculturation)과 문화 변용(acculturation)을 강압하자 오히려 그들은 뼈저리게 향수를 느꼈다. 강압적 문화에 반항해서 그들은 아프리카 선조의 유산을 온전히 보존했다. 쿠바는 다른 아메리카 식민지보다도 문화 이식(transculturation)이라는 강렬하고, 복잡하고, 중단 없는 특징적 현상이 더 두드러졌다.

음악과 춤은 종교의식에서 차츰 오락거리로 변했다. 노예들에게 음악과 춤은 서로 소통하고 고달픈 일상에서 억압된 자신들의 생각이나 감정을 잠시라도 표출할 수 있는 유일한 수단이었다.

아프리카 음악의 특징인 북과 타악기의 리듬이 빚은 춤은 살아 있다는 가장 순수한 표현으로 삶의 중요한 은유의 수단이 되었다. 참혹한 노예 생활에서 나오는 서글픈 가락이 스페인의 강렬한 음악에 점차 녹아들면서 특유의 음악이 생겼다. 여러 친목 공동체가 서로 춤과 음악을 주고받으며 점차 새로운 문화로 만들어 갔다.

또한 쿠바는 지리적으로 유럽과 중남미가 교역하는 통로에 있어 다양한 문화를 접촉할 수 있었다. 특히 스페인의 음악과 아프리카에서 기원한 음악 요소가 합쳐져 쿠바 음악의 특질을 만들었는데, 이를 '아프로 쿠바 음악(Afro Cuban Music)'이라 한다. 이 음악 유산이 이웃 여러 나라에 퍼져 종교의식이나 축제에 이용되고 대중오락으로 발전했다. 이렇게 발전한 음악은 미국과 유럽뿐만 아니라 전 세계에서 사랑받고 있다.

쿠바의 음악은 팝(Pop)과 록(Rock), 그리고 재즈(Jazz)와 블루스(Blues)에 많은 영향을 끼쳤다. 음악은 춤과 더불어 세계의 수많은 애호가를 불러 모았으며 이제 보편성을 지닌 세계 음악(월드 뮤직)이 되었다.

지배 계층에게 멸시받으며 성장한 쿠바인들의 대중문화는 서구 중심적 가치관에서 평가 절하당해 하위문화로 취급되었으나, 끈질긴 생명력으로 이어져 현대 대중음악 문화에서 주도적 위치를 차지했다.

쿠바 민중들의 중요 표현 수단인 대중문화의 핵심은 쿠바 문화의 전반적 특징을 형성하는 뒤섞임에 있다. 소수의 백인 문화에 억압당하는 다수의 흑인 문화는 그 바탕에 지배 문화에 대한 저항성이 깔려 있다.

스페인의 오랜 식민 지배로 말미암아 다인종, 다문화를 형성하게 된 쿠바는 스페인계 백인과 아프리카 흑인 노예 사이에서 탄생한 혼혈족 물라토(mulato)가 '아프로 쿠바'라는 자체적 문화를 구축했다. 아프리카의 원초적 감성과 유럽의 세련된 화성, 쿠바 인구의 절반을 넘는 물라토가 창조한 다양한 음악들이 절묘한 조화를 이룸으로써 쿠바 음악의 특질이 되었다.

라틴아메리카에는 아르헨티나의 탱고(Tango), 브라질의 삼바(Samba) 등 나라마다 독특한 음악 장르가 있다. 쿠바에서는 쿠바 손(Son Cubano)이 그렇다. 손은 아프리카의 리듬 위에 스페인풍의 선율이 전개되는 쿠바 고유의 음악으로, '쿠바의 민요'라고도 할 수 있는 대표적인 음악 장르다.

19세기 말 쿠바 동부에서 생겨나, 서부 아바나로 건너가 1920년대에 전국적으로 유행했다. 쿠바에 밀려온 미국 상품, 영화, 문학, 스포츠 행사, 음악 등의 집중포화 속에 '손'은 국민 정체성의 상징으로서 중요했다. 일제 식민 지배 시절 아리랑의 선율이 우리 민족의 정체성을 대변했듯이 말이다.

손은 1930년대에 이르러서는 세계적인 인기를 끌었다. 여기에는 쿠바인의 다수를 차지하는 물라토의 문화가 스며들었으며, 사탕수수 노동자로

엘 토코로로 식당

온 중국인의 문화와 1940년대 바티스타 정권 시절에 들어온 미국 문화의 영향, 쿠바 주변국들의 음악까지 혼합되었다. 이후 쿠바 음악은 맘보, 볼레로, 차차차, 살사 등의 리듬으로 발전했다.

음악과 춤은 쿠바인 모두가 지닌 오랜 문화유산으로 그 속에서 쿠바인들은 열정을 발산하며 흥을 낸다.

나는 '엘 토코로로' 식당의 여성 가수를 비롯한 연주자들에게서 아프리카 음악의 강렬한 느낌을 맛보았다.

7월 5일 오후 2시에서 8시까지, 불과 반나절 만에 호세 마르티 국제공항, 혁명광장, 말레콘 해변 그리고 쿠바 음악의 단면을 보았다.

엄청난 압축이었다. 그렇지만 "백문이 불여일견"이라, 직접 보는 것이 최고여!

쿠바의 도시 유기농업

7월 6일은 쿠바에서 보내는 둘째 날이다. 아바나 주변과 시내에 둘러볼 데가 많다며 가이드가 아침 일찍부터 서둘렀다.

버스를 타니 여성 가이드를 보조하는 이가 한 사람 있었다. 20대 후반으로 보이는 마리(본명 Marbelis Aguero Piedra)는 물라토 같았다. 한국말 발음이 정확하지 않고 표현이 어색했지만 기본 소통은 할 수 있었다. 한국에 온 적이 있냐고 물었더니 없다고, 방송으로 한국어를 배웠다고 했다. 쿠바에도 한류가 뿌리를 내리는 중인가?

마리는 카키색 바탕에 노란 별이 달린 내 모자를 단박에 베트남 모자라고 알아보았다. 어찌 아느냐고 물었더니 자신이 다닌 초등학교 이름이 '호찌민'이라 했다. 혁명의 나라들은 서로 신뢰하고 어릴 때부터 이해하려 노력하고 있음을 느꼈다.

파노라마 호텔에서 출발하여 버스를 타고 시내를 지나갈 때, 헤밍웨이 벽화가 그려진 주택, 마당에 호세 마르티의 동상이 있는 집이 보였다. 말레콘 주변은 우리나라로 치면 부산 해운대 비슷한 번화가인데도 스페인 양식의 건물들은 색이 바랬고 곧 무너질 것 같은 건물도 눈에 많이 띄었다.

- - - - -

일한 자가 생산물의 진정한 주인, 쿠바의 농장을 찾아가다

우리는 1997년에 설립한 알라마르(Alamar) 농장을 방문했다. 시내에서 30분 정도 거리에 있는 이 농장에 들어서자, 해남 강진의 황토처럼 불그스레한 땅이 펼쳐져 있다. 선입관이 있어서인지 땅이 무척 기름져 보였다.

농장 책임자는 58세의 백인 남성 살시네스 로페즈(Salcines Lopez)였다. 그는 농장을 둘러보며 이 농장의 연혁, 재배 농법, 재배 작물에 대해 설명해 주었다. 전문 용어가 많아 통역이 어색하고 수많은 작물의 발음이 정확하지 않아 그의 이야기를 반 정도밖에 이해하지 못했다. 살충제와 화학비료를 전혀 쓰지 않는다는 점을 강조하고 반복했다. 살충제로는 허브와 같이 해충의 천적인 식물을 키워 해충을 방지하고, 여러 가지 퇴비 특히 지렁이 분변을 이용하여 화학비료를 전혀 쓰지 않고도 생산이 크게 늘었다고 어깨를 으쓱했다.

수도 아바나 15개 구역 가운데 13곳에서 도시농업을 하고 있다고 한다. 아바나 시내 중심부에는 개인이 하는 자그마한 텃밭이 있고, 외곽지에는 규모가 제법인 조합 농장도 많다고 한다.

알라마르 농장은 17ha(약 5만 2,000여 평)로, 다섯 명이 시작하여 지금은 이백여 명이 일하고 있다. 생산품은 상추, 허브, 배추, 정원수 묘목 등 20여 종에 이른다. 쿠바에서는 이런 조합을 설립하면 국가 소유의 땅을 무상으로 임대해 농사를 지을 수 있다. 이런 곳을 농업생산 기초단위조합(Union Basic Product Corporation, UBPC)이라 한다. 조합의 땅은 국가 소유이지만 생산과 판매 수익의 주인은 조합원 노동자다. 쿠바 농업부 장관의 월급이 700페소 정도인 데 비해 조합원 노동자의 1인당 배당금은 약 1,500페소라 한다.

'일한 자가 생산물의 진정한 주인'인 사회주의의 부러운 모습이었다. 여기 농산물은 주민들에게 판매하고 관광호텔에도 납품한다. 사회주의 나라

위_농장 입구

왼쪽_지렁이 분변을 이용한 퇴비

아래 왼쪽_야채 밭

아래 오른쪽_수확한 야채

답게 신선하고 안전한 농산물은 인근 학교와 병원에 우선적으로 제공한다.

우리나라의 고급 백화점은 아주 좋은 농산물을 산지에서 비싼 값으로 싹쓸이해 간다. 대구 인근 성주 수박은 전국적으로 유명하다. 한번은 성주를 지나는 길에 수박이 아주 좋아 보여 차를 세우고 가격을 알아봤다. 농부가 어디서 왔는지를 먼저 묻기에 대구서 왔다고 했더니, 대답이 걸작이었다. "에이, 대구 사람이 이런 비싼 수박을 먹을 수 있는교?" 서울 백화점에 비싼 값으로 납품하기에 이런 질 좋은 수박을 사 먹지 못할 것이라는 비아냥이었다. 질 좋은 농산물을 학교와 병원에 우선 공급하는 쿠바 사회주의와 고급 백화점에 판매하는 자본주의의 차이를 느꼈다.

사회주의 한 부분의 예로 자본주의 전체 모습을 예단하지는 않겠다. 앞서 이야기한 카스트로의 다음 말로 자본주의를 반성할 필요가 있다.

"자본주의는 도덕적, 윤리적 가치가 없다. 모든 것은 팔기 위한 것이다. 그러한 환경에서 사람들을 교육하는 것은 불가능하다. 사람들은 이기적이고, 때로는 도적이 된다."

쿠바의 투명하고 민주적으로 운영되는 협동농장은 친환경농법인 유기농 생산이라는 데 의미가 있다. 이들은 천적보다 좋은 농약은 없다는 믿음이 확고했다.

'천적 연구소'의 검증을 거쳐 작물별로 확인한 천적을 받아 배양한 후 적절히 활용한다. 예를 들어 토마토와 상추를 함께 심는다든가, 상추와 고추를 함께 심는다. 담배와 석회를 섞어 살충제를 만든다. 주로 지렁이 분변토를 이용하고, 채소 부산물로 퇴비를 만들어 쓴다.

알라마르 같은 농장이 도시 유기농업으로 이룩한 성과는 쿠바가 인류에게 자랑할 또 하나의 혁명임을 입증했다.

쿠바 도시농업은 소련 붕괴와 미국의 경제 봉쇄라는 상황에서 '긴급 자구책'으로 시작했던 만큼 식량 사정이 나아지면 사라질 것이라는 냉소적 시각이 적지 않았다. 하지만 예상은 빗나갔다. 경제 사정이 나아져도 유기농법을 확대하고 도시 농사는 줄지 않았다. 그 이유로 쿠바인들은 몇 가지 해답을 내놓았다.

먼저 신선한 먹거리 제공이다. 장거리 수송과 저장에 따른 에너지 절감은 물론 대형 매장이 발달하지 않은 쿠바에서 농산품을 사기 위해 먼 거리를 이동하는 부담이 줄었다. 도시 인근에서 구입하는 농산품은 양이 많고 질이 좋고 값이 쌌다. 다음으로 관광업과 도시농업의 공생이다. 쿠바 경제에서 관광업 비중은 매우 크다. 그런데 호텔을 비롯한 관광 업소는 먹거리를 주로 수입에 의존했다. 도시 유기농 성공은 생산자의 수입 증대, 호텔의 질 좋은 재료 확보, 외화 절약이라는 일석삼조의 효과를 얻은 셈이다. 특히 식생활 개선도 눈에 띄는데, 다양한 유기농 채소를 먹음으로써 육류를 주로 먹었을 때보다 영양 상태가 나아졌다.

도시 유기농 먹거리 생산은 고용 창출과 삶의 질을 개선했다. 이밖에도 팍팍한 도시 삶에 농업 동호회를 결성하여 이웃 공동체(Barrio, Neighborhood)를 활성화해서 연대를 더욱 강화했다.

21세기에는 식주교의(食住敎醫)가 필수!

물과 공기처럼 자연에서 얻는 게 아니라 사람이 살기 위해 스스로 만들어야 할 가장 기본적인 필수품을 이제까지 의식주(衣食住)라고 했다.

사실 입는 것(衣)은 인류 역사에서 기본 생존에 큰 비중을 차지하지 않았고 차라리 사치품으로 소중히 다뤘다. 요새 말로 명품으로 말이다. 21세기인 지금도 먹는 것(食)의 문제는 심각하다. 아직 인류의 1/3은 기아 상태에 있다고 한다. 자는 곳(住)의 문제는 G20 경제 강국인 우리나라도 해결하지 못하고 쩔쩔매고 있다. 서울을 비롯한 대도시의 아파트 값 폭등 문제는 젊은이들에게 분노와 절망을 안겨 주고 있다. 그래서 살기 어려울 때 '입고 먹고 자는' 게 문제라 하지 않고, '먹고 자는' 게 문제라 말하지 않는가.

사람의 생물적 생활의 필수 조건인 의식주를 넘어, 즉 동물적 본능이 아닌 이성으로 사회생활을 하는 데 필요한 교육제도와 건강을 지키는 의료제도는 문명국가라면 꼭 갖추어야 할 복지의 근본이다.

21세기의 삶에 중요한 순서로 말하자면 '식주교의(食住敎醫)'가 필수라고 주장하고 싶다. 의식주는 옛날 말이니, 쉽게 얘기해서 '의식주교'라 해야 마땅하지 않을까. 지금, '의식주교'를 문명국가답게 제대로 책임지는 복지국가가 얼마나 될까? '의식주교' 전체가 균형을 이룬 나라로 따지자면 북유럽의 몇 나라 다음으로 쿠바가 질적으로 우수한 나라라고 평가받는다.

1959년에 쿠바 혁명 정부는 가장 먼저 땅을 국유화하고 모든 국민에게 주택을 임대하는 조치를 시행했다. 임대료는 세대주의 한 달 급료의 10%를 넘지 않게 했다. 유기농업의 핵심 인력인 푸네스 박사는 이렇게 말한다.

"내 월급은 28달러입니다. 큰 주택을 빌려 쓰고 있는데 집세는 1.3달러이고, 대학생인 자식에게 들어가는 교육비는 전혀 없습니다."

이는 2000년대 초 기준인데, 박사급 고급 인력의 월급이 3만 원 정도라고 얕잡아 볼 게 아니다. 오히려 한 달 집세가 소주 반병 값도 안 되는 1,500원 정도라는 점에 놀라야 한다. 널찍한 집의 월세가 월급의 5%인 셈이다. 내 아들이 살았던 서울 근교의 10평 남짓한 오피스텔의 월 임대료가 100만 원을 훌쩍 넘는다. 쿠바식으로 따지자면 아들의 월 급여가 1,500만~2,000만 원 정도는 되어야 하지 않을까.

우리 같으면 천문학적 비용이 드는 심장이식 같은 첨단 의료 수술도 쿠바에서는 무료다. 임신을 하면 국가가 나서서 상담하고 출산할 때까지 임산부를 관리한다. 태어나서 사망할 때까지 어떤 질병이든 의료비는 무료다. 또한 탁아소부터 대학 졸업 때까지 부모가 돈 낼 일은 없다. 현재 우리의 저소득층은 학비 감당할 엄두가 안 나 입학조차 꿈꾸기 힘든 의과대학을 예로 본다면, 학비는 물론 기숙사비까지 무료에다 매달 일정액의 용돈도 준다.

'식주의교'에 관한 한 쿠바의 사회제도는 지금 인류의 현실에서는 완벽에 가깝다고 말할 수 있지 않을까.

1992년부터 1994년까지, 굶주림을 견딘 아바나 사람들의 지혜

지금 우리나라에서 쿠바의 유기농에 관한 가장 유익한 정보를 얻을 수 있는 책은 『생태도시 아바나』이다(이 장 아래 글의 여러 통계 자료는 요시다 다로가 쓴 이 책에서 인용했다).

김성훈 전 농림부 장관은 이 책 추천사에서 1990년대 쿠바의 농업을 '인류 역사상 최대의 실험'이라고 하며 이렇게 말했다.

"쿠바의 유기농업은 단순히 '무농약·무비료'라는 소극적 개념이 아니라 자연과 사회 환경의 지속적 순환을 가능케 하는 현대적 생태문명 체제를 이룩했다는 점에서 큰 의미를 지닌다."

이처럼 21세기의 수많은 지성인이 지속가능한 도시로 탈바꿈한 아바나에서 인류의 미래를 보았다.

1962년부터는 집을 국가에서 무료로 불하하고서 어떤 집이든 집세가 월급의 10%를 넘지 않게 했다. 이미 설명했듯이 탁아비, 교육비, 의료비는 무료다. 또 무료나 다름없는 배급을 통해 기본 식료품을 대부분 구할 수 있다. 필요 이상의 사치만 하지 않는다면 보통 생활이 가능하므로 아득바득 뼈

닿도록 일할 필요가 없다.

혁명 30년 뒤인 1989년, 쿠바는 의사 수와 1인당 교사 수, 영양 상태, 평균 수명, 유아 사망률, 교육과 주거 수준, 문화와 오락 등 어느 분야에서도 세계에서 가장 풍요롭다는 미국에 비해 손색이 없었다. 1989년 유엔개발계획의 '생활수준 지표'는 라틴아메리카에서는 1위, 세계에서는 11위였다. 미국은 15위였다. 1959년 혁명 목표인 "국민 모두 평등하게 복지를 누릴 수 있는 국가를 건설한다"를 혁명 정부가 사실상 실현한 듯 보였다.

1989년 베를린 장벽이 무너지면서 소비에트도 급속히 해체의 길로 들어섰다. 인류의 사회주의 실험이 끝난 듯 보였다. 1990년대 들어서자 쿠바에 소비에트의 원조가 끊겼다. 게다가 미국은 경제 봉쇄를 더욱 바싹 죄었다. 심장이식이 무료인 무상의료와 대학 학비도 무료인 무상교육은 감동적이기까지 했지만 쿠바 스스로 힘만으로 이룩하지 못했음을 깨닫기 시작했다. 이제까지 괄목할 성과는 소비에트에 의존한 신기루 유토피아였을까?

1991년 카스트로는 이렇게 하소연했다.

"쌀은 이미 바닥이 났고, 콩은 50%, 식물성 기름은 16%, 라드 7%, 연유 11%, 버터 47%, 분유는 22%밖에 남지 않았다."

그러면서 '평화 시의 특별기간(El período especial en tiempos de paz)'이란 국가 비상사태를 선포했다. 이 시기에 같은 시련을 겪었던 조선민주주의인민공화국(북한)의 '고난의 행군'과 같은 의미다.

1992년에는 수입액이 80% 급락하고 실질 경제는 60% 이상 추락했다. 이때 쿠바가 상실한 무역량 80%는 식료품과 의약품이었다. 미국은 이란과 북한 등 테러국가로 간주한 나라들에 경제 봉쇄를 취했지만, 의약품과 식료품 같은 물자는 인도적인 차원에서 예외를 두었다. 그러나 쿠바에 대해서만은 그렇게 하지 않았다.

1992년에는 또 화학비료 23%, 살충제 60%, 가축 사료도 75%가 감소했다. 석유가 없어 농업용 트랙터, 관개용 펌프와 콤바인도 움직이지 못해 농업 생산은 55%로 감소했다. 도시 교통의 70%가 마비됐다. 1993년에는 공장 80%가 문 닫았고, 실업률이 40%에 이르렀다. 대재앙이었으니 미국은 쾌재를 부르며 쿠바가 무릎 꿇기를 기다렸다.

수많은 아사자가 나올 위기 상황에서 아바나 시민이 선택한 비상 수단은 도시를 경작하는 일이었다. 먹거리를 해결하는 게 무엇보다 급했다. 그것도 농약이나 화학비료 공급이 전혀 없이! '트럭보다 콩'이 생존에 더 가치가 있다며 군이 먼저 나서 창조적 행동을 취했다.

"소련의 붕괴에 따른 경제위기로 먹을 것이 부족해졌습니다. 당 내에서 여러 대책을 검토한 결과 어쨌든 국내에서 농산물을 증산하는 길밖에 없다는 결론이 나왔습니다. 쿠바는 인구의 약 80%가 도시에 집중해 있습니다. 그렇기 때문에 도시에는 훌륭한 노동력이 있으며, 이것만으로도 도시에서 농업이 가능하리라고 생각한 것뿐입니다."

일본과 중국에서 온 이민자들이 채소를 재배해 먹던 것에 착안하여, 도시에서 채소를 생산하자고 중국계 전직 장군인 셔원이 이렇게 제창했다.

도시농업 확대에는 군의 영향이 컸다. 자급 농장은 퇴역한 장군들을 중심으로 한 군인들이 가장 먼저 시작했다. 아바나 시민들의 심정은 이랬다.

> "가장 힘들었던 때는 1992년부터 1994년까지였습니다. 당시는 비누도 없고 빨래도 맘대로 할 수 없었지요. 하지만 어려운 때일수록 사람에게는 유머가 필요합니다. 쿠바인들은 어떤 심각한 일이 생겨도 대개 농담으로 밝게 웃어넘깁니다. 그 덕분에 지금이 있는 것이죠. 만일 그렇다고 한다면 오히려 경제위기에 감사해야 할 겁니다."

그리고 그들은 이런 믿음을 떠올렸다.

"땅이란 어머니와 같은 존재입니다. 마음과 정성을 들이면 반드시 그만큼 대가를 받습니다."

궁하면 통한다고 아바나 시민들의 의욕은 참으로 대단했다.

- - - - -

우리는 쿠바 국민만이 아니라 인류 전체의 책임을 떠맡고 있습니다

쿠바의 도시 텃밭을 오가노포니코(Organoponicos)라 한다. 시멘트 벽돌, 돌, 합판과 금속조각으로 둘레를 친 다음 그 한가운데 퇴비와 구비를 섞은 흙을 넣고, '칸테로(cantero)'라는 묘상에 채소를 재배했다. 토상(土床) 농업이다. 베란다에서도 빈 연유 깡통에 흙을 채워 채소를 길러 먹었다. 토지는 공공의 것이기에 경작하는 사람이 이용해야 한다는 사회주의 이념에 따라 농사지을 조합을 만들면 혁명 정부는 국유지를 무료로 제공했다.

친환경 에너지, 교통, 의료, 교육, 녹화까지 시민들이 자발적으로 해결하기 위해 2,000여 개의 비영리단체(Non-Profit Organization, NPO)를 조직했다. 이렇게 맨손으로 시작한 도시농업이 10년이 지나자 220만 명의 도시 아바나가 유기농 채소를 자급했고, 이런 성과는 이제 탈석유문명을 꿈꾸는 생태주의자들의 뜨거운 시선을 받고 있다.

조합 활동을 하면서 새로운 인간관계를 맺는 것도 유익한 일이다. 주민들 사이에 단결과 협동 정신이 굳어지면서 서로 물물교환을 했다. 지역사회 전체가 더욱 건강해졌고, 텃밭 가꾸기는 모두가 즐거워하는 취미활동이 되었다.

1991년 1㎡에 0.9kg였던 수확량이 1994년에는 3kg으로 많아졌다. 쿠바는 1990년대 중반부터 식량위기에서 벗어났다. 여기서 중요한 것은 유기농산물이 국민 전체를 위한 것이지 비싼 고급품은 아니라는 사실이다. 우리나라 유기농산물은 전체 농산물의 1%에 불과하고 값은 일반 농산물보다 몇 배 비싸다.

쿠바는 1999년에 도시농업으로 전체 쌀의 65%, 채소의 46%를 생산했다. 그리하여 1990년 43%에 불과했던 식량자급률을 2002년에는 95%로 끌어 올렸다. 육류 중심 식생활이 유기농산물 중심으로 바뀌자 체질을 개선하여 환자 수가 무려 30% 감소했다.

쿠바 유기농업의 특징은 다음과 같다.

1. 사적 경영을 허용한 가족농 중심의 적절한 토지개혁
2. 직거래 유통 중심의 시장개혁
3. 지렁이 분변토, 토상 농법 등 실용적인 흙 살리기 운동 우선
4. 유축 농법 등 현지 자원 재활용과 윤작, 간작, 휴경작 등 순화농업의 정착
5. 전통 농업 기술 및 자재의 현대적 부활(생물학적 현대 과학기술과 결합)
6. 농민 참여를 중시하는 현장 연구와 지역 적응 시험의 중시, 특히 각종 연구와 시험에 대한 농민 참여를 강조

민중이 자발적으로 사회를 전환하게끔 이끄는 힘은 과연 무엇이었을까? 어린이와 노인, 여성 등 약자를 무엇보다 중요하게 여긴다는 인간주의적 '철학'이 혁명 정부에 뿌리를 단단히 내렸기 때문이다.

카스트로의 혁명 정부는 남달랐다. 아무리 경제가 어려워도 의료와 교육은 무상으로 제공한다는 기존의 원칙은 그대로 지키고, 기초 생활물자는

배급으로 염가에 공급했다. 사회주의의 장점은 안전망으로 남겨 두고, 구조 개혁을 인간적으로 추진했다. 절망적인 상황에서 정부의 배급제는 여성과 노인을 우선하고, 학교급식을 통해 어린이들에게 우유와 식료품을 공급했다.

건장했던 사람들은 영양 부족으로 평균 체중이 10kg 줄었고 게다가 비타민 부족으로 1992년에 5만 명 이상의 시민이 일시적 실명 등 시각장애가 왔다. 취약한 의료 문제를 해결하기 위해 궁핍한 경제 사정임에도 1989년 9억 페소였던 무상의료비를 1996년도에는 12억 페소로 늘렸다. 그 대신 1989년에 13억 페소였던 국방예산을 1995년도에는 6억 페소로 삭감했다.

쿠바의 절망적 위기를 성공적으로 극복하는 모습에서, 지도력의 위대함은 절박할 때 오히려 더 빛나는 것이라는 감탄이 나왔다.

미래를 위해서 쿠바의 농업 전문가들에게 귀를 기울여 보자

쿠바에 대한 자료를 읽으면서 세월호에서 어린 승객을 내팽개치고 먼저 빠져나온 선장과 승무원의 행태가 떠올랐다. 작은 규모의 집단에서부터 국가에 이르기까지 우리 지도자들의 사회 철학 빈곤에 뼈저린 분노가 솟구쳤다. 돈이 없어도 생계가 가능한 유토피아를 보면서 풍요롭다는 것의 의미가 무엇인지를, 나는 되풀이해서 묻고 또 물었다.

진정 사람을 절망에 빠뜨리는 것은 물질적 가난보다 타락한 물질적 풍요가 선사하는 정신적 해이가 아닐까?

아바나 시민이 경험한 위기는 석유문명에 바탕을 둔 지구의 모든 도시가 머지않아 직면할 예고편이다. 다시 말해 쿠바는 특수한 정치 상황 때문에 지구 미래의 문제를 좀 더 일찍 경험했다고 볼 수 있다. 바로 여기에 우리가 아바나의 성과를 주목해야 하는 이유가 있다.

화학·기계 농업인 현대 관행 농업이 우리나라를 비롯해 세계 농업에 뿌리내린 기간은 고작 60여 년, 화학농약 없이 농사를 짓지 못한다고 믿기 시작한 것도 기껏해야 50여 년에 불과하다고 한다. 현대 관행 농업에 허점이 아주 많다는 것을 아바나는 실험을 통해 인류에게 증명했다.

쿠바는 경제위기 극복 이후에도 연구 주제를 유기농업과 도시농업으로 전환하면서 세계에서 유례가 없으며 획기적인 농업 기술을 잇달아 내놓고 있다. 예를 들어 화학비료를 대체하는 비료로 지렁이 퇴비를 활용하는데, 이것도 수천 종 가운데 가장 효율이 높은 품종을 선별해서 활용하고 있다. 또 지렁이의 생태와 지렁이가 부식시킨 화학성분 그리고 작물마다 시비(거름을 주는 일) 양을 자세히 조사해 두어 보기 좋게 인쇄물로 정리해 보급하고 있다.

쿠바는 미생물 농약을 대량으로 생산했다. 미국의 연구자들은 "궁핍함 속에서 나오는 그들의 창의적인 아이디어가 많은 자본과 고도의 설비가 없으면 이룰 수 없다는 하이테크 신화를 무너뜨렸다"라고 높이 평가한다.

물자가 부족한 상황에서도 창의적인 아이디어를 계속 만들고, 풍부한 자금이 없는 가운데 인재를 육성함으로써 어떤 벽지에서도 곧바로 적용할 수 있는 적정기술을 고안했다. 농업 전문가의 역할도 중요했다.

"가장 중요한 역할은 농가가 고민하는 문제점을 찾아내는 것입니다. 농가와 교류하면서 연구 성과를 그들에게 전하고, 우리도 현장에서 벌어지는 문제를 분석하는 것입니다. 그래서 전국의 농촌을 방문하는 게 중요합니다."

미래를 위해서 쿠바의 농업 전문가들에게 귀를 기울여 보자.

"인류의 미래는 유기농업에 달려 있습니다. 사람의 건강을 위해서도 좋고, 자연환경에도 좋으며, 많은 자재가 필요치 않기 때문에 경제적으로도 수익을 높일 수 있습니다. 그러므로 쿠바만이 아니라 전 세계가 유기농업을 위해 노력해야 한다고 생각합니다.
먹을거리 확보는 인간에게 가장 중요한 일이기 때문에 농업의 문제는 사회문제이기도 합니다. 우리는 이를 도시농업을 통해 해결했습니다. 물론 모든 문제를 해결할 수는 없지만 도시농업이 맡은 역할은 매우 막중합니다. 지금까지 잃어버린 비옥한 땅을 회복하는 게 나의 꿈입니다. 땅을 비옥하게 만드는 데는 5년, 10년이 걸릴지 모르지만 풍요로운 땅을 망가뜨리는 것은 두세 시간이면 충분합니다. 우리 농학자와 농가는 쿠바 국민만이 아니라 인류 전체의 책임을 떠맡고 있습니다."

지금 지구에 닥친 기후위기는 인류의 미래에 한없는 불안을 경고하고 있다. 그런 의미에서 1992년 리우환경회의에서 피델 카스트로가 호소한 미래 인류의 의무가 무엇인지 잘 음미해 보자.

"인간의 삶을 좀 더 합리적으로 만들자.
정의로운 국제경제 질서를 만들자.
모든 과학지식을 환경오염이 아닌, 지속가능한 발전을 위해 동원하자.
생태계에 진 빚을 되갚자.
사람끼리 싸우지 말자!"

핀카 비히아

"인간은 파괴될 수는 있어도 패배하지는 않지."

쿠바를 배경으로 한 헤밍웨이의 소설 『노인과 바다』에 나오는 으뜸가는 명대사다. 이는 헤밍웨이가 작가로서 자신의 전 생애에 걸쳐 추구한 정신을 압축한 말이다.

어니스트 헤밍웨이의 전망 좋은 집

알라마르 농장을 견학하고 나서 다시 20분쯤 미니버스를 타고 교외 마을로 갔다. 시내 중심부에서는 남동쪽으로 약 15킬로미터 거리라 한다. 관광버스 몇 대와 관광객을 태우고 온 오래된 미제 차량(올드 클래식 카) 택시가 여러 대 있었다. 버스에서 내리니 무성한 숲이 있는 나지막한 동산이 보였다. 동산으로 올라가는 입구 철문 바로 뒤 야자수 아래에 관람료 받는 사람이 있고, 헤밍웨이 얼굴이 있는 자그마한 입간판에는 이렇게 쓰여 있다.

"Museo Ernest Hemingway. Finca Vigia(어니스트 헤밍웨이 박물관. 전망 좋은 집)."

무세오는 박물관, 핀카는 농장, 비히아는 망루 또는 전망대란 뜻이라고 한다(쿠바에서는 'g'를 'h'로 발음한다. '핀카 비기아'라고 했더니 가이드가 '핀카 비히아'로 읽는다고

입구

알려 주었다). 망루가 있는 농장, 즉 '전망이 좋은 집'이란 뜻이다.

외국인으로 체 게바라 다음으로 쿠바 대중의 사랑을 받는 사람은 미국인 대문호 어니스트 헤밍웨이(Ernest Hemingway, 1899~1961)다.

헤밍웨이는 1939년부터 20년 동안 아바나를 자주 찾았다. 미국의 고향, 또 휴양지로 삼았던 플로리다 키웨스트에서 산 12년보다 더 오래 머물렀다. 그는 아바나에서 『누구를 위하여 종은 울리나』, 『노인과 바다』 같은 위대한 소설을 썼다. 아바나가 헤밍웨이의 감수성을 자극하고 키운 셈이었다.

헤밍웨이는 1928년 4월에 쿠바를 처음 방문했을 때부터 쿠바의 매력에 푹 빠졌다고 한다. 그는 투우 경기가 왕성한 스페인을 사랑했다. 투우에서 죽음의 미학을 발견하여 찬양했으며 투우를 신앙처럼 받들었기 때문이다.

1936년 스페인에서 내전이 일어나자 헤밍웨이는 공화파 정부군을 지원하기 위해 참전했는데, 파시스트인 프랑코 반군이 승리하자 더 이상 스페인에 갈 수 없었다. 게다가 고향처럼 머물던 플로리다 키웨스트가 1936년부터 관광지 개발로 북적이자 그는 불과 150킬로미터 떨어진 스페인풍의 도시 아바나에 눌러앉다시피 했다.

'핀카 비히아' 관람권을 끊고 승용차가 다닐 수 있게 잘 닦인 아스팔트 도로를 50미터 정도 올라가니 기념품 파는 곳이 있다. 헤밍웨이와 카스트로가 악수하는 사진으로 만든 현수막(배너)이 보였다.

카스트로는 철저한 반미주의자였지만 헤밍웨이에게는 호감을 나타냈고, 헤밍웨이 또한 이 젊은 반항아를 긍정적으로 평가했다. 바티스타의 부패와 잔학상에 환멸을 느낀 헤밍웨이는 카스트로를 속으로 지지했다. 그는 공식적인 자리에서 단 한 번 헤밍웨이를 언급했다.

"위대한 작가 헤밍웨이는 우리나라에 살면서 주요 작품을 써 우리에게 영광을 안겨 주었습니다. 그는 가장 위대한 작가 중 한 사람입니다. 『노인과 바다』는 내가 읽은 다른 작품과 달랐습니다. 그의 작품은 소설이나 픽션이라고만 부를 수 없습니다. 나는 헤밍웨이를

입구의 현수막

기념품점 사진엽서

읽으면서 역사를 배웠습니다."

카스트로는 퓰리처상과 노벨상을 받은 『노인과 바다』 같은 중요한 작품을 써서 쿠바를 알린 데 고마움을 나타내면서 헤밍웨이를 위대한 작가라고 극찬했다. 그는 스페인 내전에 참전한 경험으로 쓴 소설 『누구를 위하여 종은 울리나』를 읽으며 게릴라전을 배웠다면서 존경하는 마음을 드러냈다.

"『누구를 위하여 종은 울리나』는 내 인생에 중요한 영향을 미쳤어요. … 우리 역사 속에는 농부를 땅에서 쫓아낸 지주에 대한 복수의 이야기들이 있죠. 그런 때는 한 사람의 농부라도 제대로만 역할을 한다면 군대를 물리칠 수 있다고 헤밍웨이는 설명했습니다. 나는 늘 적진 깊숙한 곳에서 헤밍웨이 이야기를 기억했습니다. 나를 일깨워 준 이 책을 잊은 적이 없습니다."

헤밍웨이는 이렇게 말했다.

"나는 전쟁을 싫어합니다. 전쟁을 기어코 일으키는 정치가들의 나쁜 처신과 이기심과 야심을 혐오합니다. 전쟁이 일어난다면 우리가 해야 할 일은 하나밖에 없습니다. 이겨야 합니다. 전쟁에서 지면 전쟁터에서 일어나는 그 어떤 일보다 더 나쁜 결과를 낳습니다."

저항 전쟁은 반드시 이겨야 합니다

베트남의 국민 시인으로 추앙받는 탄 타오(Thanh Thảo, 1946~)는 베트남

전쟁에서 군인과 종군기자의 역할을 동시에 수행한 용사였다. 그 역시 이런 말을 남겼다.

> "전쟁은 침략 전쟁과 저항 전쟁으로 나눌 수 있습니다. 침략 전쟁을 해서는 안 되지만, 저항 전쟁은 반드시 이겨야 합니다."

탄 타오는 조국이 침략당한 전쟁에 국민으로서 당연히 저항했지만, 헤밍웨이는 사실 남의 나라 일이었던 저항 전쟁에 인류의 양심이란 가치를 따라 참전했다.

1936년, 스페인에서 공화파가 집권했다. 이에 우익 군부의 우두머리인 프랑코 장군이 반란을 일으키자 파시스트를 옹호하는 세력이 개입하여 국제전으로 확산한 전쟁이 스페인 내전(1936~1939)이다. 히틀러의 독일과 무솔리니의 이탈리아가 프랑코 반군을 지원했는데, 공화파에게는 소련이 지원했을 뿐이었다. 영국과 프랑스는 방관했다. 프랑코의 승리는 나치 독일과 파시스트 이탈리아의 승리를 의미했으며, 이는 2차 세계대전으로 이어지는 빌미를 만들었다. 베트남전쟁(1960~1975)은 미국이 민족해방과 통일을 염원하는 베트남 인민을 공산주의로 몰면서 인류 최대의 폭력을 행사한 전쟁이다. 그래서 스페인 내전과 베트남전쟁을 20세기 인류 양심을 실험한 전쟁이라고 일컫는다.

스페인 내전이 터지자 나치 독일의 위협을 느낀 자유주의 국가의 문인 혹은 신문기자가 의용군으로 스페인에 몰려들었다. 헤밍웨이도 예외는 아니었다. 『동물농장』으로 유명한 작가 조지 오웰(George Orwell, 1903~1950)도 참전했다. 스페인과 스페인의 투우를 사랑했던 헤밍웨이는 공화 정부군을 열렬히 지지했다. 그는 스페인 민중을 대변하면서 이런 글을 남겼다.

"우리는 민주 선거를 통해서 우리 땅을 경작할 권리를 얻었다. 그런데 군벌들과 부재지주들이 우리 땅을 다시 빼앗으려고 공격한다. 그러나 우리는 귀족들이 자기들의 오락을 위해 방치한 스페인 대지에 물을 대고 경작할 권리를 얻기 위해 싸운다."

헤밍웨이는 파시즘, 자유주의, 사회주의, 공산주의, 무정부주의가 뒤섞여 이념의 각축장이었던 스페인 내전에서 이념을 내세우지 않고 양심의 판단에 따랐다. 1차 세계대전에 의용군으로 참전했던 경험으로 『무기여 잘 있거라』를 발표했고, 2차 세계대전에도 참전했으며, 중일전쟁 때는 기자로서 저우언라이를 취재했다.

"정의와 불의에 대한 의식 없는 작가는 소설을 쓰기보다는 영재학교 졸업앨범이나 편집하는 게 나을 것이다. … 좋은 작가의 가장 핵심적 재능은 충격 방지 처리가 된 헛소리 감지기를 내장하는 것이다. 그게 작가의 레이더이며, 모든 위대한 작가는 그걸 가지고 있었다."

작가가 지녀야 할 기본 자질에 대해서 이렇게 말했던 헤밍웨이는 1937년 6월, 스페인에서 귀국해 카네기 홀에서 열린 '제2회 전 미국 작가 회의'에 참석했다. 그는 파시즘의 폭력주의를 부정하고 전쟁에 대한 문인의 책임을 통렬하게 주장했다.

"정말로 훌륭한 작가들은 그들이 참을 수 있는 정부라면 거의 모든 현존하는 정부 체제 아래서 항상 보상을 받습니다. 훌륭한 작가들을 배출할 수 없는 정부 형태가 딱 한 가지 있는데 바로 파시즘입니다. 파시즘은 골목대장들이 하는 거짓말이기 때문입니다. 거짓말을 하지 않는 작가는 파시즘 아래서 살거나 창작을 할 수 없습니다."

스페인 내전에 반파시스트 공화파로 참전한 헤밍웨이는 행동하는 인류 양심인의 반열에 올려도 손색이 없을 것이다.

헤밍웨이 인 아바나

'깊은 호감'에도 불구하고 헤밍웨이와 피델 카스트로는 낚시 대회에서 한 번 만났을 뿐이다. 아바나에는 1950년 5월부터 지금까지 헤밍웨이 이름을 내건 '청새치 낚시 대회'가 있다. 1960년에 카스트로가 참가해 1등을 했다.

헤밍웨이는 아바나에 살면서 바티스타 독재 정권의 부조리에 눈감지 않았다. 쿠바인 친구들과 모종의 계획을 세우고 몰래 혁명군을 돕기 위해 다량의 무기를 갖고 있기도 했다.

우리나라에서 2018년 7월 5일 개봉한 <헤밍웨이 인 아바나>(원제 Papa Hemingway in Cuba)란 실화를 바탕으로 한 영화가 있다. 실제 아바나에서 아름다운 풍광을 촬영했다고 한다. 헤밍웨이의 인간적 내면세계(전신 질환, 우울증, 알코올 중독, 자살 충동 따위가 일으킨 정신 혼란)와 혁명 직전의 쿠바 상황, 아내와 친구들 사이의 몇 가지 비화를 잘 묘사했다.

헤밍웨이는 극단적인 반공주의였던 매카시즘 열풍에 휩싸인 미국에서 FBI의 감시를 받았고, 쿠바 정부는 헤밍웨이가 카스트로에 호의적이었음을 눈치채고 스파이로 몰아 쿠바를 떠나도록 공작을 하는 등 말 없는 압력을 가했다. 그는 FBI 국장인 존 에드거 후버(J. E. Hoover, 1895~1972)의 감시로 정

위_저택과 전망대

아래_저택 내부

신적 괴롭힘을 당했고, 후버의 공작으로 세금 폭탄을 맞기도 했다.

기념품 가게 주위로 작은 부속 건물 여러 개가 있고 30미터쯤 올라가면 언덕 정점 중앙에 옅은 노란색 건물이 있다. 이곳이 헤밍웨이가 살았던 집으로 지금은 박물관으로 사용하고 있다. 집 안으로 들어갈 수는 없으나 창문을 다 열어 놓아 바깥에서 실내를 충분히 볼 수 있고 마음대로 사진도 찍을 수 있었다. 방마다 헤밍웨이가 남겨 놓은 유물이 가득한데 살아 있을 때의 모습 그대로라고 한다. 집주인이 잠시 외출한 사이 주인 사생활을 몰래 훔쳐보는 느낌으로 구경을 했다.

모든 방에는 헤밍웨이의 삶이 농축되어 있었다. 넓은 거실과 침실, 헤밍웨이가 듣던 음반들, 글을 쓰던 책상, 사냥 도구들, 사냥할 때 입던 옷, 특히 9,000여 권에 달한다는 엄청난 책은 어느 방에나 다 있고, 잡지, 신문들은 가지런히 정리해 놓았다. 방마다 벽에는 아프리카 사파리여행 때 잡은 버펄로며 사슴 같은 동물 머리 박제가 걸려 있다. 헤밍웨이가 낚시로 잡은 새치를 자랑하는 모습, 주위 사람들에게 권투를 가르쳐 주는 모습 같은 흥미로운 사진들이 실린 책도 있다고 한다. 유명한 화가들의 그림도 무수히 걸려 있는데, 그중에 피카소의 그림도 있다는데 시간이 없어 찾아내지는 못했다.

체중계가 있는 욕실의 벽에는 낙서처럼 보이는 글씨들이 있었다. 당뇨 등 여러 성인병을 앓았던 그가 매일 체중을 기록해 놓은 것이라고 한다. 건강에 대해 심각하게 고민했다는 증거라 볼 수 있다.

'핀카 비히아'는 세 번째 아내 마시 겔혼과 함께 살기 위해 『누구를 위하여 종은 울리나』의 인세로 1940년에 구입한 주택이다. 저택만 약 4,000㎡(1,200평)인데, 수영장, 야구 놀이마당 등 야외 시설까지 합하면 훨씬 더 넓다. 그 주위를 마치 수목원처럼 가꾸어 놓았다. 1950년대에 네 번째 부인 메리

전망대에서 본 아바나 시내

월시와 쿠바를 떠날 때까지 살았다. 어떻게 이곳에서 살게 됐느냐고 질문하자 헤밍웨이는 이렇게 답했다.

> "아바나 위쪽 언덕의 이른 아침에 대해 설명하기란 난감한데 가장 더운 여름날에도 그곳의 아침은 서늘하고 상쾌합니다. … 당신은 그들에게 일 년 내내 농장을 떠다니는 낯설고도 사랑스러운 새들에 대해 얘기하지 않으며 지나가는 그 모든 철새들에 대해서도 말하지 않습니다. … 당신은 사람들에게 쿠바에 사는 이유에 대해 이렇게 말할 수 있습니다. … 당신이 글을 써 보았던 세상의 다른 어떤 곳만큼이나 그곳의 서늘한 이른 아침에 글쓰기 좋기 때문이라고 말이죠."

아바나는 미국 플로리다 남단에서 보면 바로 코앞이다. 미국과 가까우

요트 필라

면서도 조용히 지낼 수 있고 미국에서 언제든 쉽게 갈 수 있었다. 스페인에 가지 않고도 스페인풍 문화를 만끽할 수 있고, 좋아하는 바다낚시를 매일 즐길 수 있다는 점에서 더할 나위 없는 매력을 간직한 곳이었다.

주택 바로 옆에 비히아(Vigia)라는 3층 전망대가 있다. 아바나 시내가 거의 평지라서 주택에서도 시내가 잘 보이지만 비히아에 오르니 아바나 전경이 드넓게 펼쳐졌다.

언덕 위에서 주택으로 올라온 길 반대편으로 내려가니 수영장이 있다. 가이드가 여기서 배우 에바 가드너가 알몸으로 수영했다고 얘기해 주었다. 영화 〈헤밍웨이 인 아바나〉에는 헤밍웨이의 부인이 남자 손님과 알몸으로 수영하는 장면이 나온다.

수영장에서 조금 떨어진 곳에 낚시 요트 필라(Pilar)를 전시해 놓았다. 길이가 12미터, 폭이 3.7미터이며, 최대속도 16노트라고 한다. 겉면은 검은색, 배 안의 바닥은 녹색, 배 뒷면은 노란색, 배 겉면의 바닥은 빨간색으로 칠해

낚시 배로는 매우 고급스러웠다. 필라는 헤밍웨이의 삶에서 독특한 위치를 차지했다. 그는 스페인에서는 투우를 즐겼고, 아프리카에서는 사냥을 즐겼으며, 이곳 아바나에서는 바다낚시를 즐겼는데 그때 이 배를 사용했다.

배 이름 필라는 아내 폴린(Pauline)의 별명이자, 소설『누구를 위하여 종은 울리나』에 나오는 여성 빨치산 지도자의 이름이다. 1934년 당시로는 거금인 7,500달러에 구입했다고 한다. 헤밍웨이는 이 배를 타고 낚시를 하면서 거대한 물고기 청새치와 사투를 벌이는 소설『노인과 바다』의 영감을 얻었다.

필라를 전시한 곳 앞에 자그마한 비석 네 개가 있는데, 비석의 주인공은 헤밍웨이가 키우던 애완견이라고 한다. 유명인 부잣집의 개, 우리말로 하면 정승 집 개가 사람보다 훨씬 상팔자라는 걸 보았다.

가치를 위해 싸운다면 세상은 아름다워지리라

위대한 소설가 헤밍웨이의 흔적은 전 세계에 남아 있지만, 쿠바의 흔적이 가장 큰 의미를 지니고 있다.

헤밍웨이는 한 장소에서 지긋이 살지 않았다. 4대륙 20여 개 나라를 찾아다니며 삶의 흔적을 남겼고, 이름난 도시의 호텔을 옮겨 다니며 많은 글을 썼다. 여성 편력도 만만찮아 네 명의 여성과 결혼했으며 애인도 여러 명이었다. 핀카 비히아에서 세 번째, 네 번째 부인과 살았으며 여기서 여러 유명 배우와 염문을 뿌렸다고 한다.

1959년, 쿠바 혁명이 성공하자 혁명 정부는 맨 먼저 모든 토지를 국유화했다. 피델 카스트로는 아버지가 소유한 시골의 넓은 농장을 본보기로 가장 먼저 몰수했다. 쿠바 앞바다를 배경으로『노인과 바다』를 쓴 헤밍웨이는 쿠바 혁명을 음으로 물질적 지원을 했고, 양으로 혁명 정부의 가치를 지지했다. 혁명 정부는 외국인 소유의 재산을 몰수했다. 카스트로와 헤밍웨이는 서로 존경했지만, 헤밍웨이가 그토록 소중하게 가꾼 핀카 비히아도 예외는 아니었다. 헤밍웨이는 어떤 불평도 하지 않았다. 그는 혁명 다음 해에 미국으로 돌아갈 수밖에 없었다. 그다음 해인 1961년에 여러 가지 정신과 육체 질환을 앓다가 자살로 추정되는 총기 사고로 삶을 마감했다.

나는 문학의 깊이를 잘 모른다. 헤밍웨이에 대해서도 마찬가지다. 그러나 내 세대에서는 그의 소설을 원작으로 한 영화가 제법 인기 있었다.

게리 쿠퍼와 잉글리드 버그만의 〈누구를 위하여 종은 울리나〉(1943년), 록 허드슨과 제니퍼 존스가 나온 〈무기여 잘 있거라〉(1957년)를 보았다. 1960년대 중반 중학교 다닐 때였다. 두 영화의 남녀 주인공은 세계 영화사를 대표할 미남, 미녀 배우였다. 가슴 아픈 사랑 이야기로 사춘기 가슴에 깊이 새겨진 영화의 원작 소설가 정도로만 느꼈던 헤밍웨이가 실천 문학으로 깊은 발자국을 남겼다는 것은 잘 몰랐다. 1970년대 초 고등학생 때 성격파 배우 스펜서 트레이시의 〈노인과 바다〉(1958년)를 보았다.

이 세 편의 영화는 명절 때 TV에서 단골로 방영되어 그 뒤에도 몇 차례 더 보았다.

글쓰기 공부를 하면서 헤밍웨이의 불필요한 수식어가 없는 '하드보일드(hard-boiled)'란 메마른 문체에 대해 관심을 조금 가졌을 뿐이다.

이번 쿠바 여행을 통해 헤밍웨이가 쿠바에 남긴 여러 흔적을 보았고, 괴팍했지만 현실 참여에 열정이 남달랐던 헤밍웨이를 다시 보게 되었다. 나는 그의 이런 낙관을 좋아하게 되었다.

"세상은 아름답고 싸워 볼 가치가 있다."

이 말의 의미를 살짝 바꾸어 보겠다.

"가치를 위해 싸운다면 세상은 아름다워지리라."

코히마르, 『노인과 바다』의 마을

2003년, 프랑스의 국제관계 전문 월간지 〈르몽드 디플로마티크(Le Monde-Diplomatique)〉의 편집장인 이냐시오 라모네(Ignacio Ramonet, 1943~)는 인터뷰를 하기 위해 카스트로의 집무실을 찾았다.

책상 선반과 소파 옆 테이블에 호세 마르티와 시몬 볼리바르 그리고 링컨의 흉상과 돈키호테의 모습을 철사로 만든 조각품이 있었다. 벽에는 카밀로 시엔푸에고스의 유화 초상화와 액자 세 개가 걸려 있었는데, 그중 하나가 헤밍웨이가 헌정한 사진이었다. 그 사진에는 이렇게 쓰여 있다고 한다.

"피델 카스트로 박사에게, 코히마르의 바다에서 이것과 같은 놈을 하나 찍기를. 어니스트 헤밍웨이가 사랑으로."

1959년 혁명군이 정권을 잡았을 때 헤밍웨이는 쿠바에 있지 않았지만 〈뉴욕타임스〉 기자 매슈스(Herbert Matthews, 1900~1977)에게 이런 편지를 썼다.

"… 카스트로가 타협하지 않고 정치를 할 수 있다면 그보다 멋진 일이 없을 것이네."

매슈스는 미국 기자로서는 처음으로 피델 카스트로가 마에스트라산맥에서 게릴라 활동을 할 때 인터뷰를 했다. 그는 1935년 이탈리아가 에티오피아를 공격했을 때 주재 기자였으며, 2차 세계대전 당시에는 유럽에 주재했다. 그는 1957년 2월 17일에 카스트로와 인터뷰하여 세 편의 기사를 〈뉴욕타임스〉에 올렸다. 그 덕분에 피델의 게릴라 부대는 국제적 반향을 일으켰으며, 피델은 '낭만적인 정의의 사도'라는 이미지를 얻었다. 정작 매슈스 기자는 매카시즘 광풍이 거센 조국 미국에서는 빨갱이 취급을 받았다.

노벨상 수상 작가와 반미 쿠바 혁명군 사령관의 기묘한 만남

헤밍웨이는 오랜 친구인 매슈스 기자와 함께 쿠바 혁명에는 무언가 소중한 가치가 있으며 그 가치를 보존해야 할 필요성이 있다는 데 뜻을 같이했다. 정세 격변이 있는 곳을 찾아 세계 구석구석을 누빈 헤밍웨이는 쿠바에서 일어나는 혁명의 과도한 소요는 점차 가라앉을 것이고, 쿠바의 새로운 혁명 체제가 지배계급에게 수 세기 동안 무시당한 일반 노동자를 보살필 것이라고 자신 있게 말했다.

골수 반미주의자인 카스트로는 이런 헤밍웨이를 예외적인 미국인으로 보았다. 그는 이 유명한 작가가 비록 양키(Yankee, 미국인을 얕잡아 이르는 말)지만 이 섬(쿠바)에서 언제나 환영받을 거라며 헤밍웨이를 옹호했다.

그렇지만 헤밍웨이는 쿠바에서 견디기가 힘들었다. 그는 친구에게 카스트로가 자신을 귀찮게 하지는 않았지만 혁명 세력이 미국을 비방하고 다른 미국인을 추방하자 마음이 몹시 불편했다고 말했다. 그는 어쩔 수 없이 1960년에 미국으로 돌아갔다.

카스트로와 가까운 친구인 마르케스는 카스트로가 헤밍웨이의 작품을 잘 알 뿐만 아니라 "이해가 깊어서 헤밍웨이의 작품 세계에 대해 이야기하는 것을 즐겼고 헤밍웨이를 매우 설득력 있게 옹호할 줄도 알았다"라고 말했다.

앞서 말했듯, 아바나에서는 1950년 5월부터 현재까지 '헤밍웨이 낚시 대회'가 열리는데, 해마다 5~6월이면 아바나 주변 해안에 전 세계 낚시꾼들이 모여든다. 20킬로그램 정도의 낚싯대로 청새치, 황새치, 참치 같은 몸집이 큰 심해어를 잡아야 한다. 잡은 물고기는 증거만 남기고 다시 놓아준다.

1960년 제10회 대회 때 헤밍웨이는 혁명군 지도자 피델 카스트로를 초청했다. 그러자 피델은 체 게바라와 그의 부인과 함께 갔다. 사진 찍는 아르바이트를 한 경험이 있는 체는 사진기를 들고 부인과 낚시 요트에서 무척 다정하게 즐겼다. 카스트로 전속 사진가 코르다의 사진을 보면 웃통을 벗고 베레모를 쓴 게바라와 군복에 선글라스를 낀 카스트로가 낚싯대를 놓고 얘기를 나누는 모습이 인상적이다.

카스트로는 낚시 경험이 없었지만 우승을 했다. 그 역시 헤밍웨이처럼 만능 스포츠맨이었다. 카스트로의 머리에 혁명 정신이 없었다면 당시 미국 프로야구 투수로 뽑혀 갈 수 있었을 정도로 야구를 잘했다고 한다.

주최자 헤밍웨이가 우승자 카스트로에게 트로피를 전달할 때 두 사람이 처음으로 그리고 유일하게 얼굴을 마주했다. 미국을 대표하는 노벨상 수상 작가와 반미 쿠바 혁명군 사령관의 기묘한 만남이었다.

노벨문학상, 이 상을 받은 최초의 입양 쿠바인이라서 더 행복합니다

알라마르 농장과 핀카 비히아를 관람하니 어느덧 점심시간이다. 식당이 있는 해변의 마을로 갔다. 버스에서 내려 작은 거리 안으로 50미터쯤 걸었다. 한쪽에 있는 긴 건물은 거의 부서진 채였고, 맞은편엔 주택이 이어져 있다. 거리 입구에서 보니 식당이 있을 법한 건물이 얼른 눈에 띄지 않는다. 좀 더 안으로 들어가니 붉은 기와지붕 위에 작은 간판이 보였다. 'BODEGA

LAS BRISAS', 단어를 직역하면 '부드러운 바람이 이는 작은 주점'이다.

안으로 들어가 보니 와인 바가 있는 레스토랑이다. 우리 일행 식탁의 붉은 식탁보 위에는 접시, 포크, 숟가락이 이미 놓여 있었다. 식당 한편의 바에는 와인을 많이 진열해 놓았다. 벽에는 헤밍웨이가 와인 병을 따는 사진이 걸려 있고, 의외로 아주 오래되고 낡은 주유기가 장식처럼 있다. 식사 후에 한 노인이 우리에게 오더니 뭐라고 이야기를 하는데, 가이드가 이 노인이 소년 시절에 주유소에서 일하며 헤밍웨이 차에 이 주유기로 기름을 넣어 주었다고 한다. 가이드가 통역할 때 노인은 생전에 헤밍웨이를 만났다는 자부심에 가득한 웃음을 지으며 고개를 연신 끄덕였다.

식당에서 나와 약 200미터쯤 걸어가니 작은 해변이 나타났다. 이곳의 어촌 마을 이름이 '코히마르Cojimar'(j도 g처럼 h로 발음한다)다. 헤밍웨이의 낚시배 '필라'호를 정박했던 곳이자, 『노인과 바다』의 주인공 산티아고의 터전이었다. 이 마을에서 아바나 시내 중심부까지 거리는 약 10킬로미터 정도라 한다. 헤밍웨이의 저택인 핀카 비히아도 금방 다녀올 수 있는 가까운 거리다.

헤밍웨이는 이 작은 항구에서 필라호를 타고 청새치를 비롯한 대형 물고기 낚시를 했다. 이 마을은 오메가(Ω)형의 조그만 만 주위에 자리 잡았다. 만 입구의 작은 성을 향해 걸어가는 중에 푸른색 원형 콘크리트 기반 중앙에 대리석 기단이 보였는데, 그 위에 은은한 비취색의 흉상이 있다. 가까이서 보니 헤밍웨이의 모습이다. 원형 기반 가장자리에 그리스 신전 기둥 같은 것이 6개 서 있고 기둥 위에 둥근 천장이 얹혔는데 천장은 둥근 테두리만 있고 지붕이 없었다. 이 흉상과 조형물은 1962년 코히마르 마을 주민들이 만들었다고 한다.

헤밍웨이 기념 공간을 지나니 큰 야자수 한 그루가 당당하게 보초를 서고 있는 듯한 성이 있다. 아주 자그마한 이 성은 해적을 감시하고 피신하

식당

헤밍웨이 차에
기름을 넣었던 주유기

헤밍웨이 기념상과
요새가 있는
코히마르 해변

헤밍웨이 흉상

는 요새였다고 한다. 요새에 오르니 가구 수가 얼마 안 되는 한적한 코히마르 마을 전체가 보였다. 요새 아래쪽에 작은 시멘트 구조물로 만든 선창다리가 있는데 배를 정박하고 쉽게 타고 내리려고 만든 것이다.

1990년대 초 쿠바의 최대 원조국이었던 소비에트가 해체되자 엄청난 경제난이 닥쳤다. 미국은 쿠바 붕괴를 원했다. 미국 라디오 방송은 쿠바 사회를 혼란에 빠뜨리려고 민중을 자극하고 쿠바 탈출을 부추겼다. 미국이 탈출 쿠바인들을 정치적 망명으로 받아들이겠다고 하자, 1994년에 수천 명의 보트 피플이 이 코히마르 항구에서 미국 플로리다로 향했다. 카스트로는 떠날 사람은 떠나라는 식으로 탈출을 방관했다.

헤밍웨이는 4대륙 20여 나라에 흔적을 남기며 초인적이라 할 정도로 아주 분주하게 살았다. 가는 곳마다 그곳을 소재로 걸작을 남겼다. 그중 쿠바 아바나는 그가 가장 오래 산 곳이고 『노인과 바다』의 배경이라서 그 어느 곳에서보다 흔적을 많이 남겼다. 아바나는 그 흔적을 잘 보존하고 있다.

헤밍웨이는 투우의 나라 스페인 대신 카리브해의 쿠바를 찾아 낚시를 즐겼던 1936년부터 소설을 구상했다고 한다. 16년이 지난 1952년에 〈라이프〉지에 『노인과 바다』를 선보였는데, 그 책은 출간 이틀 만에 500만 부가 팔렸다. 다음 해인 1953년에 퓰리처상을 받았고 1954년에 노벨문학상을 받았다.

당시 쿠바인들은 문학으로 세계적인 명성을 쌓고 쿠바를 진정 사랑한 헤밍웨이를 쿠바인처럼 사랑하고 존경하고 기렸다. 헤밍웨이는 미국인이 아닌 명예 쿠바인의 신분으로 노벨문학상을 받으며 수상 소감을 말했다.

"저는 매우 기쁩니다. 전 이 상을 받은 최초의 입양 쿠바인이라서 더 행복합니다."

그는 노벨상 메달을 쿠바 동쪽 끝자락에 있는 도시 산티아고 데 쿠바의 코브레 성당(Basilica de Nuestra Senora del Cobre)에 기증했다. 코브레 성당은 산티아고 데 쿠바의 중심지에서 북서쪽으로 20킬로미터 정도 떨어진 마에스트라산맥(시에라마에스트라) 아래 언덕 위에 있다. 이곳은 1998년 교황 요한 바오로 2세와 2015년 프란치스코 교황이 방문해 자유와 평화 그리고 정의에 대한 미사를 집전한 곳으로 쿠바인 신앙의 중심지다.

바다의 노인, 산티아고의 길을 찾아서

헤밍웨이는『노인과 바다』에서 코브레 성당을 두 번 언급한다. 주인공인 노인 산티아고가 사는 판잣집을 묘사할 때 나온다.

> "섬유질이 억센 구아노 잎을 여러 겹 반반하게 붙인 갈색 벽에는 예수 성심 채색화와 코브레 성당의 성모 마리아 채색화가 걸려 있다. 죽은 아내의 유품이다."

또 한 번은, 엄청난 크기의 물고기 청새치와 사투를 벌이면서 노인은 혼자 중얼거린다.

> "지금부터 이 물고기를 잡게 해 달라고 주기도문과 성모송을 열 번씩이라도 외우겠어. 그리고 만약 물고기를 잡기만 한다면 '코브레'로 순례를 가겠다. 꼭!"

소설 속 노인이 독백하면서 바랐던 바를 작가 헤밍웨이가 노벨문학상 수상 기념 메달을 코브레 성당에 기증함으로써 실현했다. 작가로서 최고의 영예를 쿠바에 바쳤다는 것은 그만큼 쿠바를 사랑한 증거가 아니겠는가. 헤밍웨이는 그 당시 건강 악화로 노벨상 수상식에 불참했는데, 수상 기념 인터뷰와 행사는 핀카 비히아에서 했다.

혁명 세력을 지지하면서 자신을 명예 쿠바인이라 불렀던 헤밍웨이마저 쿠바에서 미국인이 겪은 운명을 벗어나지 못했다. 미국인 재산 몰수 원칙에 따라 핀카 비히아 저택은 몰수당했고, 미국인에 대한 쿠바인의 눈총도 대단했다. 그는 미국과 쿠바의 관계 악화에 크게 상심하고 쿠바를 떠날 수밖에 없었다. 추방은 아니었다.

미국으로 돌아간 이듬해인 1961년, 엽총 사고로 삶을 마감했다. 자살로 추정할 수 있는 근거는 그가 평소에 한 말이다.

"내 육체가 나를 배반한다. 그래서 내 육체를 없애 버리는 것이다."

헤밍웨이는 쿠바에 있을 때부터 우울증, 당뇨병, 알코올 중독 같은 질환을 심하게 앓았다. 그는 죽음이라는 운명에게 당하는 패배보다 스스로 파괴하는 자살을 택하지 않았을까?

헤밍웨이는 『노인과 바다』에서 가혹한 현실에 결연히 맞서는 인간의 모습을 간결한 문체로 힘차게 묘사했다. 성숙하고 균형 잡힌 통찰력으로 잔인한 현실 속 불굴의 인간성을 조명했으며, 또한 인생이라는 동전의 다른 면에 존재하는 인간의 나약함과 고독을 실존주의 기법으로 날카롭게 묘사했다.

간결한 서술은 헤밍웨이 문학의 가장 큰 특징이다. 복잡한 이야기가 늘 그렇듯 요지는 간단했다. 그는 문학적 수사 능력을 자랑하기 위해 장황하거나 에둘러 말하지 않았다. 그는 자신의 짧고도 강렬한 문체를 빙산에 비유했는데, 이를 빙산 이론(Iceberg Theory)이라고 한다. 헤밍웨이는 자신의 소설 『오후의 죽음』에서 이렇게 썼다.

"산문 작가가 자기가 무슨 글을 쓰고 있는지에 대하여 충분히 알고 있다면, 자신이 알고 있는 바를 생략할 수 있으며, 작가가 충실히 글을 쓴다면 독자들은 마치 작가가 진술한 바와 마찬가지로 강렬하게 느낄 것이다. 이동하는 빙산의 위엄은 오직 팔분의 일에 해당하는 부분만이 물 위에 떠 있다는 데 있다."

헤밍웨이는 이야기의 깊은 의미가 표면에 나타나서는 안 되며 암묵적으로 빛나야 한다고 생각했다. 빙산처럼 대부분의 이야기와 특별히 감성은 드러난 빙산이 아니라 물속에 잠긴 빙산에 있다는 것이다.

이 빙산 이론에 따르면 말하듯(=구어체) 글을 쓰는 것이다. 젊을 때 기자 생활을 한 헤밍웨이는 신문 기사를 쓰면서 상황이나 해석이 거의 없는 사건 자체에만 집중했다. 그의 소설가로서의 글쓰기 역시 장황하게 주제를 논하지 않고 서술을 최소한으로 했다. 이야기의 깊은 의미 있는 사건의 진실은 빙산처럼 표면에 나타나서는 안 되며 암묵적으로 가라앉아 있어야 한다고 생각했다. 그렇게 생략한 부분이 이야기를 더욱 강화할 것이라고 주장했다.

"가장 적은 묘사를 최대한 활용한다. 언어를 정리하고 쓸데없는 동작 묘사를 피해서 문장 강도를 배가시키면서 진실만을 말하는 법을 배웠다. 이렇게 글을 쓰면 진실보다 오히려 더 많은 것을 말할 수 있다.

내가 사실로 밝힌 몇 가지 사실과 독자가 알고 있는 중요한 일이나 사건을 생략하면 그 이야기는 강렬하게 된다. 독자가 모르고 있는 것을 생략한다면, 그 이야기는 가치가 없을 것이다. 어떤 이야기의 평가는 편집자가 아닌 독자가 생략이 얼마나 좋은지를 아는 것이다."

20세기의 헤밍웨이는 새로운 스타일의 작품을 개척했다. 19세기 작가들이 까다로운 산문체로 쓴 긴 서경문(敍景文, long descriptive passages, 자연 경치를 위주로 하여 묘사한 글)과 달리 그는 주어, 동사 그리고 최소한의 형용사만으로 분명하고도 쉬운 글을 썼다.

헤밍웨이는 소설의 주인공이 무엇을 생각하고 느끼는지를 독자에게 말하기보다 대화와 행동을 묘사하는 데 초점을 두었다. 그는 독자 스스로 선과 악을 구분하고, 독자들이 실제 삶에서 하는 것과 똑같이 독자가 진실을 밝힐 수 있기를 바랐다.

헤밍웨이의 언덕에서 연암 박지원을 떠올리다

빙산 이론을 생략 이론(theory of omission)이라고도 한다. 때때로 말하는 것보다 말하지 않고 두는 것이 더 효과가 있다. 헤밍웨이의 특성인 침묵에서 오히려 내면의 모순을 알아들을 수 있다. 행동에 초점을 맞춘 묘사로 독자는 빠르고, 생략된 경제적인 말을 들을 수 있다.

나는 문학 이론을 잘 모르지만, 다음은 경제적인 글쓰기의 좋은 예가 아닐까? 우리 시대 글쟁이 한양대 정민 교수가 스승 이종은 교수에게 혼난 이야기다.

> "공산목락 우소소(空山木落 雨蕭蕭)"를 "텅 빈 산에 나뭇잎은 떨어지고 비는 부슬부슬 내리는데"라고 번역했다.
> 스승은 정 교수에게 대뜸 "사내자식이 왜 이렇게 말이 많아?"라고

핀잔을 들었다.

'空(빌 공)' 자를 가리키며 "여기 '텅'이 어디 있어?" 그래서 '텅'을 지웠다.

다음 "잎이 나무라는 걸 모르는 사람도 있나?" 그래서 '나무'를 뺐다.

'떨어지고'에서 '떨어'와 '부슬부슬 내리고'에서 '내리고'를 덜어냈다.

문장은 이렇게 남았다.

"빈 산 잎 지고 비는 부슬부슬."

문장은 전달력이 중요한데, 문장 양을 줄이면 전달력은 늘어났다는 예다.

나는 헤밍웨이의 글쓰기를 보면서 18세기 조선의 최고 문장가라 평가받는 연암 박지원(燕巖 朴趾源, 1737~1805)의 글쓰기가 떠올랐다. 글쓰기를 출세를 위한 과거 시험의 도구로 사용하거나, 마음을 고상하게 하거나 위로하는 도구가 아닌, 사회 비판을 위한 활동으로 생각한 연암의 글쓰기 말이다.

연암은 유교 이념만을 강조하는 고상하고 엄숙한 틀에 박힌 글보다 살아 있는 감정에 호소하는 짧은 산문으로 변화무쌍한 삶을 표현했다. 그는 글의 유일한 생산자이면서 유일한 소비자였던 사대부의 고리타분한 글쓰기 틀을 자유분방한 글쓰기로 깨트렸다.

당시의 임금 정조는 이런 연암의 신선한 글들을 허접한 잡문으로 봤다. 이를 '문체반정(文體反正)'이라 규정하고 이런 글쓰기를 금지했다. 요즈음으로 치면 표현의 자유를 '국가보안법' 식으로 다룬 셈이다.

18세기 연암의 글쓰기를 나름 정리해 보면, 21세기 어떤 글쓰기 이론보다 진보적이고 웅혼하다고 나는 감히 생각한다.

쓰는 이가 뜻을 읽는 이에게 정확히 전달하면 좋은 글이다. 그러기 위해서는 아집과 독선에서 벗어나 객관적인 근거를 제시하는 정밀한 글을 써야 한다.
글자 한 자 한 자가 제자리에서 역할을 할 때 그 글은 읽는 이를 설득할 수 있다. 말이 간단하더라도 요령만 잡으면 되고, 토막말이라도 핵심을 놓치지 않으면 험한 요새(城)라도 정복할 수 있다.
글쓰기에서 가장 중요한 자세는 바로 글의 힘을 믿는 것이다. 글을 써야만 하는 이유를 잊지 않고 모든 기쁨과 분노와 슬픔을 글에 쏟아부어야 한다. 그런 자세로 쓰지 않으면 글은 순식간에 길을 잃고 헛것이 된다.
생략과 함축은 겉보기에는 별로인 것 같지만 속으로는 대단한 힘을 가지고 있다. 읽은 이가 생략과 함축의 의미를 잘 살피면 그 실상이 떠올라 '바로 이것' 하며 무릎을 친다. 속물적인 이익이나 명예가 아닌 순수한 마음으로 글을 쓴다면 거짓이 아닌 진심으로 글을 쓴다면, 세상의 어떤 힘보다 글의 힘이 강하다.

[『연암에게 글쓰기를 배우다』(설흔·박현찬, 2007)에서 발췌]

연암의 글쓰기 정신은 이렇다.
"붓끝을 도끼 삼아 거짓을 싹 쓸어 버릴 글을 써라!"

드넓은 문화유산의 거리 비에하를 걷다

코히마르 마을을 떠나 아바나 시내 중앙공원(Parque Central)으로 갔다. 불과 15분 정도 거리다. 이 중앙공원이 아바나 관광의 시작점이라 한다.

유럽의 여러 양식이 드러나는 낡은 건물이 주위에 즐비한 광장과 거리에는 1950년대의 미국 차와 중세 시대 마차가 길게 늘어선 채 관광객을 기다리고 있다. 마차와 삼륜차 꼬꼬(COCO) 택시와 자전거 택시도 어울려 있다. 교통수단의 조합이 기묘하고 다양하다.

아바나의 중심 광장답게 광장 한가운데에는 호세 마르티의 동상이 우뚝하다. 쿠바 전역의 수백 개가 넘는 호세 마르티의 동상 가운데 1905년에 최초로 세운 것이라고 한다. 그해는 호세 마르티 서거 10주년이었다. 동상을 보면서 언제 되뇌어도 통찰력이 빛나는 마르티의 외침이 떠올랐다.

> "게으르지 않고 그렇다고 성질이 고약하지도 않은 사람이 가난하게 살고 있다면 그곳에는 불의가 있다."

다시 강조하건대, 혁명의 필요성을 이보다 더 절실하게 호소한 글이나 말을 나는 아직 보거나 듣지 못했다.

다양한 교통 수단

중앙광장 중심에 있는 호세 마르티 상

정교한 사회 이론은 사회 행위나 역사 실천에 큰 방향을 제시하기 때문에 매우 중요하지만, 이론이 민중들의 가슴을 뜨겁게 달구려면 지식인의 실천이 필요했다. 그런데 이제까지 이론을 역사에서 실천하며 민중의 신뢰를 얻은 지식인이 얼마나 있었을까.

호세 마르티는 예리한 이론가였고, 뜨거운 실천가였다.

혁명보다 뜨거운 나라, 그 한가운데로!

아바나 시내 중심부는 동쪽의 옛 시가지인 비에하(Vieja), 중심부인 센트럴 아바나(Habana Central) 그리고 새 시가지인 서쪽 베다도(Vedado)로 나뉜다.

우리는 중앙공원에서 시작해서 거리 전체가 1982년 유네스코 세계문화유산으로 등재된 비에하 지역의 여기저기를 기웃기웃하며 스쳐 지나갔다.

중앙공원에서 얼마 떨어지지 않은 곳에 웅장한 건물이 보였다. 미국 국회의사당과 판에 박은 듯한 건물인데, 카피톨리오(Capitolio National)라 한다. 미국이 실질 지배하던 1929년에 미국 국회의사당을 설계한 건축가의 작품이니 쌍둥이의 동생 건물인 셈이다. 1959년 혁명 이전까지는 국회의사당으로 사용했다가 혁명 뒤 박물관이 되었다.

길 맞은편에서 카피톨리오 건물 외향만 보고 돌아서는데 할머니가 허름한 건물 담벼락에서 시가를 피운다. 담배 끊은 지 오래지만 40여 년 전에 피워 봤던 시가의 독하면서도 구수한 향이 코끝을 유혹했다.

드넓은 시가지를 모두 보기에는 시간이 허락하지 않아 오비스포 거리(Obispo Street)를 중심으로 다녔다. 오비스포 거리는 중앙공원과 구 국회의사당 건물 그리고 아르마스 광장(Plaza de Armas)과 연결되어 있다. 세계문화유산 거리답게 좁은 거리 사이에 옛 건물들이 즐비하다. 파스텔 색감의 건물들은

위_미국 국회의사당을 본뜬 국회의사당 건물, 지금은 박물관으로 쓰인다.

아래_맞은편 건물 앞에서 시가를 피우는 할머니

대부분 칠이 벗겨졌고 무너질 듯한 건물도 드물게 보였다. 관광객과 아바나 시민들이 북적여 우리의 명동과 인사동을 합친 것 같았다.

쿠바에 가기 전 쿠바에 관한 책을 샅샅이 찾던 중『쿠바, 혁명보다 뜨겁고 천국보다 낯선』이란 책을 보았다. 영화감독이자 작가인 정승구 선생이 쓴 책이다. 쿠바의 문화, 역사, 정치에 대한 글인데 특히 문화 지식에 많은 영감을 받았다. 이 책에 이런 내용이 있다.

> 행복과 아름다움을 잇는 예술에는 다양한 장르가 있다. 그러나 그 중에서 가장 구체적이고 실체가 있어서 우리와 물리적으로 닿아 있는 예술은 단연 건축이다.
> 건축은 우리 일상과 가장 밀착된 예술로, 삶에 지대한 영향을 미친다. 단순히 우리가 건물에 거주해서가 아니라, 건축과 우리의 삶은 서로 상호작용을 일으키기 때문이다. 그래서 일반인들의 일상적이고 보편적인 삶으로 가득 찬 건물들이 모여서 이루어진 주거지역은 단순한 배경이 아니라 거주자들의 정체성에 가깝다.
> 건축은 그 안을 드나드는 이들에 대한 이야기를 들려준다. 건축물을 살펴보면 거주자들이 무엇을 원하고 무엇을 두려워하는지를 단박에 알 수 있다. 쿠바인들은 남들과 다른 독특한 개성을 추구한다. 그 반대되는 예로, 한국의 개발독재 시절 획일적으로 지어진 우중충한 아파트들은 거주자들이 사회적으로 튀는 삶을 두려워하게 만든다.

정승구 선생 책에서 읽은 건축의 의미를 떠올리며 비에하의 오랜 건물 숲 속을 빠르게 헤엄치듯 다녔다. 또다시 그에게서 쿠바 건축 역사를 들어 보자.

오비스포 거리 입구

16세기에 식민지 시대에 본격적으로 접어들면서 쿠바로 스페인에서 유행하는 것들이 많이 흘러들었다. 이베리아반도에 8세기 동안 머무르다 1492년에야 아프리카로 쫓겨 간 무어인들의 영향을 받은 당시 스페인의 예술은 기독교와 이슬람, 유럽과 아랍 문화의 혼혈이었다. 오늘날 우리가 접할 수 있는 쿠바 건축의 시초는 혼합 문화인 무데하르(Mudejar) 양식이다.

무데하르 양식은 아랍-이슬람의 문화와 기독교-스페인의 문화가 결합한 형태를 말한다. 이 건축 양식이 쿠바에 고스란히 남아 관광객의 시선을 사로잡고 있다.

외국인들이 인사동에서 무엇을 느끼는지 잘 모르겠지만 한국 사람인 나는 우리 한국적인 것을 느끼지 못한다. 일제 강점기는 수천 년 이어 온 우리 전통을 훼손했고, 한국전쟁은 그나마 남아 있던 전통의 흔적을 무차별 파괴했다. 게다가 1960년대부터 박정희식 경제계획을 시작한 이후 개발을 빙자한 끊임없는 파괴는 이 땅을 재개발이란 콘크리트 투기 공화국으로 만들었다. 여차하면 건물을 부수는 우리의 행태는 경제 개발과 확장을 위한 어쩔 수 없는 선택인가? 서울에 온전히 남아 있는 100년 된 건물이 얼마나 있을까?

아바나 비에하 지역을 겉핥기식이라도 둘러보려면 적게 잡아도 일주일은 걸리리라. 특히 저녁이면 유서 깊은 식당에서 느긋하게 식사와 모히토(Mojito)를 즐기며 쿠바 음악 연주에 맞추어 어깨와 허리를 들썩이면서 쿠바의 속살과 부딪히는 경험은 참으로 짜릿하리라.

드넓은 문화유산의 거리를 우리는 3시간 만에 훑어보았다. 고개를 좌우로 돌리며 가이드에게 유서 있는 건물 이름이나 들으며 지나칠 수밖에 없었다.

신세계를 여는 열쇠, 아바나의 오래된 건축에 매료되다

만약 인사동에 다음과 같은 건물들이 즐비하게 모여 있다고 상상해 보자. 명동 성당, 광화문에 있었던 옛 조선총독부 건물인 중앙청, 종각 앞자리에 있었던 화신 백화점, 시청 앞에 있었던 반도 호텔, 을지로에 있었던 국도극장, 덕수궁, 남대문로의 한국은행 본점, 그 건물들 사이에 북촌의 한옥 같은 건물들이 인사동보다 열 배는 넓은 장소에 수백 채 이상이 모여 있다면, 구경하는 데 얼마나 걸릴까? 아바나 시내를 3시간 만에 지나온 것은 인사동을 3분 만에 본 것과 비교해도 별 무리가 없으리라.

하나하나 역사가 담긴 오래된 건물 수백 채가 어쩌면 이렇게 그대로 남아 있을 수 있을까? 여행 안내서『론리 플래닛(Lonely Planet)』에서 쿠바 정부가 비에하 역사 건축을 보전하는 철학을 들어 보자.

교육과 의료 분야에서 쿠바가 이룬 훌륭한 성과를 보도하는 국제 언론은 많다. 하지만 아바나 비에하에서 심각하게 손상된 귀중한 역사 유산들을 보존해 낸 이 놀라운 과업에 대해서는 덜 알려져 있다. 1970년대 말부터 지금까지 진행 중인 이 작업은 수십 년간 방치된 아바나의 구시가를 하나하나 제자리로 돌려놓고 있다. 선견지명이며, 경제적 어려움이라는 방해 요소를 고려했을 때 정말 기적적인 과정이었다.

레알(Eusebio Leal Spengler, 1942~2020)이라는 천재적인 도시 사학자가 쿠바의 '특별시기' 때 경제 압박에도 동요하지 않고 1994년 '아바과넥스(Habaguanex)'를 설립했다. 관광 산업으로 돈을 버는 지주회사로, 벌어들인 돈으로 역사적인 복원 및 도시 재건 사업에 투자해 많은 성과를 거뒀다. 역사 유산을 보호함으로써 더 많은 관광객을 끌어들여 더 많은 수익으로 복원 작업과 사회사업에 투입했다.

레알은 개발 유혹을 물리치고 흩어진 조각들을 다시 세워 정통성이 있는 '살아 있는' 현장으로 만들려고 노력했다. 또한 9만 1,000명이 넘는 지역 주민들에게 가시적인 혜택을 돌려주었다. 그 결과 아바나 지역에는 재정돈한 식민시대 건축물들과 학교, 주민위원회, 양로원, 장애아동센터가 잘 어울려 있다. 이처럼 지역 주민과 관광객을 나란히 설정한 것은 매우 독특하며 훌륭하다.

예를 들어 광장의 야외에서 모히토 한잔을 홀짝거리다 보면 광장 가까이 있는 앙겔라 란다 학교(Angela Landa School)의 어린이들과 공간을 공유하게 된다. 17세기 무렵에 건설된 벨렌 수도원(Convento Belen) 주변을 거닐다 보면 요양원에 머무는 아바나의 노인들과 어깨를 스치게 될 것이다. 관광객이 아바과넥스에서 관리하는 호텔, 박물관,

레스토랑에 돈을 낼 때마다 이들은 이 지역의 지속적인 복원뿐만 아니라 지역 주민에게 직접적인 혜택이 돌아가는 수많은 사회사업에도 기여하게 된다.

쿠바의 건축 역사 보존 정책은 우리도 귀감으로 삼아야 하지 않을까? 탐욕이 가득한 투기꾼의 눈에는 아무리 의미가 있더라도 낡은 건물은 무조건 파괴하고 새로 지어야 하는 투기 대상일 뿐이다.

스페인의 식민지였던 쿠바는 16세기 후반에 수도를 동쪽 끝 산티아고 데 쿠바에서 서쪽의 아바나로 옮겼다. 16세기 말 스페인 국왕은 이곳을 수도로 승인하면서 "아바나는 신세계를 여는 열쇠다"라고 말했다. 아바나는 17세기부터 현재까지 수도인 동시에 유럽과 중남미의 입구 역할을 해 왔다.

쿠바에서 만나는 돈키호테

쿠바 어디에서나 1950년대, 1960년대 초에 생산된 미국 대중 승용차가 굴러다니는 모습이 보인다. 늘씬한 차체 길이는 요즘 미니버스만 하다. 그 당시 유럽의 대중적인 차는 딱정벌레란 별명이 붙은 '폭스바겐 비틀'과 같은 소형차가 주류였다. 미국 차에 비해 길이가 반이나 됐을까? 오래된 차가 신기하게 잘 다니는데 운전석과 승객 좌석에 머리 받침이 없는 게 불안했다.

노예적인 삶을 살았던 쿠바 대중이 미국 자동차를 소유한다는 것은 꿈도 꾸지 못했으리라. 지금 이렇게 많은 미국 차는 대부분 미국인 소유였을 것이고, 그만큼 많은 미국인이 이곳에서 얼마나 홍청망청했는지를 짐작할 수 있다.

아바나 법대를 다닌 피델 카스트로는 미국 갱단의 손아귀에서 놀아나는 조국의 실상을 도저히 눈 뜨고 볼 수 없었다. 1959년 혁명으로 권력을 잡은 그는 모든 퇴폐업소를 폐쇄하고 갱들을 미국으로 쫓아냈다. 여러 호텔을 쪼개서 가난한 서민들에게 집으로 무상 분배했다. 덕분에 아바나는 1960년대부터 전 세계적으로 광풍처럼 불던 무분별한 투기 개발을 피할 수 있었고, 지금 세계문화유산으로 관광객을 모으고 있는 것이 아닐까?

7월의 아바나는 뜨거웠다. 천천히 걷는데도 땀이 줄줄 흘렀다. 중앙공원에서 오비포스 거리 주위를 구경하고 다시 중앙공원으로 돌아왔다. 만약 건축 미학에 안목이 있고 글솜씨가 좋은 유홍준 교수 같은 분이 내가 간 곳들을 거닐었다면 책이 몇 권 나올 수 있을 만한 곳이었다. 워낙 방대한 역사 거리라 내가 설명을 할 도리가 없다. 그래도 사진을 찍으며 지나온 길을 짚어 보겠다.

거리에 공중전화기가 제법 눈에 띈다. 번잡한 시내에도 호세 마르티 초

호세 마르티 초등학교

호세 마르티 초등학교 내부 벽화

산초 판사 조형물

등학교가 있다. 호세 마르티 벽화가 그려진 집도 있다. 시가를 물고 있는 노인을 보니 오래전 한번 피워 봤던 생각이 연기처럼 떠오른다. 허름한 건물의 정원 같은 공간에 돈키호테의 시종인 산초 판사(Sancho Panza)의 모형이 있다. 스페인어로 쓴 최고의 문학인 『돈키호테』는 쿠바에서도 인기가 높다.

카스트로의 『카스트로 아바나 선언』이란 책 서문을 쓴 타리크 알리(Tariq Ali, 1943~)는 다음의 간결한 표현에 쿠바 혁명의 전말이 담겨 있다고 했다.

"종이 순순히 처벌에 응하지 않을뿐더러 오히려 주인의 무릎을 꿇린다면 그는 얼마나 놀랄까?"

세르반테스(Miguel de Cervantes, 1547~1616)는 다음과 같이 썼다.

돈키호테　그래서 너는 지금껏 먹여 준 주인에게 감히 저항하려는가.

산초　나는 왕을 추대하지도 폐위하지도 않는다. 단지 스스로 서려 할 뿐이다. 왜냐하면 나의 주인은 나이기 때문이다.

너무나 많은 것을 보아서 행복했던 여행

오비포스 거리, 어딜 가나 체 게바라 초상이 가장 많다. 식당은 물론 거리나 광장의 한편에는 연주하는 사람들이 꼭 있다. 아바네라(Habanera) 약국 박물관은 존슨 약국이라고도 한다. 정면 벽에는 오래전 사용하던 약재 그릇들을 전시했다. 2006년 화재 이후에 약국 박물관으로 새롭게 만들었다. 유리 진열장 안의 오랜 책자에는 당시 조제 기록이 고스란히 남아 있다.

1931년 지은 암보스 문도스(Ambos Mundos) 호텔은 헤밍웨이가 1932년부터 1939년까지 쿠바에 머무는 동안 투숙한 곳이다. 로비에는 헤밍웨이 사진이 많이 걸려 있다. 승강기 출입구가 쇠창살 형태로 된 구형 엘리베이터가 아직 운용 중이다. 헤밍웨이는 이곳 511호실에서 『누구를 위하여 종은 울리나』를 집필했다. 지금은 투숙객을 받지 않고 헤밍웨이 박물관으로 사용하고 있다. 예약한 관람객이 많아 방 안 구경은 하지 못했다. 방 안 관람료가 무려 5쿡(CUC), 약 6달러이니 인기를 짐작할 수 있다.

호텔 8층은 오픈 레스토랑이다. 그 유명한 모히토를 한잔하면서 여행 중 처음으로 느긋한 휴식을 취했다. 설탕에 박하 잎을 넣은 달콤새콤하고 시원한 모히토로 더위를 식히다가 깜박 졸았다. 호텔 레스토랑에서 바라본 비에하 지역에는 오래된 건물들이 즐비했다. 아시아 박물관, 아프리카 박물관, 아랍 박물관 등이 있다. 현대 미술 박물관도 있다.

산프란시스코 교회 옆에는 의자에 앉아 있는 쇼팽과 파리 신사의 모형이 있다. 지나가는 사람들이 동상 옆에 앉아 사진을 찍곤 했다. 신사는 1950년대 노숙자였던 호세 마리아 로페스 레딘(Jose Maria Lopez Lledin, 1899~1985)의 동상이다. 뜨거운 여름에도 늘 검은색 정장 차림으로 포트폴리오가 있는 종이를 지니고 다녔는데, 아는 것이 많고 사람들과 대화를 즐겼다고 한다.

위_아바네라 약국 박물관

오른쪽_헤밍웨이가 묵었던 방 입구 표지판과
그 방의 입구

아래_암보스 문도스 호텔에서 바라본 도심

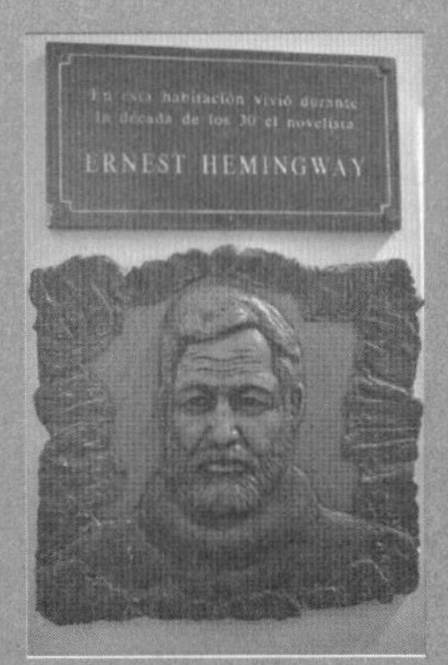

위 왼쪽_옛 총독 관저 앞. 개가 팔자 좋게 누워 있다.

위 오른쪽_쇼팽 동상 의자에 앉아 있는 손호철 교수

왼쪽_산크리스토발 대성당

아래 왼쪽_아르마스 광장

아래 오른쪽_거리 벽화

어디를 가든 그를 알아보는 사람들이 있었다. 사랑하는 여인이 죽은 후 결혼하지 않고 그녀와 약속을 지켰고, 한때 TV 출연으로 유명했다고 한다. 동상의 수염이나 손을 만지거나 혹은 발을 밟으면 행운이 온다는 이야기가 있어, 사람 발과 손이 탄 곳은 아주 반질반질했다.

1770년대 지은 총독 관저는 쿠바 바로크 양식의 전형이다. 아르마스 광장의 서쪽 한 면을 모두 차지하고 있다. 이후엔 미국 총독의 본부로 사용하다가 대통령 궁으로도 이용했다. 안마당에는 콜럼버스의 석상이 있다.

옛 도시의 길은 모두 돌을 깔았는데 나무 바퀴 마차가 지나가면 소리가 요란했다고 한다. 낮잠을 즐겼던 한 스페인 총독은 그 소리가 듣기 싫어 총독 관저 주변에는 모두 나무를 깔았다고 한다. 나무 길에 개 한 마리가 상팔자 자세로 누워 있다.

1777년 완공되어 아메리카 대륙에서 가장 오래되고 가장 아름다운 성당으로 꼽히는 '산크리스토발 대성당(La Catedral de San Cristobal)'에는 콜럼버스의 유해가 100년간 안치되었다. 건물 좌우 비대칭이 눈에 띄었다.

카드로 점을 치는 여인들이 있어 사진을 찍으려 하니 손사래를 친다.

거리의 벽화들. 지저분한 것 같으면서 정감이 간다.

그림 파는 집에는 돈키호테의 그림도 있다.

메르카데레스 거리와 오브라피아 거리가 만나는 지점에 라틴아메리카의 해방자인 시몬 볼리바르의 청동상이 있다.

아르마스 광장(Plaza de Armas) 중앙에는 1868년 쿠바 독립을 이끈 세스페데스(Carlos Manuel Cespedes, 1819~1874)의 대리석 석상이 있다.

쿠바 어디를 가나 사람이 많이 모이는 곳(광장, 공원, 네거리 등)에는 반드시 애국지사의 동상이 있다. 베트남도 마찬가지다. 현대사에서 자랑스러운 선조를 언제나 기억하는 전통이 몹시 부럽다.

새장이 걸려 있는 창틀에 앉아 있는 엄마와 아기. 쿠바에서 찍은 사진 중에 가장 정감이 간다.

너무나 많은 것을 보았고, 중요한 역사 흔적을 보았으나 일일이 설명할 수가 없어 아쉽다.

지나다 마주친 주택, 새장을 매단 창틀에 앉아 관광객을 바라보는 자애로운 엄마의 눈빛과 아이의 모습에 내 마음이 무척 따뜻해졌다.

산티아고 데 쿠바로 가는 길

2018년 7월 7일, 새벽 2시에 일어났다. 짐 정리하고 체크아웃하고 3시에 호텔을 떠나 4시에 호세 마르티 공항에 도착했다. 1970년대 우리의 시외버스 정류장 같은 분위기였다. 국내선 공항 입구 현관에서 늘어지게 자고 있던 개가 우리 일행을 보고 부스스 일어났다.

탑승권을 끊고 짐을 부치니 5시다. 다들 잠이 모자라 대합실 의자에 불편하게 누워 토막잠을 청했다. 6시 반에 산티아고 데 쿠바로 향하는 프로펠러 비행기가 이륙했다.

쿠바의 과거, 현재, 미래로 떠나다

쿠바섬은 악어를 닮았다고 해서 '푸른 악어 섬'이라고도 한다. 서쪽 아바나는 꼬리 부분에, 동쪽 산티아고 데 쿠바는 아래턱에 자리해 있다. 두 도시 사이는 약 870킬로미터, 이착륙을 포함해 2시간 걸렸다.

이른 아침이라 프로펠러 비행기에서 해돋이를 보았다. 산티아고 데 쿠바에 가까이 가자 비행기는 고도를 낮추었고, 피델 카스트로와 체 게바라 같은 젊은 돈키호테들이 혁명 터전으로 삼았던 마에스트라산맥이 창밖으

공항 대합실에 있는 표어

로 훤히 드러났다. 마침 창 쪽의 좌석에 앉아서 카메라에 담을 수 있었다. 부드러운 능선의 짙은 녹음은 여름의 지리산과 빼닮았다.

공항은 호세 마르티 공항보다는 깨끗한 편이었다. 유서 깊은 이 도시의 어제와 오늘을 표현하는 사진이 대합실 벽에 길게 걸려 있다.

Santiago de Cuba, rebelde ayer, hospitalaria hoy, heroica siempre.
'산티아고 데 쿠바, 반란의 과거, 친절한 오늘, 영원한 영웅.'

이 표어는 단어 순서 그대로 과거, 현재, 미래를 나타내고 있는 것 같았다.

'반란과 영웅', 실과 바늘같이 뗄 수 없는 단어다. 위대한 반역이 영웅을 탄생시켰다고 할까. 아니면 영웅이 위대한 반역을 꾀했다고 해야 할까.

인류는 역사를 이어 오면서 국가와 국가, 집단과 집단, 개인과 개인 사이에 한 번도 억압과 착취 관계를 벗어나 본 적이 없었다. 인간관계에서 억압과 착취의 사슬을 끊자는 것이 반란이었고, 자유와 평등이라는 인간의 고귀한 존엄을 위해 반란을 일으킨 사람을 우리는 '진정한' 영웅이라 일컫는다. 호세 마르티와 호찌민 같은 해방 영웅은 알렉산더나 칭기즈칸 등의 정복자와

산티아고 데 쿠바의 공항 표지판

는 의미의 차원이 매우 다르지 않은가.

반란의 땅이자 영웅의 땅에 나는 도착했다. 나는 웬만하면 짐을 간단히 꾸려서 기내에 가지고 다니는데, 카메라 가방만은 어깨에 항상 매달고 다닌다. 다른 사람들이 짐 찾을 때 나는 공항을 빠져나와 주변을 살피면서 사진을 찍는다.

공항 표지판 글자가 상당히 길었다.

AEROPUERTO INTERNACIONAL 'ANTONIO MACEO GRAJALES' SANTIAGO DE CUBA.

'안토니오 마세오 그라할레스' 산티아고 데 쿠바 국제공항. 흔히 '안토니오 마세오'라고 불리는 이 인물이 이 땅의 반역 영웅임을 쉽게 짐작할 수 있다. 공항 대합실 출입구 마당에 그의 흉상과 함께 조형물이 있다.

쿠바인 가이드가 우리를 맞았다. 쿠바에서 관광 회사는 국영 회사 하나뿐이라고 한다. 아바나에서 탔던 미니버스와 똑같은 차가 기다리고 있었다. 40대 중반의 남자 가이드는 아바나에서 가이드를 맡았던 이의 오빠인데, 남매는 외교관인 아버지를 따라 북한에서 몇 년 살았다고 했다. 능청스러운 면이 많은 오빠는 자신의 이름을 나훈아라고, 나훈아 노래를 아주 좋

공항 입구에 있는 안토니오 마세오 흉상

아해서 웬만한 노래는 다 안다고 소개했다.

이 친구는 한국을 동경했다. 코트라(KOTRA, 대한무역진흥공사)의 통역 일로 서울에 온 적이 있었는데 인천공항에서부터 한국의 으리으리함에 놀랐다면서, 홍대 입구에서 저녁부터 새벽까지 십수 군데 술집을 돌아다녔는데 굉장히 인상적이라고 했다. 그의 말을 들으니 우리가 모르는 우리의 매력이 있구나, 하는 생각이 들었다.

본명은 '에빌리오(Evelio Dueñas Ruiz)'인데 산티아고에서 아바나까지 6박 7일 동안 미니버스로 천 수백 킬로미터를 움직이며 쿠바의 속살에 대해 들려주었다. 버스로 이동하는 동안 심심찮게 나훈아 노래를 뽑았다.

산티아고 데 쿠바는 도시 인구와 규모 면에서 쿠바에서 두 번째로 큰 도시이며, 동쪽 지방의 문화, 종교, 경제의 중심지다. 1515년 건설된 이 도시는 건설 역사로 보면 아바나보다 빠르다. 16세기 전반까지 식민지 쿠바의 수도였다. 이 지역은 아이티, 자메이카, 바베이도스, 아프리카를 통해 동쪽 여러 문화의 영향이 뒤섞여 독특한 문화를 이루었는데, 쿠바 내에서도 카리브해 문화 중심이었다. 이런 특징은 음악과 카니발 분야에서 잘 나타난다고 한다.

19세기 말에 미국과 스페인 전쟁의 마지막 전투가 벌어졌던 곳이 여기다. 이곳은 '오리엔테(현재의 그란마주)' 지방의 험준한 마에스트라산맥에 둘러싸여, 광활한 평지의 아바나 지역보다 반란을 꾀하기 좋은 지형이어서 혁명 활동의 중심지가 되었다. 다시 말해 격동의 19세기에 여러 영웅이 활약한 쿠바 혁명의 발원지이자, 20세기 청년 시절의 피델 카스트로가 혁명 근거지로 삼았던 지역이다.

- - - - -

세스페데스, 마세오, 호세 마르티—19세기의 영웅들을 만나다

1959년 1월 1일 새벽에 혁명군이 아바나를 장악하자, 산티아고 데 쿠바에 남아 있던 33살 카스트로는 그날 저녁 시청 건물 발코니에 섰다. 처음으로 대중 앞에 나타난 그는 "마침내 산티아고에 도착했다"라는 연설로 혁명의 성공을 선언했다. 산티아고 데 쿠바는 '쿠바 공화국의 영웅 도시'로 자리매김했다.

공항에서 시내까지 20분이 채 안 걸렸다. 우리가 유서 깊은 도심에서 찾아간 곳은 세스페데스 공원(Parque Cespedes) 한 곳뿐이었다. 앞서 이야기했듯이 비행기 사고로 쿠바의 모든 비행기 운항 시간이 변경되어 산티아고 데 쿠바의 일정을 대폭 축소했기 때문이다.

쿠바 도심에 있는 모든 공원이나 광장은 아주 낭만적인 멋을 풍긴다. 그중에서도 모범이 있다면 이곳 세스페데스 공원을 으뜸으로 친다고 한다. 반란과 영웅의 도시답게 이 공원의 이름은 독립 영웅의 이름에서 따왔다. 세스페데스는 이곳의 인근 오리엔테주 바야모(현재의 그란마주) 출신이다. 스페인의 바르셀로나대학교를 졸업한 후, 1843년에 스페인에서 혁명 운동에 참여하다 투옥당했다. 석방 후 고향으로 돌아와 설탕 농장을 사들여 지주가 되었고, 변호사로도 활동했다. 1867년에는 독립을 위해 비밀 결사대를 결성했다. 1868년에는 동지 37명과 행동했다. 자신의 농장에서 일하는 노예를 해방하고, 147명의 반군을 조직했다. 제1차 쿠바 독립전쟁에서 노예해방을 선언하면서 노예들에게 쿠바 독립을 위해 함께 싸우자고 호소한 것이다.

반란이 어느 정도 성공하면서 1869년 4월, 그는 쿠바 대통령이 되었다. 1873년 10월에 보수 세력이 다수파를 차지하는 의회와 대립하다가 실각했다. 이후 산에서 잠복하고 있다가 스페인군에 발견되어 죽음을 맞이했다. 그는 쿠바의 국부라는 의미인 '파드레 데 라 파트리아(Padre de la Patria)'로 추앙받고 있다.

세스페데스 공원 주변은 식민지 건축물의 보고라고 한다. 공원 남쪽 세스페데스 동상 뒤로 공원의 거의 한 면 전체를 차지하고 있는 웅장하고 은은한 흰색 건물은 눈부시게 아름다운 아순시온 대성당(Catedral de Nuestra Senora de la Asuncion)이다. 이 성당 지하에는 쿠바 초대 총독인 디에고 벨라스케스(Diego Velázquez de Cuéllar, 1465~1524)의 유해가 묻혀 있다고 한다.

공원 서쪽에는 디에고 벨라스케스의 집(Casa de Diego Velázquez)이 있다. 1522년 식민 지배 초기에 아도비 점토로 지은 이곳은 쿠바의 현존하는 건물 중 가장 오래되었다고 한다. 쿠바의 초임 총독 디에고 벨라스케스의 관저였으며 1970년부터 역사박물관으로 이용하고 있다.

공원 북쪽에는 시의회(Ayuntamiento) 건물이 있다. 1959년 1월 1일 저녁 이 건물의 2층 발코니에서 혁명의 성공을 기념하는 카스트로의 첫 연설이 있었다.

공원 동쪽의 쿨투라 미겔 마타모로스의 집(Casa de la Cultura Miguel Matamoros)은 혁명 전까지 부유한 시민들의 모임 장소였다. 바로 옆에는 영국인 소설가 그레이엄 그린(Graham Greene, 1904~1991)이 문학적 영감을 받고자 찾았던 그란다 호텔의 테라스 바가 있다.

유서 깊은 산티아고 데 쿠바의 도심인 세스페데스 광장을 훑는 데 30분도 채 걸리지 않았다. 건물 안을 빠끔 들여다본 곳은 아순시온 대성당밖에 없었다.

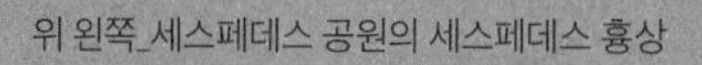

위 왼쪽_세스페데스 공원의 세스페데스 흉상

위 오른쪽_아순시온 대성당

오른쪽_쿠바에서 가장 오래된 건물인 초대 총독 관저

아래_시의회 건물과 시의회 2층 발코니에서 연설하는 카스트로

독립 영웅의 발자취, 쿠바의 순례길을 걷다

미니버스가 언덕이 있는 좁은 길로 다니다가 교차로가 있는 확 트인 광장으로 나갔다. 광장의 가장자리 중앙에 2층 높이의 낮고 편편한 언덕 가운데에 문구용 커터 칼 같은 철제 조각이 웅장하게 삐쭉하고, 앞발을 번쩍 쳐든 말을 타고 지휘하는 장군 형상의 청동상이 있다. 날카로운 철제 조각은 23개라고 하는데, 보는 순간 날카로운 긴장감이 밀려왔다. 포효하는 말을 탄 사람은 안장에 앉지 않고 발걸이에 발을 걸치고 서서 뒤돌아보며 나를 따르라는 포즈를 취했다. 반란의 지도자임이 틀림없어 보였다.

이곳을 안토니오 마세오 복합 기념비(Complejo Monumental Antonio Maceo) 지역이라 했다. 포효하는 말 위에서 사자후를 외치는 장군이 산티아고 데 쿠바 공항 이름의 주인공이다.

안토니오 마세오(1845~1896)의 본명은 'José Antonio de la Caridad Maceo y Grajales'다. 산티아고 데 쿠바 인근의 오리엔테주 산루이스(San Luis)에서 태어났다. 스페인계 백인인 아버지는 베네수엘라의 농부이자 농산물 상인이었고, 어머니는 도미니카 태생의 아프리카계 쿠바인(Afro-Cuban)이었다. 혼혈인으로 용맹했던 마세오는 '청동 티탄인(El Titan de Bronce, The Bronze Titan)'이란 애칭으로 불렸다.

아버지 마세오는 젊었을 때 라틴아메리카의 영웅 시몬 볼리바르를 따라 독립군에 가담하여 스페인과 싸웠다. 1823년 베네수엘라의 카라카스에서 쿠바의 산티아고 데 쿠바로 옮겨왔다. 아버지는 아들에게 무기 다루는 손기술과 사업 수완을 가르쳤고, 어머니는 질서 규범에 대한 감각을 가르쳤다. 어머니의 훈육은 마세오의 성격 형성에 주요한 영향을 끼쳤고, 혁명 지도자의 자질을 키워 주었다.

16세의 마세오는 노새를 이용해 수확물과 재료를 배달하면서 아버지를 도왔다. 아버지는 성공한 사업가이자 훌륭한 농부였다. 아버지의 사업가 수완 또한 그의 장군으로서의 자질에 영향을 끼쳤다. 마세오는 정치적 문제에 적극적인 관심을 갖고 쿠바 프리메이슨 운동에 동참하여 프랑스 혁명의 신조인 '자유, 평등, 우애'를 가슴에 새겼다.

1868년에 세스페데스가 스페인에 대항해 일으킨 독립전쟁(10년전쟁, 1868~1878)에 참여했다. 인종차별 분위기 속에서도 용맹성과 뛰어난 능력을 인정받은 마세오는 5개월 만에 지휘관에 올랐고 5년 뒤 장군으로 승진했다. 마세오는 500회 이상 전투에 참여했다. 마세오는 쿠바 해방군 총사령관이 될 위대한 도미니카 전략가인 고메스(Máximo Gómez; 1836~1905)를 존경하여 따랐다.

이 혁명은 그만 쇠퇴하고 말았는데 가장 큰 이유는 지역주의와 무질서였다. 스페인은 1878년에 평화 보장, 혁명 세력의 사면을 제안하면서 10년 동안 지속된 적대 행위를 중단하자고 제안했다. 그러자 반란 세력은 거짓 사탕에 속아 세력이 점차 줄었다.

마세오는 혁명의 목적을 달성하지 않으면 평화를 성취할 수 없다며 스페인의 평화 협상을 거부했다. 그의 핵심 목표는 노예제도 폐지였다. 그는 '해방군'에서 싸운 흑인 병사들의 즉각적인 사면을 요구했다.

"나는 명예 훼손과 함께 간다면 승리를 원하지 않는다."

협정을 둘러싼 혁명군 내부 분열은 마세오를 고립시켰다. 스페인 측은 마세오가 백인 쿠바인에 대항해 인종 전쟁을 일으키고 있다고 흑색선전을 했다.

1878년 바라과(Baragua) 항쟁에서 어떤 타협도 거부하고, 스페인에 매수되는 대신 망명을 택한 그는 코스타리카로 갔다. 이후 호세 마르티가 '필요한 전쟁'이라고 부른 1895년 전쟁에 참여하기 위해 귀국했다.

혁명광장의 안토니오 마세오 조형물

마세오는 그동안의 경험과 지혜를 바탕으로 10년전쟁(1868년)에서 부분적으로 패배한 원인을 잘 알고 있었다. 마르티와의 짧지만 격렬한 서신 교환에서 그는 군대의 성공을 가로막는 여러 장애물이 있다고 주장했다.

호세 마르티는 신중하게 전쟁을 준비한다면 성공 가능성이 크다고 답변했다. 최고사령관을 고메스로 하자는 마세오의 요구를 쿠바 혁명당의 대표인 호세 마르티는 받아들였다.

1895년에 마세오는 쿠바 동쪽 끝인 바라코아(Baracoa) 해안 지역으로 갔다. 상륙할 때 암살 위협을 받자 이 지역의 산악으로 들어갔다. 엄청난 어려움 끝에 마세오는 산티아고 데 쿠바 지역의 다른 반란군들과 함께 군대를 만들었다. 고메스가 쿠바 해방군 총사령관을 맡고 마세오는 중장으로 임명받았다. 이들 군대는 서쪽으로 진격했다.

근대 쿠바의 스파르타쿠스, 마세오

1896년 12월, 마세오는 푼타 브라바(Punta Brava) 부근에서 전투 중에 스페인군의 총격에 생명을 마쳤다. 마세오의 시신은 쿠바가 독립할 때까지 무덤 위치를 비밀에 부치겠다고 맹세한 형제가 자신의 농장에 비밀리에 묻었다. 지금 그는 아바나 외곽의 카카우엘 기념비(Monumento El Cacahual)가 세워진 곳에 묻혀 있다. 마세오를 비롯한 여러 독립혁명가가 묻혀 있는 이곳은 쿠바인들의 순례길 중 하나다.

마세오는 근대 혁명에서 영향력 있는 정치전략가이자 군사계획가였으며, 호세 마르티는 그에게서 영감을 받았다.

> "국가에 대한 내 의무와 내 자신의 정치적 신념에 모든 것이 인간의 노력보다 우선시되며, 이것들을 통해 나는 자유의 받침대에 도달하거나 우리나라 해방을 위해 싸우겠다."

마세오는 근대 쿠바의 스파르타쿠스(Spartacus)였다. 세스페데스, 마세오, 호세 마르티, 19세기의 세 영웅은 20세기의 독립혁명가들에게 영감의 빛을 발한 지도자였다. 혁명 정부의 최고 권력자 카스트로는 이들이 던진 빛을 흩트리지 않고 가지런히 모았다.

이 조형물 언덕 앞의 드넓은 공간을 혁명광장(Plaza de la Revolucion)이라 한다. 광장 왼쪽 거리에 있는 건물의 벽면에는 아바나의 혁명광장처럼 밀짚모자에 턱수염이 더부룩한 형상이 있었는데, 시엔푸에고스인 줄 알고 가까이 가 보니 다른 사람이었다.

이 건물은 근대 공연 예술을 다루는 에레디아 극장(Teatro Heredia)이었다. 철제로 만든 쿠바 혁명 영웅 후안 알메이다(Juan Almeida Bosque, 1927~2009)를 기리는 형상과 '여기서 누구도 항복하지 않는다(Aqui No Se Rinde Nadie)'라는 문구가 눈에 띄었다.

아바나 혁명광장에는 체 게바라와 시엔푸에고스 형상이 있고, 이에 질세라 여기서는 후안 알메이다의 형상을 내세운 듯했다.

혁명광장의 후안 알메이다 부조상

후안 알메이다는 쿠바의 정치인이자 1950년대 쿠바 혁명의 초기 사령관 중 한 명으로, 쿠바 공산당의 주요 간부였다. 2009년 심장마비로 사망했을 때 쿠바 국가평의회 부의장이었으며 쿠바 권력 서열 3위였다. 그는 쿠바 공화국 영웅의 명예 타이틀을 받은 소수의 사람 중 한 명이었다.

알메이다는 아바나의 가난한 지역에서 태어났다. 그는 7살에 학교를 떠나서 벽돌공장 직공이 되었다. 1952년 아바나대학교에서 법을 공부하는 동안 카스트로의 가까운 친구였으며 그와 같이 혁명의 길을 걸었다.

절대 권력자였던 카스트로는 자신의 형상을 쿠바 어디에도 남기지 않았지만, 독립 영웅 세스페데스, 안토니오 마세오 그리고 그토록 존경한 호세 마르티의 형상은 쿠바 땅 어디에나 심었다. 동지이자 후배였던 후안 알메이다, 아벨 산타마리아 그리고 체 게바라의 형상 또한 전 국토에 고귀한 나무 대하듯 정성을 다해 심었다.

영웅을 영웅으로 대접하는 혁명의 나라 쿠바, 참 부러웠다!

일제강점기에 일본 경찰의 간담을 서늘하게 했던 약산 김원봉을 우리는 영웅으로 대접하는가?

혁명을 향한 첫걸음, 몬카다 병영 습격 사건

쿠바 여행에서 가장 아쉬웠던 것은 산티아고 데 쿠바에 있는 '몬카다 병영(Cuartel de Moncada)'을 그냥 지나친 점이다. 귀국해서 알게 되었는데, 그곳은 세스페데스 공원에서 안토니오 마세오 혁명광장으로 가는 길에 있었다. 20분만 시간을 냈어도 20세기 돈키호테들이 쏜 총알 자국이 숭숭 남아 있는 병영의 모습을 볼 수 있었는데 말이다.

직접 가 보지는 못했어도 몬카다 병영 습격 사건을 여러 자료를 발췌해 재구성해 보겠다. 이 사건의 진면모를 알아야만 미국이 전 세계에 강요한 제국주의 질서를 바로 그들의 코앞에서 분쇄한, 성공한 혁명의 핵심 정신이 과연 무엇인지를 이해할 수 있기 때문이다.

1953년, 쿠바 현대사 속으로

1953년은 쿠바 현대사에서 아주 중요한 분수령을 이루었다. 27살 젊은 피가 뜨거운 변호사 피델 카스트로는 누구도 꿈꾸기 힘든 꿈을 꾸었고, 그 꿈을 향한 첫걸음을 내디뎠다. 그해는 쿠바 혁명의 완성자 피델이 평생 영원한 스승으로 모셨던 호세 마르티 탄생 100주년이었다. 이 의미 있는 해를 맞아 그는 조국 쿠바를 구하기 위해 무장 항쟁을 일으켜 정권 전복을 꾀했다.

1952년 친미 괴뢰 독재자 바티스타가 선거를 없애고 쿠데타로 집권했다. 선거를 통해 정치에 입문하려던 카스트로는 투표용지 대신에 총을 들고 혁명으로 나가는 길을 선택할 수밖에 없었다.

카스트로는 아바나 및 인근 지역에서 남성 116명, 여성 2명을 선발해 훈련한 후 그가 신뢰했던 동지 아벨 산타마리아와 함께 몬카다 병영 공격 계획을 수립했다. 처음에는 혁명 동지이자 동생인 라울 카스트로(Raul Castro)에게도 비밀을 유지할 정도였다.

이곳은 과거에 스페인 감옥이었지만, 공격할 당시에는 군사 규모 면에서 쿠바 제2의 군 요새였다. 카스트로는 권력을 손에 넣기 위해 대담한 전략을 세웠다. 카스트로와 산타마리아는 병영을 습격하여 충분한 무기를 확보하고 인근 마에스트라산맥으로 들어가, 마피아 집단의 비호를 받던 바티스타 정부를 무력으로 무너뜨리는 대규모 민중봉기를 계획했다. 카스트로는 몬카다 병영이 큰 규모임에도 수도 아바나에서 상당히 거리가 멀어 방어력이 약하다고 보았다.

공격 날짜를 산티아고의 카니발 축제 다음 날인 7월 26일로 택했다. 경찰과 군인도 떠들썩한 축제를 치른 다음 날이라 지치고 숙취에 시달릴 것이기 때문이다.

마침내 공격을 시작하자 상황이 갑자기 꼬였다. 계획을 처음부터 비밀로 한 것이 오히려 화근이었다. 대원 대부분은 자신이 무장 군인들을 향해 실제 사격을 해야 할 것이라고는 상상하지 못하고 습격에 참여했다. 긴장했던 나머지 실제 상황에서 제대로 총을 쏘지 못했다. 게다가 유일한 토박이였던 18세 수리공을 제외한 모든 이가 아바나 출신이었던 까닭에 산티아고의 복잡한 지리에 익숙한 사람이 거의 없었고, 새벽 5시에 시골 농장에서 출발했던 호송대 차량 두 대가 길을 잃어버렸다.

공격은 세 그룹으로 분산해 진행했다. 라울 카스트로의 소규모 부대는 가까운 법원을, 아벨 산타마리아가 이끄는 부대는 군병원을, 가장 규모가 컸던 카스트로의 부대는 몬카다 병영으로 진입을 시도했다. 격렬한 총격전은 시작한 지 30여 분이 안 돼 끝났고, 결과는 완전 실패였다.

라울과 아벨의 부대는 초반에는 성공을 거두었지만, 카스트로의 호송대는 훔친 군복을 입고 위장하는 데 실패하여 외부 보초병에게 발각되는 바람에 경보가 울리기 전에 병영 진입에 성공한 차량은 단 한 대뿐이었다.

곧바로 혼돈에 빠졌다. 교전 중 저항군 5명이 사망했고, 카스트로는 목표 달성이 불가능하다고 판단해 즉시 후퇴했다. 라울 부대도 겨우 빠져나왔다. 그러나 군병원을 공격했던 아벨 산타마리아의 부대는 모두 잡혔고 카스트로가 가장 신뢰했던 동지 아벨은 바로 이날 두 눈알이 파이는 고문을 받다가 사망했다. 부대원 56명이 전투 중에 포로로 잡혀 즉결 처형당했다.

6년 뒤 쿠바 혁명이 성공하지 못했다면 몬카다 병영 공격 실패는 아마 치욕스러운 하나의 사건으로 역사의 뒤안길로 사라졌을지도 모른다. 그렇다면 카스트로는 돈키호테와 같은 유치한 몽상가가 되었으리라. 그런데 1959년에 성공한 혁명의 측면에서 역사를 보았을 때, 몬카다 병영 공격 시도는 혁명으로 가기 위한 영광스러운 첫 시도로 평가받고 있다. 이후에 엄청난 기적이라고밖에 볼 수 없는 일들이 잇달아 일어났던 것이다.

카스트로는 살아남은 대원 19명과 산으로 도망갔다가 6일 만에 체포됐다. 그들을 체포한 병사들은 이마에 핏줄이 불거질 정도로 격분해 있었다. 카스트로는 흉악하고 살인을 일삼던 병사들을 향해 기죽지 않고 소리쳤다.

"우리는 해방군이다. 너희들은 독재자의 하수인이고, 살인자들이다."

그 말에 더 흥분한 병사들은 카스트로와 동료들에게 총을 겨눴다.

"쏘지 마!"

지휘자인 키가 큰 흑인 대위가 질서를 잡으려고 애쓰면서 명령했다. 그러고는 중얼거렸다.

"쏘지 마, 쏘지 마. 사상(Idea)을 사살할 수 없어. 그 누구도 사상을 죽일 수 없어."

카스트로는 이 대위가 중얼거리는 낮은 소리를 또렷이 들었다.

그 누구도 사상을 죽일 수 없다

카스트로에 대한 자료를 읽으면서 페드로 사리아(Pedro Sarría Tartabull, 1900~1972)의 "그 누구도 사상을 죽일 수 없다"라는 말보다 더한 감동은 없었다.

카스트로가 체포된 뒤 재판을 받으며 1953년 9월 26일 자로 법정에 써서 보낸 변론 요지의 마지막 부분은 이렇다.

> 우르겐스 법정 귀하
> … 나는 만약 내 삶을 위해 내 권리나 명예의 극히 일부분을 포기해야 한다면 천 번이라도 그렇게 하고자 할 것입니다. 즉, "동굴의 깊숙한 곳에서 우러나오는 올바른 사상은 큰 군대 이상의 힘을 지닌다"라는 것입니다.

이 부분에서 나는 볼테르(Francois-Marie Arouet Voltaire, 1694~1778)와 루소(Jean Jacques Rousseau, 1712~1778)를 연상했다. 볼테르가 루소를 옹호하면서 포효한 사상의 자유는 만고불변의 진리이기 때문에 사리아 대위의 중얼거림이 얼마나 위대한지를 비교할 수 있다.

> 볼테르와 루소는 봉건 귀족 정치에서 중산 계급 지배로 넘어가는 역사의 전환 과정에서 18세기 프랑스 지성을 대표하는 두 외침이었다.
> 부유한 보수주의자인 볼테르는 언제나 이성을 신뢰했다.
> 가난하게 자란 루소는 이성을 신뢰하지 않고 늘 행동을 원했다.
> 인간이 만든 제도는 역사에서 인간을 구속하는 악순환을 반복했다.
> 볼테르는 지성이 인간의 교육과 변화를 통해 점차적으로 평화롭게 이 순환을 단절시킬 수 있다고 믿었다.
> 루소는 낡은 제도를 파기하고, 마음의 명령에 따라서 자유·평등·우애를 근본으로 하는 새로운 제도를 수립할, 본능적이고 격정적인 행동으로만 이 순환을 단절할 수 있다고 생각했다.
> 볼테르는 루소를 열정과 공상에 가득 차 있고, 고귀하지만 현실성이 빈약한 몽상가이며, 과격주의자로 판단했다.
> 그럼에도 스위스 당국이 과격한 주장을 편 루소의 여러 저서를 금서로 지정하고 불태우자, 볼테르는 그 유명한 사자후를 외치며 스위스 당국을 공격하면서 루소를 옹호했다.
> "나는 당신이 말하는 사상(Idea)에는 하나도 동의할 수 없다. 그러나 그런 사상을 말하는 당신의 권리를 죽을 때까지 옹호할 것이다."
>
> [『철학 이야기』(윌 듀런트, 1989)의 볼테르 편에서 발췌 정리]

볼테르와 루소, 이 두 지성의 격조는 결과적으로 프랑스 혁명에 불을 질렀고 근대화의 길잡이 역할을 했다.

'사상을 죽일 수 없다'와 '사상을 말할 수 있는 권리를 죽을 때까지 옹호하겠다'는 말은 같은 의미를 지닌 너무나 고귀하고 격조 있는 진리다. 대사상가 볼테르와 일개 군인 사리아의 '사상의 자유'에 대한 진리를 시공을 초월한 공통 원리로 파악하는 묘미가 역사 공부에 있다는 것이 참으로 감격스럽다. 그러면서 사상의 자유를 억압하는 국가보안법이 아직 펄펄 살아 있는 우리 사회를 살펴보면 그저 부끄럽다.

사리아 대위가 건넨 기적의 순간, 역사의 우연인가 필연인가?

카스트로에게 기적은 연이어 나타났다. 포로로 잡혀 끌려가는 중 카스트로는 사리아 대위에게 말했다.

"대위, 한 가지 말해 줄 게 있소. 내가 바로 카스트로요."

대위는 침묵하라고 충고했다.

"아무에게도 말하지 마시오, 아무에게도 말하지 마시오."

사리아 대위는 자기가 잡은 포로가 누구인지를 이미 알고 있었다. 몬카다 병영 습격 사건의 주범이 카스트로란 사실을 언론에서 크게 다뤘기 때문이다. 카스트로를 잡았다면 즉결 처형해도 아무런 문제가 없었다.

대위는 자기가 타고 온 트럭으로 포로들을 데리고 갔다. 대위는 다른 포로는 트럭 뒷부분에 앉히고 카스트로를 앞 좌석 운전기사와 자신 사이에 앉혔다. 그때 몬카다 병영 사령관의 차가 트럭에 다가왔다. 이 사령관은 포로들을 함부로 죽이는 악명 높은 살인마 페레스 차우몬이었다. 사령관이 포로를 자기에게 인계하라고 요구했다.

"이 포로는 제 소관입니다"

고작 대위인 사리아는 자신이 모든 책임을 지고 데려가겠다면서 명령을 거부했다. 대위의 소신이 사령관의 손아귀에서 벗어나게 했다. 두 번째 기적이었다.

사령관은 몬카다 부대로 카스트로를 넘기라는 명령을 내렸다. 그러나 사리아 대위는 몬카다 병영 주위를 빙빙 돌다가 그를 군인이 아닌 경찰에게 넘겼다. 모든 주민이 카스트로를 볼 수 있도록 법원 관할인 산티아고의 비바크(Vivac, 도심에 있는 감옥)로 갔다. 세 번째 기적이었다.

만약에, 만약에 사령관에게 카스트로를 인계하여 몬카다 병영으로 가게 했다면? 몬카다 병영의 군인들은 독재자의 살인 청부업자, 즉 피에 굶주린 맹수들이었다. 게다가 사령관 차우몬은 그 당시 쿠바에서 가장 잔인한 살인자로 소문난 군인이었다. 카스트로는 당시를 이렇게 회고했다.

"만일 나를 몬카다 병영으로 끌고 갔다면, 아마도 잘게 토막이 났을 겁니다. 아니, 내 몸은 한 조각도 남아 있지 못했을 거예요. 내가 거기에 갔다면 어땠을까 생각해 보십시오!"

얼마간 자유로운 비바크에 수감된 카스트로에게 기자들이 몰려들었다. 카스트로는 당당했다. 몬카다 병영 공격의 모든 책임은 자신에게 있다고 말했다. 카스트로가 언론에 알려지자 군인들은 그를 쉽게 죽일 수 없었다. 체포한 반란군을 잔혹하게 처형한 사실에 대중들이 분노했기 때문에 군인들은 그를 함부로 대하지 못했다.

카스트로가 사리아 대위에게 붙잡힌 것, 역사의 우연인가 필연인가? 사리아 대위는 정찰대 책임자였기 때문에 정말 마지못해 카스트로와 그 동료들을 잡으러 다녔다. 카스트로는 말했다.

"사리아 대위를 다른 군인들이 얼마나 증오했을지… 1959년 전쟁이 끝나자 우리는 그를 승진시켰고, 공화국 대통령의 부관으로 임명했습니다. 불행히도 그는 오래 살지 못했습니다. 아주 못된 병에 걸려 눈이 먼 채로 죽었습니다. 정말 착하고 훌륭한 사람이었죠. 이런 이야기를 하면 사람들은 대부분 믿으려고 하지 않습니다."

세스페데스, 안토니오 마세오, 호세 마르티 같은 19세기 영웅들을 선배로 둔 20세기 쿠바 민중은 미국과 친미 괴뢰 집단을 극도로 혐오했다. 그들은 불꽃만 튀면 폭발할 태세였다. 그러한 분노가 누적된 상황에서 몬카다 병영 습격 이후 보인 그들의 행동은, 용감한 인물을 선호하는 쿠바인 특유의 정서에 비춰 볼 때 민중이 전폭적으로 지지하기에 안성맞춤이었다.

우리가 1980년의 '5·18 민주화 운동'을 숭고한 저항 운동의 상징으로 삼듯이, 쿠바는 1953년 7월 26일의 몬카다 병영 습격 사건을 '7-26운동(M-26-7)'으로 길이 기억하고 있다.

한편, 오늘날 몬카다 병영 공격을 혁명의 첫 번째 총성이라고 말하는 것은 어떤 면에서는 돌이켜 본 역사다. 당시에는 다소 미친 듯하고 실패한 시도로 보였다. 한 인터뷰에서 카스트로에게 물었다.

"그렇다면 1953년 7월 26일에 쿠바 혁명이 시작되었다고 할 수 있습니까?"

"그렇다고는 할 수 없습니다. 쿠바 혁명은 1868년 세스페데스가 이끈 최초의 독립전쟁에서 시작됐기 때문입니다."

자신의 영웅담을 자화자찬하지 않고 역사의 선배에게 영광을 돌린 카스트로의 겸손이 쿠바 혁명의 내공이었다. 1955년 5월 25일 석방된 그는 언론에 이렇게 말했다.

"나는 어떤 야망도 열망도 없습니다. 내 유일한 관심사는 오직 더 나은 더 행복한 쿠바입니다."

산타 이피헤니아 묘지에서

아니, 이럴 수가?

1959년부터 49년 동안 의심할 바 없는 절대 권력을 행사했고, 2008년에 권력을 넘기고 나서도 2016년 사망할 때까지 '헤페 막시모(Jefe Maximo, 최고 지도자)'라 불렸던 권력자가 남긴 흔적이 이렇게 단순한가?

두세 평 크기의 둥글고 납작한 바위만 달랑 세워 놓은 것이 무덤이었다. 바위 한가운데의 금속판에는 쑥색 바탕에 금색 알파벳 'F I D E L' 다섯 글자만 새겨 있다. 그 이상의 장식이나 문구가 없다. 이 금속판 뒤에 사각형 홈이 파여 있고 그곳에 화장한 유해를 안치했다고 한다. '산타 이피헤니아 묘지(Santa Ifigenia Cemetery)'에 있는 피델 카스트로의 무덤 모습이다.

죽음 뒤, 더 이상 아무것도 바라지 않은 최고 권력자

1953년 7월 26일, 27세의 변호사 피델은 이 묘역에서 불과 10여 분 거리에 있는 몬카다 병영을 습격했다가 실패하고, 산으로 도피하다가 8월 1일에 잡혔다. 취조 중에 배후가 누구냐 캐묻는 질문에 피델은 당당히 말했다.

"나의 배후는 바로 호세 마르티다!"

호세 마르티는 1853년 태어나 1895년 죽은 인물이다. 다시 말해 피델이 태어나기 31년 전에, 1953년 당시로 보면 100년 전에 태어나 58년 전에 죽은 인물이다.

우리나라에서 경찰, 검찰, 정보기관은 반독재 민주화 투쟁 인사를 잡으면 모진 고문으로 배후 조작에 힘을 썼다. 어쨌든 배후를 빨갱이로 엮기 위해서였다. 악랄한 고문을 서슴지 않았다. 이럴 때 배후자를 억지로 강요받던 연행자가 "내 배후는 녹두장군 전봉준이다!" 또는 "내 배후는 전태일이다!"라고 했다면 고문하던 자들은 어떤 반응을 보였을까?

피델이 자기 행위의 정당성을 위대한 선배의 신념에 뿌리를 두고 있다고 표현한 이 일화에서 뿌리 깊은 나무가 튼튼하듯이 쿠바 혁명의 단단함을 느꼈다. 피델의 쿠바에서는 과거의 신념을 무시할 수 없었고, 그 신념은 무시당하지도 않았다. 참으로 부럽고 긍정적인 혁명 전통이었다. 제국주의와 제국주의 괴뢰 독재의 착취에 저항하는 혁명의 당위성은 모든 억압의 시대를 관통하는 궁극적인 이상(理想) 그 자체이기 때문이다.

안토니오 마세오 혁명광장에서 5분 정도 가서 버스에서 내리니 깔끔한 담장이 보였다. 성지(聖地)라는 느낌이 확 다가왔다. 정문을 통과해 조금 들어가니 경비원 복장을 한 사람들이 더 이상 들어가지 못하게 통제했다. 통제선 저 너머에 파란 바지에 빨간 윗도리를 입고 파란 머플러를 두른 청소년들이 어떤 행사를 치르고 있는 것이 보였다.

가이드에게 여기가 어디냐고 물었더니, 호세 마르티와 카스트로의 무덤이 있는 묘역이라고 했다. 경비원들이 막고 있는 곳에서 100미터 정도 앞에 10층(?) 정도 높이의 6각형으로 된 기념탑이 있는데, 그 안에 호세 마르티의 묘지가 있다고 했다. 멀리서는 잘 안 보이는 작은 바위를 가리키며 카스트로 묘지라고 했다.

두 사람의 사후 흔적을 한 번에 볼 수 있어 마음이 들떴다. 그러나 경비원이 접근을 막았다. 가이드를 통해 멀리서 온 외국인이니 관람을 허용해 달라고 요청했으나 어림없었다. 가이드가 다음 행선지로 가자고 했으나 도저히 그럴 수 없다고 하니, 30분을 주겠다고 했다.

애타는 마음으로 여러 가지 궁리를 하며 통제선 주위를 어슬렁거렸다. 어느 순간 의장대 의식이 열리며 행사가 끝나는 듯하더니 유니폼 입은 청년들이 다른 곳으로 이동하기 시작했다. 드디어 호세 마르티 묘지 가까이 갈 수 있었지만, 그곳은 아직 통제 중이라 묘지가 있는 기념탑 안으로는 들어갈 수 없었다. 카스트로 묘지 앞에서 사진을 찍을 수는 있었다. 피델의 바위 정면에서 보면 뒤쪽 왼편에는 호세 마르티의 웅장한 기념관 묘지가 있고 오른편엔 몬카다 병영 습격 사건에서 숨진 혁명가들의 화려한 기념비가 있었다.

죽은 뒤에도 권위를 누리기 위해 이집트의 파라오들은 상상을 초월한 거대한 피라미드를 세웠고, 중국의 진시황은 드넓은 지하 궁전 무덤을 팠다.

20세기에도 피라미드나 사후 궁전은 많다. 내가 본 튀르키예(터키) 수도 앙카라의 아타튀르크 기념관과 베트남 수도 하노이에 있는 호찌민 영묘가 그렇다. 그러나 이 두 곳은 과거의 강력한 지배자가 스스로 무덤을 만든 것이 아니라 죽은 뒤 국부로 숭상하는 국민이 성원하여 기념관과 영묘를 만들었다.

중앙 큰 건물이 호세 마르티 묘, 사람 키보다 조금 더 큰 바위 중간에 초록 동판을 새긴 것이 카스트로 묘이다.

아타튀르크(Kemal Atatürk, 1881~1938)는 이슬람 신정(神政)체제에서 종교와 정치를 분리한 튀르키예의 혁명가이자 초대 대통령이다. 1920년대에 여성의 이슬람 복장을 폐지했고 나아가 남녀교육평등권을 시행했다. 여성을 세상과 분리하는 장막인 히잡을 고집하는 여성에게만은 대학 문에 빗장을 걸어 입학을 불허할 정도로 세속적인 변화를 강력하게 추구했다. 이슬람 전통인 일부다처제를 반대해 일부일처제를 법으로 확립했으며, 1930년대에는 여성에게 선거권을 부여했는데 당시 아랍 사회에서는 꿈도 꾸지 못할 획기적이고 혁명적인 조치였다. 그는 급사함으로써 유언을 남기지 않았으나, 수도 앙카라 시내 어디에서도 잘 보이는 중심부 언덕에 그리스 파르테논 신전을 본뜬, 그보다 더 웅장한 기념관을 후배들이 세웠다.

호찌민은 막강한 권력을 지닌 인간이 자만에 빠져 흔히 날조하고 마는 지배자의 신화적인 이미지를 아예 만들지 않았다. 호찌민이 나이가 들어 유언장을 쓸 무렵 측근에게 이렇게 말했다.

"너희들이 나를 정말 사랑하고 기념하고자 한다면 가난한 자들에게 옷을 주고 집을 주어라. 그것이 나를 기념하는 것이다. 그것이 나를 사랑하는 것이다."

자신에게 쏠리는 개인 숭배를 막기 위해 자신의 시신을 화장해서 그저 조국 땅의 여기저기에 뿌리고 그곳에 나무를 심어 달라고 유언장으로 신신당부했으나, 그를 흠모하는 후배들은 호찌민의 시신을 미라로 만들어 근엄한 영묘에 잠들게 했다.

1922년 중반 이후 레닌(Vladimir Ilich Lenin, 1870~1924)은 몇 차례 뇌졸중을 일으키며 점차 의식을 잃어 갔다. 1924년에 레닌이 사망하자 시체를 이집트의 파라오처럼 미라로 만들어 그를 일종의 성인으로 떠받들었다. 레닌이 그 사실을 알았다면 아마 기겁했을 것이다. 혁명 동지였던 아내 크룹스카야(Nadezhda Konstantinovna Krupskaya, 1869~1939)는 그런 식으로 레닌을 찬양한 것에 반대하며 다음과 같이 촉구했기 때문이다.

"레닌 기념관을 건립하지 마십시오. … 레닌은 평생토록 그런 것을 중요하게 여기지 않았습니다. 여러분이 블라디미르 일리치의 이름을 기리고 싶다면 탁아소, 유치원, 주택. 학교, 도서관, 보건소, 병원, 장애인 복지관 등을 건립하시고, 무엇보다 그의 권고를 실천에 옮기십시오."

20세기 위대한 혁명가 가운데 많은 이들이 자신의 뜻이었건 아니었건 간에 웅장한 기념관에 안치되어 있고, 때로는 미라가 되어 있다. 피델은 존경했던 선배들의 이런 모습만은 단호히 거부했다.

헛된 명예를 앞세우지 않고 뒤로 물러서 더욱 빛나는 영웅

2016년 4월 쿠바 공산당 전당대회 폐회식에서 피델은 자신의 죽음을 암시하며 담담히 말했다.

"나는 곧 90살이 된다. 다른 사람과 같아질 것이며 시간은 모두에게 찾아온다."

붓다(Buddha)가 이 세상에 남기신 너무나 소박했던 최후의 말씀을 떠오르게 한다.

"제자들이여! 나의 죽음을 한탄하거나 슬퍼하지 말라. 아무리 사랑하고 마음에 맞는 사람일지라도, 마침내는 헤어질 수밖에 없다. 이 세상에 태어난 사람은 반드시 죽지 않을 수가 없다. 어찌 피할 수 있겠느냐. 태어나고 만들어지고 무너지는 것, 그 무너져 가는 것에 대하여 아무리 무너지지 말라고 만류해도, 그것은 순리에 맞지 않는 것이다.

제자들이여! 이제 마지막으로 너희들에게 고하노라! 게으름 피우지 말라. 나는 오직 게으르지 않음으로써만 홀로 바른 깨달음에 이를 수 있었다. 방일(放逸, 제멋대로 거리낌 없이 노는 것)치 말고 정진하여라."

2016년 11월 26일, 90세의 피델은 고요히 눈을 감았다. 죽음 앞에서 지혜롭게 겸손했다. 인간 피델의 단 하나 욕심은 그토록 존경했던 선배 호세 마르티의 곁에 눕는 것뿐이었다. 허세 없이 가장 소박하게!

"자신의 몸을 뒤로 물러서 낮추지만 그 몸은 도리어 앞선다(後其身而身先)."

이것은 인류의 놀라운 지혜서인 『노자도덕경』 7장에 나오는 경구다.

나는 자신의 몸을 뒤로한 처세(後其身)가 카스트로의 특질이었다고 본다. 그는 왜 자신보다 호세 마르티와 체 게바라를 앞세웠을까? 쿠바 여행을 마치고 귀국한 후 한참 동안 내가 품은 화두였다. 이것을 내 나름대로 해석해서 풀자 '카스트로의 쿠바 혁명이란 무엇인가?'에 대한 내 관점이 생겼다. 카스트로는 권력을 행사했지만 절대 권력자가 흔히 저지르는 우상화에 집착하지 않았다. 헛된 명예를 앞세우지 않고 뒤로 물러섰기에 역사에서 그 이름은 날이 갈수록 빛을 더 발하지 않을까?

1953년 7월 26일 아침, 젊은 변호사는 독재 정권에 깊은 분노를 느끼며 법전 대신에 총으로 정권 전복을 기도했다. 재판에 넘겨진 그는 미국의 식민지로 전락한 조국에 아무런 희망이 없음을 목격한 자만이 할 수 있는, '심장의 피와 진리의 골수'로 이루어진 말로 스스로 변론했다.

> "결과에만 관심이 있다면 반란자가 되고 애국자가 된 것을 후회할 수밖에 없기 때문입니다. 가슴속에 같은 이상을 가지고 있으면 결코 고립되지 않습니다. 감옥의 벽이나 묘지의 잔디 그 어느 것도 우리를 분리시킬 수 없습니다. 한 가지 기억, 한 가지 정신, 한 가지 사상, 한 가지 양심, 한 가지 존엄성이 우리 모두를 떠받칩니다."

피델이 말한 '한 가지'의 의미는 "동굴 깊숙한 곳에서 나오는 정의는 군대보다 강하다"란 신념이었다. 그는 이어서 이렇게 말했다.

> "우리가 말하는 민중이란 영합하는 사람들, 즉 어떤 억압적 정권이나 독재, 혹은 전제 정권이라도 환영하며 머리가 땅에 닿을 때까지 머리를 숙이는 보수 집단이 아닙니다. 우리가 투쟁을 얘기할 때의 민중이란 모든 이가 뭔가를 약속해 주고 속이는 존재, 하지만 전혀 보상받지 못한 광범한 대중을 의미합니다. 또 더 나은, 더 존엄한, 더 정의로운 국가를 열망하는 민중을 말합니다. 왜냐하면 그들은 오랫동안 불의와 모멸로 고통받았기 때문입니다. 그들은 삶의 모든 측면에서 중대하고 현명한 변화를 갈망합니다. 그것을 성취하기 위해 뭔가를 신뢰하면, 특히 자신을 신뢰하면 마지막 피 한 방

울까지도 바칠 준비가 되어 있는 민중을 말합니다."

혁명에 확실한 신념을 지닌 피델은 변론에서 몬카다 병영 습격하기 전부터 혁명의 구체적 목표를 이미 설정하고 있었음을 밝혔다.

"토지, 산업화, 주거, 일자리, 교육, 국민 보건, 이 여섯 가지 문제는 우리가 국민의 자유, 정치적 민주주의의 회복과 동시에 이를 해결하기 위해 즉각 조치를 취할 것들입니다.
우리는 사탕을 수입하기 위해 설탕을 수출하고, 신발을 수입하기 위해 가죽을 수출하며, 쟁기를 수입하기 위해 철을 수출합니다.
자본주의자들은 노동자가 계속 절름발이의 족쇄를 차고 있어야 한다고 주장합니다. 국가는 수수방관만 하고 있고 산업화는 언제 달성할지 알 수 없습니다.
국가가 집세를 내리려 하면 지주들은 모든 공사를 중지하겠다고 위협합니다. 집세를 높게 유지하지 않으면 나머지 인구가 비바람을 맞으며 살더라도 그들은 벽돌 한 장 놓지 않을 것입니다.
공공시설(수도, 가스, 전기 등)의 독점도 비슷한 상황입니다. 그들은 이윤이 보장되는 한 선(善)을 확장할 뿐, 사람들이 일생 동안 어둠 속에서 살아야 하더라도 신경 쓰지 않습니다. 국가는 수수방관하고 국민들에게는 집도 전기도 없습니다.
교육제도는 국가의 나머지 상황과 완벽하게 일치합니다."

혁명 직후의 한 설문 조사에는 쿠바 인민의 실정이 잘 드러나 있다.

"응답자 가운데 육류를 한 번이라도 먹어 본 사람은 4%에 불과했다. 어류를 먹어 본 사람은 1% 이하, 계란을 먹어 본 사람은 21.2%다. … 더욱이 평범한 음식물인 빵을 먹고 있는 사람조차도 농업노동인구의 3.36%에 지나지 않았다. … 대부분의 병자는 전혀 치료를 받지 못하고 있다. … 불과 8%만이 국가의 무료 진단을 받고 있다."

[『혁명의 추억, 미래의 혁명』(박세길, 2008)에서]

혁명을 치밀하게 준비한 카스트로는 집권한 후 여섯 가지 문제 가운데 산업화와 일자리를 제외한 문제를 거의 완벽하게 소화했다. 산업화와 일자리 문제는 미국의 야비하고도 잔인한 경제 봉쇄 조치로 어쩔 수 없이 해결하지 못했다고 할 수 있다.

미국으로부터의 완전한 독립을 목표로 한 5시간 동안의 최후 변론은 참으로 유려했다. 자신의 박학다식을 유감없이 드러냈다. 변론이 막바지에 이르자 『법의 정신』의 저자 몽테스키외, 중국의 군주제, 고대인도 철학자, 그리스의 도시국가와 로마의 공화정, 토마스 아퀴나스, 마르틴 루터, 존 밀턴 등을 언급했다. 그리고 토머스 페인, 루소 같은 계몽 사상가들의 어록을 인용하고, 미국독립선언문과 프랑스 대혁명의 의미를 거론하고, 쿠바의 영원한 스승 호세 마르티에게 존경심을 나타냈다. 그리고 죽음을 두려워하지 않는 장엄한 신념의 사자후를 변론 마지막에 외쳤다.

"나에게 유죄를 선고하시오. 이는 중요하지 않습니다. 역사가 나에게 무죄 판결을 내릴 것이기 때문입니다."

이는 "아니 벌써 떠날 시간이 되었군요. 나는 죽으러, 여러분은 살러 갈 시간이. 우리 중 어느 쪽이 더 좋은 일을 향해 가고 있는지 신 말고는 분명치 않습니다"라는 소크라테스『변명』의 마지막 말씀이다.

'역사가 나에게 무죄를 선고할 것(La historia me absolver)'이라는 변론은 인류의 위대한 철학자의 최후 변론에 버금가는 감동이었다. 이 외침은 쿠바 혁명의 출발점이 되었다. 1970년대, 1980년대 민주화 투쟁으로 법정에 선 수많은 우리의 민주화 투사들도 이 사자후를 재판관 앞에서 되뇌었다.

조국과 인류를 향한 철학, 정치로 닻을 내리다

어떠한 경우에도 우리 삶에서 정치를 떼어 놓을 수 없다. 그러기에 우리는 되도록 고귀한 정치를 이상으로 삼지만 인간 세상 현실에서는 각 인간의 욕망이 제각각 이기적으로 흐르기 마련이므로 정치도 속물적으로 되기 십상이다. 그런 이기적 욕망은 천박한 정치를 낳고, 천박한 정치에서는 절실한 철학적 언사를 찾기 힘들다.

아무리 고상하더라도 철학만으로 정치를 이끌어 갈 수는 없다. 그러나 정치적 성공 여부를 떠나 나름의 철학을 말해 온 정치인은 그리움의 대상이다. 그런 점에서 정치인으로서 비극적 최후를 맞은 노무현을 우리 사회 많은 사람이 잊지 못한다고 본다. 정치적 시각, 정치적 성과, 비극적 말로와 관계없이 말이다.

삶의 본연에서 절실한 시대 과제를 고민한 철학을 구체화하는 자세야말로 정치가의 올바른 의무일 것이다.

역사의 도덕적인 평가를 항상 염두에 두는 정치인, 마치 호랑이가 가죽을 남기듯 자신의 신념을 역사에 남기기 위해 실천한 정치인을 나는 존경한다. 카스트로는 그러했다.

이 묘지는 산티아고 데 쿠바의 서쪽 끝 평온한 곳에 약 4만 평을 차지하고 있다. 이는 아바나의 국립묘지 다음으로 크고 중요한 묘지다.
1868년에 처음 만든 이 묘지에는 독립전쟁 희생자가 많이 잠들어 있다. 8,000여 기 묘에는 호세 마르티를 비롯해 초대 대통령 토마스 에스트라다 팔마, 독립 영웅 안토니오 마세오의 부인 등 여러 독립투사와 장병들, 1953년 몬카다 병영 공격 때 사망한 이른바 '순교자'들, 쿠바 독립의 아버지 카를로스 마누엘 데 세스페데스, 부에나비스타 사교 클럽의 자랑이자 국제적 인사 겸 유명 음악가 콤파이세군도 등이 있다.
무엇보다 이곳의 하이라이트는 국가적 영웅 호세 마르티의 묘에 행하는 종교에 가까운 의식이라 할 수 있다. 1951년 바티스타 시절에 만든 이 묘에는 인상적인 육각형 구조물이 있어 매일 이 통로로 쿠바 국기만을 걸친 마르티의 목관에 햇살이 비친다. 이는 반역자로서 어둠 속이 아닌 해를 마주하며 죽음을 맞이하고 싶다고 쓴 그의 시에 대한 화답이다. 그의 묘를 24시간 지키는 경비원은 30분 간격으로 화려한 의식을 치르며 교대한다.
아름다운 조각 공원을 연상케 하는 이 묘지는 1979년 국가기념물로 지정되었다.
가장 눈에 띄는 것은 입구 왼쪽에 특별히 마련된 호세 마르티의 무덤이다. 그의 묘지 위엔 쿠바가 그에게 보내는 애정과 경이가 잘 표현되어 있다.

산타 이피헤니아 묘지의 설명에서 내가 가장 기묘하게 느낀 점은 호세 마르티의 기념탑을 친미 앞잡이 괴뢰인 바티스타가 만들었다는 점이다. 19세기 인물 호세 마르티는 20세기가 되면 미국이 라틴아메리카를 집어삼킬 제국주의 괴물이 되리라는 것을 가장 먼저, 그리고 정확히 예측했다. 미국 제국주의의 앞잡이 독재자가 미국 제국주의 척결을 주장한 호세 마르티 기념물을 세웠다는 것은 우리 사회에서는 잘 이해할 수 없는 부분일 것이다.

우리 처지에서 친일파 이승만이 동학혁명의 주인공으로 일본의 총칼에 스러져 간 녹두장군 전봉준을 진심으로 기리는 것을 상상할 수 있을까? 하지만 이런 일은 있었다. 박정희의 아버지는 동학에 가담했다가 간신히 살아남았다. 그는 그런 아버지의 뜻을 기려 '동학 난'을 '농민혁명'이라 재평가하기는 했다. 이것이 자신의 쿠데타를 혁명으로 이용하기 위한 작업이었는지는 모른다.

20세기 초 중국의 혁명가 쑨원은 이념적 철천지원수인 국민당의 장제스와 공산당의 마오쩌둥 양쪽 모두에게 국부로서 존경과 추앙을 받았으며 지금도 그러하다.

2차 세계대전 이후 남북 베트남에서 이념적으로 치열하게 다투는 거대한 전쟁에 휩싸였으면서도 북베트남의 지도자 호찌민은 남베트남의 일반 인민은 물론 정치인들에게까지 존경을 받았다.

극단적 이념에 치우친 한반도는 남에서 존경받는 인물은 북에서는 죽일 놈이 되었고, 북에서 추앙하는 인물은 남에서는 역시 죽일 놈이다. 우리 남과 북은 굴절률이 극단적으로 다른 렌즈로 서로를 쳐다보고 있기 때문이다. 분단이 낳은 우리 현대사의 비극 가운데서 가장 부끄러운 부분이라고 나는 생각한다.

산타 이피헤니아 묘지를 순식간에 구경하고 나오는데 묘역 입구에 다음과 같은 구호가 적혀 있었다.

인류가 조국이다. 산타 이피헤니아 묘지 입구에 있는 표어.

PATRIA ES HUMANIDAD

가이드에게 물어보니 단어 뜻이 이렇다.

patria=조국, es=…이다, humanidad=인류.

스페인어 해석 방법 순서를 모르니 '조국이 인류'인지, '인류가 조국'인지는 그렇다 치고, 이런 표어를 내걸 수 있다는 게 쿠바 혁명의 품격을 말해 주는 증거로 볼 수 있지 않을까?

이 문구는 호세 마르티의 말씀이라 한다. 역시!

체 게바라는 이렇게 말했다.

"나는 쿠바인, 아르헨티나인, 볼리비아인, 페루인, 에콰도르인이다. 무슨 말인지 이해하겠지?"

유레카!

산타 이피헤니아 묘지를 하루살이 벌레가 코끼리 발톱을 겉눈질밖에 하지 못한 것처럼 아쉬운 마음으로 떠났다. 유서 깊은 혁명의 도시 '산티아고 데 쿠바'에 머문 시간이 고작 오전 나절이었다. 이 아쉬움 때문에 쿠바에 꼭 다시 오고 싶어졌다.

점심 먹으러 시내를 빠져나와 교외 해변으로 갔다. 절벽이 있는 아름다운 해안 마을이다. 버스에서 내려 조금 걸었다. 길 양쪽에 기념품 파는 가게가 즐비하다. 대부분이 체 게바라 형상이 있는 물건이고 카스트로 형상이 담긴 물건도 가끔 구색을 맞추었다.

5분쯤 걸었을까? 해안 절벽 끝에 멋진 성이 보였다. '산 페드로 데 라 로카 모로 요새(Castillo de San Pedro de la Roca del Morro)'라 했다. 이 요새는 1997년 유네스코 세계유산으로 지정되었다. 산티아고 항구 어귀에서 10킬로미터 떨어진 높이 60미터인 곶 꼭대기에 견고하게 서 있다. 성 위에서 보면 띠 모양의 거친 산티아고 서쪽 해안선과 마에스트라산맥의 부드러운 선이 장관을 이룬다. 해적을 방어하기 위해 16세기 말에 짓기 시작하여 18세기 초에 완성했는데, 해적의 기세가 약해지자 19세기에는 감옥으로 사용했다. 현재는 해적박물관으로 1898년 미국-스페인 해상전을 소개하는 전시실이 있다.

모로 요새

아름답고 튼튼해 보이는 성이었다. 구경을 마치고 성이 잘 보이는 해안 절벽에 있는 식당으로 갔다.

카리브해의 밝은 태양 아래 흰 구름, 푸른 하늘, 흰 파도, 푸른 바다 모두 눈부셨다. 저 먼 배경에는 마에스트라산맥이 푸른 하늘이란 도화지에 아름다운 녹색 곡선을 긋고 있었다. 절경에 어울리게 해산물 요리도 흡족했다. 게다가 쿠바에서는 빠질 수 없는 조미료인 식당 악단의 훌륭한 연주도 곁들였다.

마에스트라산맥으로 오르는 길

요즘 TV 교양 프로그램의 세계 여행기를 보면 아름다운 자연 풍광, 지역 풍습 그리고 특유의 음식 맛 소개가 주로 많다. 이런 정보는 매우 유익하다. 그러나 쿠바에는 이런 소개보다 훨씬 가치가 있는 내 관심사가 있다. 바로 '혁명'이다. 누가 혁명가인가?

"세계 어딘가에서 누군가가 부당한 일을 당하고 있을 때, 그것을 느낄 수 있는 사람이 되어라. 그것이 혁명가의 가장 훌륭한 자질이다."

체 게바라가 쿠바에서 콩고로 떠날 때 아이들에게 한 말이다. 혁명으로 사회를 변하게 할 수 있는가?

"혁명은 열정이며, 명예의 사회적 입증을 요구하는 인간의 싸움을 이룬다. 그러나 완전하게 이룰 수는 없다. 우리의 혁명도 그렇다."

체 게바라의 말이다. 이상적 공산주의자는 과학이나 역사의 기초 인식에서 출발하는 사람이라기보다, 무언가를 아주 나쁘다고 생각하면서 그 때문에 이 세상에 가난과 불평등과 부정이 존재한다고 느끼는 사람이 아닐까. 체제 아래 신음하는 사람 편에 선다는 자세가 체 게바라의 윤리적인 사명감이었다.

다음 날 행선지는 이번 쿠바 여행의 핵심 방문지인 마에스트라산맥에 있는 혁명 기지다. 이 산맥이 자리 잡은 그란마(Granma)의 주도이며 마에스트라산맥의 거점 도시인 바야모(Bayamo)로 일단 가야 했다. 산티아고 데 쿠바에서 서북쪽으로 약 130킬로미터 거리에 있다. 약 2시간 반이 걸렸다.

할머니란 뜻의 '그란마'는 요트의 이름이다. 카스트로와 혁명군은 1956년 12월 초, 그란마호를 타고 이곳 라스 콜로라다스 해변(Las Coloradas)에 도착해서 바로 게릴라 전쟁을 시작했다.

그란마주는 한적한 시골로 쿠바에서 가장 구석진 지역이다. 쉽게 접근

바야모 출신으로 국부로 숭상받는
독립 영웅 세스페데스 동상

할 수 없는 지역 특성은 독특한 정체성을 형성했다. 쿠바의 영원한 사도 호세 마르티가 눈을 감은 땅이자, 그란마주 출신 세스페데스가 1868년 최초로 노예해방과 쿠바 독립을 선언한 곳이다. 그래서 이 지역 '혁명 정신(Viva la Revolucion)'의 열기는 어느 곳보다 더 뜨겁다.

1868년 10월 10일 그란마에서는 위대한 저항이 있었다. 설탕 농장주 세스페데스가 노예 폐지를 주장하면서 그 본보기로 만시니요에서 가까운 그의 데마하과 설탕 농장에 속했던 노예를 해방하고, 스페인 식민 지배를 거부하기 위해 독립전쟁을 일으켰다. 1869년 1월 12일, 카우토강(Rio Cauto) 부근에서 스페인 군대에 패배했다. 스페인 군대가 다시 들어오려 하자 바야모 주민들은 스페인의 지배를 받느니 차라리 도시를 없애기로 작정하고 도시에 불을 질렀다.

약 30년 뒤인 1895년에 쿠바 혁명당을 창립한 호세 마르티가 막시모 고메스와 함께 관타나모 해변에 상륙하여 스페인-쿠바-미국 전쟁을 일으킨지 한 달 만에 그란마주 도스 리오스(Dos Rios)에서 전쟁 중에 사망했다.

카스트로가 1950년대 이곳을 2년 동안 게릴라 근거지로 삼았다. 열대림이 무성한 마에스트라산맥의 높은 지형은 숨어 활동하기에 안성맞춤이었다.

주도인 바야모는 쿠바섬에서 가장 조용하고 깨끗한 도시다. 쿠바 국가

쿠바 국가를 작곡한 피게레도 기념탑 왼쪽에 국가의 악보가 동판으로 되어 있다.

를 작곡한 페루초 피게레도(Perucho Figueredo, 1818~1870)의 고향이기도 하다. 쿠바 국가는 "바야모인이여, 전투장으로 진격하자"라는 애국적인 가사로 시작한다.

2006년에 피델은 건강 악화로 권력을 사임하면서 바야모의 '조국 광장(Plaza de la Patria)'에서 마지막 공식 연설을 했다.

바야모 시내 구경 역시 대충 샤워하는 정도 시간을 보내고 약 60킬로미터 거리인 바르톨로메 마소(Bartolome Maso)로 갔다. 마에스트라산맥으로 들어가려면 가파른 길을 올라야 하는데 미니버스로는 힘에 부치기 때문에 SUV 차량으로 갈아탔다. 타고 보니 쌍용차 '로디우스'여서 반가웠다. 쿠바와 우리는 국교를 맺고 있지는 않지만 어느 정도 한국제를 수입하는 것 같았다. 한국 TV도 제법 보였다.

4명씩 한 조로 로디우스를 타고 숙소가 자리 잡은 약 25킬로미터 거리 남쪽에 있는 산토도밍고(Santo Domingo) 마을로 갔다. 이 작은 마을은 아주 깨끗한 야라강 옆, 깊고 녹음이 우거진 협곡에 자리를 잡고 있다. 평화롭고 근면하고 소박한 '캄페시노스(Campesinos, 시골 사람)'의 삶을 잘 보여 주는 이 마을은 피델 카스트로와 체 게바라가 주변을 배회하던 1950년대 후반 이후로 거의 변한 것이 없다고 한다.

우리 반역의 땅 지리산으로 치면 피아골이 있는 토지면 내동리, 뱀사골이 있는 산내면 또는 한신 계곡이 있는 백무동 마을 같은 곳이다.

산토도밍고 빌라(Villa Santo Domingo)에 숙소를 잡았다. 침대 2개가 있는 독립된 객실이 수십 개가 있다. 단층 펜션과 다름없다. 깔끔한 목조 건물도 있고 좀 더 저렴한 콘크리트 객실도 있다. 우리는 콘크리트 객실에 묵었다.

짐을 풀고 숙소 옆을 흐르는 야라강으로 모이기로 했다. 강이라기보다 개울이었다. 먼저 온 선배님들이 개울에 몸을 담그고 있었다. 거친 돌밭을 살금살금 걸어가 계곡물에 첫발을 담그는 순간 어떤 느낌이 확 다가왔다.

"유레카!"를 속으로 크게 외쳤다.

지리산에 올라 나와 우리, 세상을 생각하다

몇 년 전, '파리의 택시 운전사' 홍세화 선생과 저녁을 먹고 한담을 할 때였다. 홍 선생이 내게 물었다. "베트남에서는 게릴라전이 승리하고 왜 우리는 실패했는가?" 질문의 의도를 몰라 머뭇거리니 답을 하셨다. 거기는 겨울이 없었고, 우리는 혹독한 겨울이 있었기 때문이라 하셨다. 역사의 성패를 기후 탓으로 돌리는 걸 사실 납득할 수 없었고, 속으로 그럴 리가 하는 은근한 반발심이 있었다. 야라강 계곡 물은 따뜻했다. 지리산은 아주 뜨거운 여름에도 발을 오래 담그지 못할 정도로 차가운데 말이다.

쿠바를 다녀온 석 달 뒤인 2018년 10월 3일, 대구 지인들과 남부군 총

사령관 이현상(1905~1953)이 숨진 지리산 빗점골을 방문했다. 혹독한 겨울을 품은 지리산을 언제나 따뜻한 마에스트라산맥과 비교하기 위해 찾아갔다. 아래는 그 감상 글이다.

내가 다른 사회나 나라의 역사, 철학, 문화, 문학 같은 인문학적인 가치관을 들여다보는 이유는 결국 우리와 우리 사회를 알기 위해서고 궁극적으로는 나 스스로를 알기 위해서다.

우리는 일제강점기를 맞으면서 순식간에 역사의 연속성이 단절되어 전통 가치관이 다 깨졌다. 남의 힘으로 해방을 맞자 분단을 당하고 지금까지 지구상에서 가장 냉혹하고 천박한 냉전 이데올로기에 휩싸였다. 사회 가치관이 극단적으로 갈라져 현재는 봉합이 거의 불가능해 보인다.

지금 이런 한반도의 남쪽에서 살고 있는 '나'라는 인간은 어떤 가치관을 세워야 할지 고민이다. 우리 사회의 전통적인 가치관이었던 불교나 유학의 범위 안에서 가치관을 선택할 수 없음은 물론이고, 해방 이후 물밀듯이 들어온 미국식 가치관만으로도 정립할 수 없음이 참으로 고민이다.

미국식 가치관이란 해방 후 미국식 민주주의와 함께 들어온 서양의 두 줄기 전통 가치관을 말한다. 소크라테스를 비롯한 고대 그리스의 철학자들을 뒤이은 서양의 합리적인 사상과 예수님 말씀에 따르는 서양에서 가장 강력한 종교 영향력을 행사해 온 기독교 사상이다. 그러나 칸트 이후 유럽의 사회주의 근현대 철학 사상, 특히 마르크스·레닌에서 비롯한 사회주의 정치·경제 사상을 외면한다면 내가 선택해야 할 가치관의 폭은 너무나 협소해지고 만다.

정서 면에서도 그렇다. 이태백과 두보가 꿰뚫은 인생의 아름다움과 슬픔도 인류의 아주 귀중한 유산이지만 셰익스피어를 앎으로써 더 폭넓은 아름다움과 슬픔을 느낄 수 있지 않을까.

아프리카에서 끌려와서 미국과 라틴아메리카에서 노예 생활을 하며 남긴 한 맺힌 문학과 미술과 음악을 제대로 이해하지 못하고 극도의 슬픔에서 비롯한 아름다움을 느낄 수 있을까.

다른 사회에서 발생한 문제의식이 우리 사회의 문제의식일 수가 있으며 때로는 나의 핵심 문제의식이기도 하다. 식민지 의식과 냉전 이데올로기 사고를 극복하지 못한 우리 사회의 질곡 속에서 허우대는 '나'는 그런 유사한 질곡을 겪고 나름대로 극복한 베트남과 쿠바의 혁명에 유달리 관심이 많다.

나는 2008년 9월 13일 14일 2일간 베트남 혁명의 성지인 까오 방(Cao Bằng)을 탐방했다. 중국과 국경을 맞댄 베트남 최북부 산악지대인 까오 방은 호찌민이 1941년 말에 30년간 해외 독립 활동을 끝내고 민족해방을 위해 조국 땅에 둥지를 튼 첫 장소다.

깊은 산속 동굴과 눈에 띄지 않는 밀림 속 오두막집에서 민족해방 전사를 모으고 당을 정비해서 힘을 축적한 다음 1945년 봄에 일본과 무력투쟁을 시작했다. 1945년 8월 11일 일본군을 총공격하여 연합국이 베트남에 들어오기 훨씬 전에 일본군을 무장 해제하여 8월 23일 수도 하노이를 장악했다. 9월 2일에 사회주의 국가로서 독립선언을 하였다. 이는 2차 세계대전 이후 제3세계 국가가 스스로 독립선언을 한 최초의 일이며, 1917년 소련 성립 이후 베트남은 스스로 사회주의 국가임을 선언한 최초의 국가였다.

이에 미국은 사회주의 국가라는 이유 하나만으로 베트남 독립을 인정하지 않고 약 20년 동안 베트남 독립을 훼방하고 간섭하다가 10년 동안은 기어코 직접 침략했다. 베트남은 미국과 직접적인 무력투쟁을 하다가 엄청난 희생을 치르고 1975년 민족해방의 기쁨을 맛봤다.

나는 2018년 7월 6일과 7일 이틀 동안 쿠바 혁명의 성지인 시에라마에스트라(마에스트라산맥)를 탐방했다.

1956년 12월 피델 카스트로는 멕시코에서 체 게바라를 비롯한 82명의 동지를 규합해 작은 배 그란마호를 타고 쿠바 동부 지역에 상륙했다. 상륙하자마자 정부군의 공격을 받아 마에스트라산맥으로 도망쳤다. 그때 살아남은 동지는 겨우 16명이었다. 험준한 산맥에서 16명이 시작한 무장투쟁은 승승장구하여 쿠바 전역을 서서히 장악하며 약 2년 만에 수도 아바나에 입성했다.

1959년 1월 1일에 쿠바 혁명 세력이 아바나를 장악한 의미는 2차 세계대전 이후 미국이 강요한 자본주의 질서를 전광석화처럼 뒤집고 사회주의 국가를 세운 첫 사례다.

나는 2018년 10월 3일 대구의 뜻을 같이하는 13명과 해방 공간에서 남부군 총사령관인 이현상이 산화한 지리산 빗점골을 탐방했다.

1948년 4월 3일 제주도에서 남한 단독정부 수립에 반대한 일단의 세력이 무장투쟁을 하자, 점령군인 미군과 이승만의 친일 극우 세력은 이 무장대를 토벌한다는 명분으로 제주도민의 씨를 말리는 대학살을 시작했다.

그해 10월 무장대를 토벌하기 위해 순천에서 제주도로 떠나려는 정부군 내의 남로당 계열 군인들이 무고한 제주도민을 죽일 수 없다고 반란을 했다. 이 반란 세력은 순식간에 순천에서 여수까지 장악했다. 이른바 '여순사건(여순민중항쟁)'이다.

이 반란은 미군과 정부군의 반격을 받아 1주일도 되지 않아 거의 진압되고 살아남은 이들은 인근 지리산으로 도망쳤다.

남로당 지도부의 한 사람인 이현상은 여순사건 후 남은 세력을 수습하여 유격대를 조직하기 위해 지리산으로 들어갔다. 이현상은 지리산에서 한국전쟁을 겪으며 '세계 혁명사에 남을 유격전'을 벌였다. 한국전쟁이 정전된 지 약 2달 후인 1953년 9월 17일, 지리산 빗점골에서 국군에게 사살당했다.

이현상의 남부군 활동을 내가 '세계 혁명사에 남을 유격전'이라고 한 데 대해 과장이 심하다거나, 사회주의 역사를 터무니없이 미화 또는 왜곡한다고 지적하거나, 질책하실 분이 무척 많으리라고 나는 각오하고 있다. 그러나 나는 이 수사를 결코 양보하지 않을 작정이다.

"유레카!"

문제의 본질을 재빨리 파악하지 못하고 막연하게 느끼고 있을 때가 있다. 어떤 사소한 일을 겪다가 문제의 본질을 파악할 수 있는 실마리를 찾는 깨달음이 갑자기 오는 경우가 더러 있다. 무엇을 갑자기 깨달았을 때 "유레카!(Eureka, 알아냈다!)"라는 말을 흔히 쓴다.

BC 250년 무렵, 그리스 과학자 아르키메데스는 왕에게 새로 만든 왕관이 순금인지 아닌지를 판정하라는 명령을 받았다. 다시 녹이지 않는 한, 당시에는 이 왕관이 순금인지 다른 금속을 섞었는지를 알아낼 방법이 마땅치 않았다. 이 문제만 골똘히 생각한 아르키메데스는 어느 날 목욕탕 욕조에 들어갔다가 욕조 물이 넘치자 갑자기 "유레카." 하며 알몸으로 목욕탕에서 뛰어나와 왕에게 달려갔다고 한다.

모든 물체는 같은 부피라도 무게는 다르다는 '비중(밀도)'이라는 중요한 물리적 원리를 그때 발견했다. 부피가 작아도 무거운 게 있고 부피가 커도 가벼운 게 있다. 그 당시 부피를 재는 척도는 물이다. 같은 무게의 쇠와 금을 물이 가득 찬 컵에 넣었을 때 쇠가 금보다 물이 더 많이 넘친다는 이치를 깨

시냇물 같은 야라강물에 몸을 담그는 순간 나는 속으로 유레카를 외쳤다.

달았다.

피델 카스트로와 체 게바라는 마에스트라산맥 약 1,000미터 고지에 게릴라 본부를 차렸다. 이곳을 탐방하려면 아침 일찍 산행을 해야 하기 때문에 전날 오후에 하류 계곡에 있는 로지(lodge)를 숙소로 잡았다.

짐을 대충 풀어놓고 물에 들어가기 쉬운 복장으로 갈아입고 계곡에 갔다. 지리산 뱀사골 같은 계곡이었다. 벌써 몇 분이 흐르는 계곡물에 온몸을 담그고 계셨다. 계곡물에 발목을 담갔다. 물이 미지근하게 따끈했다. 이 따끈함을 느끼자마자 나는 속으로 "유레카!"를 외쳤다.

쿠바의 이런 지역 산맥 밀림에는 '차가움이 없구나. 겨울이나 밤에는 어느 정도 추위가 있는지는 몰라도 영하 이하의 혹독한 추위는 있을 수가 없겠구나'라는 생각이 갑자기 들었다.

햇빛이 쨍쨍한 여름날에도 지리산 계곡물은 얼음물에 가깝다. 발을 담그려면 살금살금 담가야 하고 담그더라도 오래 있을 수 없다. 지리산 유격대는 산 전체가 꽁꽁 얼어붙는 그 긴 겨울을 어떻게 지냈을까. 낙엽이 지면 벌거숭이가 된 산에서 정찰 비행기는 인간의 움직임을 쉽게 찾아낸다. 무릎까지 푹푹 빠지는 눈이 오면 흔적을 감추면서 이동하는 게 여간 힘든 일이 아니다.

밥 짓거나 몸을 녹이기 위해 불을 지필 때 웬만히 조심하지 않으면 연기 때문에 거주 장소가 고스란히 드러난다. 한겨울에 꽉 죄어 오는 토벌대를 피해 이리저리 몸을 숨길 때 제대로 된 은폐 장소를 찾기란 하늘의 별 따기다. 눈을 파헤쳐 낙엽을 긁어모아 눈을 치운 돌 위에 깔고서 누워야 한다. 피곤해서 그냥 잠이 들면 동상이 걸린다. 밤새 손가락과 발가락을 끊임없이 꼼지락거려 손발의 모세 혈관의 피를 멈추지 않게 해야 동상을 막는다. 깊고 높은 지리산은 평야보다 봄이 늦은데다 봄도 어느 정도 익어야 그런대로 은신하기 좋은 잎이 돋아난다.

유격대의 겨울 지리산은 얼음 나라였고, 우리가 상상할 수 있는 바로 그 차디찬 지옥이었다. 유격대장 이현상은 그런 지리산의 겨울을 다섯 번이나 보냈다. 고상한 이상과 강철같이 단단한 의지를 지닌 이현상일지라도 긴 겨울을 지리산에서 보내야 했다는 사실은 너무나 엄혹한 시련이었다. 식민주의와 제국주의 압제자에 저항해서 분단을 극복하고, 그가 그토록 바랐던 계급해방을 민중에 전파하기에는 남은 힘이 전혀 없었다. 겨울이란 엄혹한 시련과 마주하기에도 벅찼기 때문이다.

역사학자 토인비의 '도전과 응전'의 논리에 따르면 인간은 자연의 도전에 슬기롭게 응전했을 때 문화를 생산한다고 한다. 북극의 에스키모처럼 도전하기 어려운 자연조건 아래서는 생존하기에 급급할 뿐 문명을 생산할 수 없다고 한다.

이현상은 일제에 저항하고 계급해방을 전파하다가 혹독한 고문이 뒤

따른 투옥을 네 번이나 당해 12년간 옥살이를 했다. 그토록 바랐던 해방을 맞이했지만 기쁨은 곧 사라졌다.

친일 세력은 반성은커녕 친미 세력으로 둔갑하여 미국을 등에 업고 다시 동족을 수탈하고 착취하는 데 앞장서며 개인의 영욕을 채웠다. 점령군 미군은 사회주의를 탄압하기 위해 일제 앞잡이 조무래기들에게 경찰 권력을 쥐어 주었다. 이 앞잡이들은 민족 분단을 고착화하는 친미 세력에 저항하는 항일 민족 세력을 일제보다 더 심하게 탄압했다. 이현상도 일제 형사 조무래기 출신 노덕술에게 불려가 심하게 고문을 당했다. 이런 주객전도의 역사를 어찌 상상할 수 있겠는가.

이현상이 할 수 있는 일이라고는 이제 총 드는 일뿐이었다. 이현상은 지리산에 들어갔고 혹독한 조건 속에서도 신출귀몰한 유격전을 벌였다.

남한의 친미 지배 세력은 유격전을 벌이는 이현상을 비현실적인 이념에 치우친 인물로 단정했다. 이들에게 끈질기게 저항한 이현상은 공포의 대상이었으며, 이현상이 활약한 5년 동안에 그에 대한 증오가 사무쳐서 치를 떨었다.

나는 이미 이현상을 '세계 혁명사에 남을 유격전'을 펼친 인물로 단정했다.

러시아 함대를 격파하고 승리한 일본 도고 해군 제독에게 "당신은 스페인 무적함대를 격파한 영국의 넬슨보다 위대한 제독이다"라고 칭찬하자, 그는 "나는 넬슨보다 위대할지는 몰라도 이순신보다는 못하다"라는 말을 남겼다고 한다. 사실 여부는 명확하지 않지만, 그럼에도 이 말의 의미를 나는 이렇게 해석한다.

넬슨과 도고는 영국과 일본이라는 막강한 국가의 전폭적인 지원 아래 지휘 능력을 발휘해 전쟁에서 승리했다. 그러나 이순신은 국가의 지원을 받기는커녕 오히려 박해를 받으면서 싸웠다. 이순신은 개인의 능력으로 오랫동안 침략을 준비한 막강한 일본 함대를 전멸시켰다.

이현상처럼 외부의 지원을 받지 않고 거의 개인의 능력만으로 장기간 유격전을 펼친 사례가 '세계 혁명사'에 있었던가? '세계 해전사'에 길이 남을 이순신처럼 말이다.

체 게바라와 이현상

남부군 총사령관 이현상은 남한에서 아마 김일성 주석 다음으로 증오의 대상이 아닐까 싶다. 이현상의 어머니는 전북(지금은 충북) 금산 지방에서 첫 번째 가는 대부호 집의 마님이었다. 아들 때문에 집안은 풍비박산 나서 말년에 90세 넘은 나이로 옛 머슴의 행랑채 구석에서 사시다가 1975년 사망했다. 시신을 대충 묻은 지 사흘 만에 누군가가 묘를 파헤쳐 시신을 토막 냈다고 한다. 이현상에 대한 증오가 그의 어머니에게까지 미쳤다. 증오도 이쯤이면 할 말을 잃게 한다.

나는 이현상의 사회주의를 위한 투쟁을 증오의 역사로 바라보지 않는다. 엄청난 부호의 아들로 태어났고 머리가 뛰어났지만 개인의 영달을 포기하고 지성인답게 역사의 의무에 최선을 다하려고 마지막 한 방울 피까지 꽉 짜내어 지리산에 뿌렸다. 식민지 잔재 청산과 분단의 질곡에서 벗어나 민중의 삶에 희망을 주려고 한 이현상의 노력과 희생을 나는 긍정의 역사로 바라본다. 그것이 후세가 지녀야 할 올바른 가치 판단이 되어야 마땅하다.

체 게바라는 사회주의 투쟁가로서 세계적인 명성을 얻은 20세기 혁명의 우상(아이돌)이었다. 21세기인 지금도 전 세계 대중의 사랑을 받는다. 그 때문에 내가 그에 대해서 공부하는 게 아니다.

모든 가련한 중생의 문제의식이 곧 붓다의 문제의식이었고, 가난한 자와 힘없는 자를 위한 문제의식이 곧 예수의 문제의식이었다고 나는 생각한다. 마찬가지로 이현상의 문제의식과 체 게바라의 문제의식이 서로 다르지 않고, 지금 우리가 숨 쉬는 남한의 문제의식이라 나는 생각한다.

이현상이 지리산에서 미군의 지휘를 받는 군경에게 비참하게 일생을 마쳤듯이 체 게바라도 볼리비아 산골에서 CIA 앞잡이에게 비참하게 최후를 맞았다. 체 게바라가 살아 있을 때 그렇게 증오했던 미국에서조차 그가 세상을 떠난 후부터 지금까지 체 게바라를 긍정하는 역사가 끊임없이 책으로 나온다.

우리의 이현상은 그가 지닌 시대정신의 무게나 투쟁 경력은 물론 개인적 지성 능력까지 오히려 더 높은 수준의 인물이라 해도 그리 틀리지 않는 말이다.

체 게바라는 전 세계인의 사랑을 받고 있는데, 이현상은 우리 사회에서 왜 아직도 두려움과 증오의 대상이어야만 하는가?

총을 든 돈키호테, 체 게바라

2018년 7월 8일, 쿠바에서의 하루는 나의 일생에서 잊을 수 없는 날이 되었다. 이번 여행의 핵심 답사지인 '혁명의 길(Ruta de la Revolucion)'을 걸었기 때문이다.

숙소에서 쌍용차 로디우스를 타고 포장길을 2분쯤 가니 일주문 같은 매표소가 있다. 'Parque Nacional Turquino', 즉 투르키노 국립공원 입구다.

공원 입구를 지나 가파른 시멘트 길을 5킬로미터 정도 꼬불꼬불 올라가면 수직으로 따지면 750미터 정도로 높다. 이 시멘트 길이 끝나는 곳에 알토 델 나란호(Alto del Naranjo)라는 능선 분기점이 있다. 이 지점 높이는 해발 950미터로 마에스트라산맥을 시원하게 볼 수 있다. 우리나라로 치면 지리산 조망이 한눈에 들어오는 정령치라 할까?

이 분기점에서 동쪽으로 13킬로미터쯤 가면 마에스트라산맥의 최고봉인 높이 1,974미터의 피코 투르키노(Pico Turquino)가 있다. 피코는 봉우리란 뜻이다. 높이 1,915미터의 지리산 천왕봉인 셈이다. 여기서 투르키노봉을 거쳐 그란마주 남쪽 해안까지 산행하려면 2박 3일이 걸리고 반드시 안내인의 도움이 필요하다. 투르키노봉 정상에는 쿠바의 국부 호세 마르티의 흉상이 있다고 한다.

분기점에서 서쪽으로 3킬로미터 정도 가면 우리가 답사하려는 혁명군 사령부(Comandancia de la Plata)가 있다.

투르키노 국립공원을 마에스트라 국립대공원(Gran Parque Nacional Sierra Maestra)이라고도 한다. 면적은 약 230㎢로 지리산 국립공원(면적 약 472㎢)의 절반가량이다. 산맥 길이는 약 150킬로미터, 평균 높이가 약 1,370미터에 이른다. 이 공원은 순박하고 근면한 '캄페시노스(시골 사람들)'의 보금자리로 1950년대 후반 피델 카스트로의 총성이 울렸던 매혹적인 자연보호구역이다.

쿠바에서 가장 높은 봉우리인 피코 투르키노가 있는 이곳에 한때 혁명군 사령부였던 건물이 있다. 이 지역은 1956년 12월에서 1958년 12월 사이에 벌어진 게릴라 전쟁과 밀접한 관련이 있다. 첫해에는 피델 카스트로와 늘어 가는 그의 지지자들이 며칠 이상 한곳에 머물지 않을 정도로 계속 거처를 옮겨 다녔다. 혁명군은 1958년 초에 피코 투르키노의 기슭에 영구 기지를 세웠다. 카스트로는 혁명법 초안의 대부분을 이곳에서 작성했으며, 바티스타 정권의 최후 몰락을 가져온 군사작전의 대부분을 지휘한 곳도 이곳이다.

혁명의 길을 걷다

분기점인 알토 델 나란호에는 이미 우리 안내인이 대기하고 있었다. 여행안내서에 나오는 듯한 설명을 들었다. 가는 길에 카메라를 사용하려면 추가 요금을 내야 한다고 했다. 분기점에서 서쪽 길로 들어섰다. 약간 경사진 내리막 산길은 어렵지 않았다.

하늘엔 여름 태양이 이글거렸으나 열대림이 짙게 우거져 걸어도 그렇게 덥지 않았다. 30분쯤 쉬엄쉬엄 가니 널찍하고 양지바른 산비탈에 나무

오른쪽_투르키노 국립공원 입구

아래_델 나란호 능선에서 본 투르키노봉

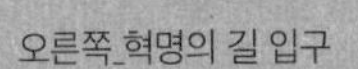

오른쪽_혁명의 길 입구

아래 왼쪽_길 중간에 있는 농가

아래 오른쪽_좁은 갈래 길 위쪽 가파른 길을 걸어 피델의 집으로 향했다.

벽과 슬레이트 지붕인 건물이 몇 채 있다. 창고, 침실, 주방 등이다. 벽이 없고 지붕만 있는 건물에 열댓 명이 쉴 수 있는 탁자와 의자가 보인다. 건물 한쪽에는 쿠바 국기와 카스트로가 시가를 물고 있는 사진이 패널로 되어 있다. 이곳을 찾는 방문객에게 커피와 차를 팔고 있는 휴게소였다. 탁자에 앉아 쉬면서 모두 차를 한잔했다.

가이드 말에 따르면 카스트로가 마에스트라산맥에서 거처를 찾을 때 이곳의 농부 '오스왈드 메디나'가 안전한 곳으로 자리 잡게 해 줬다고 한다. 그곳이 지금 우리가 찾아가는, 여기서 약 2킬로미터 떨어져 있는 혁명군 사령부다.

쉬고 나서 농가 울타리 문을 지나 더 깊은 산속으로 들어갔다. 길이 좁아지고 약간 오르막이었다. 얼마 가니 사령부 이정표가 나타나고, 조금 더 지나니 가던 길 방향이 아닌 오른쪽 오르막으로 'CASA DE FIDEL(피델의 집)'이란 팻말이 보였다. 길은 더욱 좁아지면서 가팔랐다.

얼마쯤 걸었을까, 이번 쿠바 여행 계획을 짠 손호철 교수가 야자 잎 묶음이 흩어진 곳을 가리키며 "송 선생은 여기서 꼭 사진을 찍어야 해!" 하셨다. 손 교수는 여행 정보를 이미 다 머리에 넣고 계셨다.

짧은 나무 기둥에 야자 잎을 엮어 덮은 오두막이 바로 체 게바라가 게릴라 투쟁을 하면서 꾸린 야전 병원이었다. 본부 건물(피델의 집)과 얼마간 떨어져 있는데 움직일 수 없는 부상병 때문에 본부의 위치가 노출되는 것을 방지하기 위해서였다. 여기서는 충분한 의료 기구가 없어 최소한의 응급처치만 했다고 한다. 'Posta No 1'이라 쓰인 이곳에서 주로 발치를 했는데, 마취약이 부족해 충치가 심해 고통받는 사람에게 마취 없이 '발치 감자', 즉 '펜치로 이빨을 생'으로 뽑았다. 이때 사용한 간단한 치과 기구는 산타클라라에 있는 체 게바라 기념관에 전시해 놓았다.

일행인 손 교수의 친구이자 치과 의사 선배인 송중환 선생과 함께 감격스러운 마음으로 사진을 찍었다.

이 허물어진 진료소를 보며 2008년에 베트남 최북부 까오 방에 갔을 때 호찌민이 살았던 대략 2평짜리 오두막을 연상했다. 그는 훅 불면 날아갈 듯한 야자 잎 오두막에서 1941년 3월부터 1945년 5월까지 살면서 베트남 공산당 조직을 재건하고 확대했다. 20세기 현대사에서 가장 경이로운 조직으로 무력 침공한 미군의 코를 납작 눌러 버린 베트민(베트남독립동맹, 越盟)을 창설했다.

베트남 현대사에서 가장 성스러운 장소임에도 어떤 과장된 선전 문구 없이 원형을 고스란히 두고 오직 팻말만 하나 세워 놓았을 뿐이다. 소중한 역사적 장소임에도 화려하거나 과장한 꾸밈이 없는 것은 베트남이나 쿠바나 마찬가지였다.

여기서 조금 올라가니 산등성이에 나무를 싹 밀어 풀만 자란 넓은 터가 나타났다. 혁명 후 집권한 카스트로가 이곳을 쉽게 방문하기 위해 만든 헬기 착륙장이라고 한다. 카스트로는 인생 중 가장 멋진 시절을 보낸 추억이 있는 이 지역을 잊지 않고 권력을 잡은 뒤에도 정기적으로 이곳을 방문했다고 한다.

산 능선 넓은 터에서 다시 나무가 우거진 길로 들어서는 입구에 게릴라 기지였던 판자 건물이 있다. 지금은 게릴라 활동 상황을 전시한 박물관으로 사용하고 있다. 체 게바라가 사용한 몇 가지 의료 기구와 옷을 수선하던 재봉틀도 있다.

산속으로 조금 들어가니 '피델의 집'이 가파른 비탈에 있었다. 나무 기둥에 판자로 벽을 만들고 야자 잎을 지붕으로 삼은 방 두 개짜리 막사였다. 하나는 침실이고 하나는 거실이다. 판자 막사 아래로 가파른 길을 조금 내

사령부 가는 길 중간에 야자 잎으로 된 움막이 있었다. 주로 발치를 한 부상병 치료소 Posta No 1.

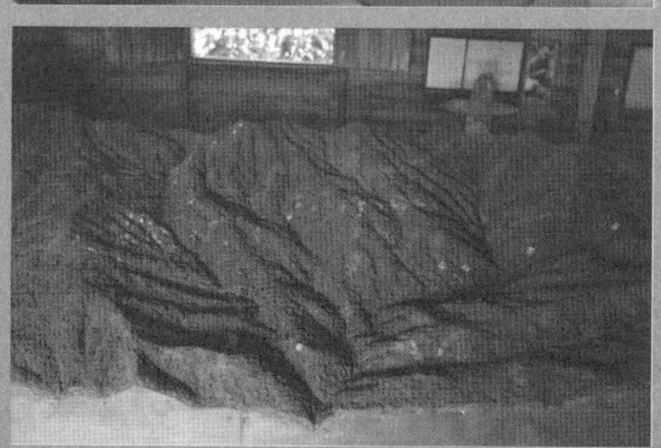

위_나무 판자 전시관

왼쪽 위_체 게바라가 쓰던 의약품과 진료 기구 간단한 치과 장비를 산타 클라라 체 게바라 박물관에 전시해 놓았다.

왼쪽 아래_마에스트라산맥 모형도. 게릴라 거점을 표시해 놓았다.

산비탈에 세운 피델의 집

려가면 그 당시 몸을 씻었다는 개울이 졸졸 흐른다. 사시사철 녹음이 우거지고 겨울이 없는 마에스트라산맥, 겨울이면 온 살이 얼어붙는 우리 지리산에 비하면 천혜를 입은 게릴라 장소다!

외딴 장소에 아주 정교한 모습으로 위장한 이 판자 막사는 카스트로가 마에스트라산맥에서 1년이나 거처를 옮겨 다니다가 1958년에 만든 사령부인데, 역사상 가장 성공적이었던 게릴라 투쟁의 흔적을 1950년대 모습 그대로 유지하고 있다. 바티스타 정부가 끝내 이곳을 찾아내지 못했으니 이 막사는 충분히 그 소임을 다했다.

이 장소가 얼마나 전략적 위치에 자리 잡았는지 한눈에 알아볼 수 있다. 주변에는 위치가 발각되었을 경우를 대비해 미로 같은 도주로 7개가 있었고, 이 부근에 이런 판자 막사 16개가 있는데 이를 라 플라타 사령부라 했다. 지금은 산토도밍고에 있는 야생 생물 안내소에서 관리한다.

게릴라 혁명사령부를 찾아가다

피델의 집 겉모습을 요리조리 보고 왔던 길로 다시 돌아왔다. 오는 길에 피델의 집에서 얼마 떨어져 있지 않은 곳에 산 능선 쪽으로 올라가는 팻말이 보였다. 'RADIO REBELDE(반군 방송국)'로 가는 길이었다. 가이드에게 거리가 얼마나 되는지 물으니 1킬로미터쯤이라고 한다. 왕복 30분쯤이면 충분할 것 같았지만 일행을 기다리게 하는 게 미안해 호기심을 꾹 눌렀다.

올 때는 몰랐는데 마른 땅 옆에 축축한 진흙 길에 짐승 발이 푹푹 빠진 흔적이 있다. 가이드에게 물어보니 노새의 발자국이란다. '아하, 방금 떠나온 농가에 큰 프로판 가스통이 보여서 어떻게 가져왔나 싶었는데, 노새 힘을 빌렸구나.'

분기점인 알토 데 나란호로 돌아왔다. 이렇게 한 바퀴를 느긋이 도는 데 2시간 50분밖에 걸리지 않았다. 우리를 데리러 올 차는 아직 올라오지 않았다. 차를 기다리느라 30분가량 쉬었다. 이럴 줄 알았으면 '반군 방송국'에 다녀올 걸 하는 아쉬움이 있었다.

숙소로 돌아오니 12시다. 불과 4시간 만에 '혁명의 길' 일부를 맛봤다. 내 생애 가장 소중한 역사의 한 현장을 다녀온 셈이다. 내 나름대로 꼽아 본 귀한 해외 역사 현장은 세 군데다.

1998년, 절친한 치과대학 동문들과 남아프리카공화국에 갔을 때 천혜의 절경인 케이프타운 해안에서 불과 10킬로미터 앞에 있는 작은 섬(Robben Island)에 갔다. 여기에서 넬슨 만델라(Nelson Mandela, 1918~2013)가 19년 동안 옥살이한 감방을 둘러보았다.

2008년, 나는 베트남 호찌민의 발자취를 따라 베트남 전역을 답사할 때 호찌민이 살면서 독립운동의 초석을 다진 까오 방 지역의 동굴과 오두막을 찾아갔다.

2018년, 나는 피델 카스트로와 체 게바라의 체취가 남아 있는 게릴라 혁명사령부를 찾아갔다.

자유 쿠바, 그곳으로의 항해

숙소에 돌아오니 침대와 욕실에 예쁜 꽃으로 앙증맞게 정리를 해 놓았다. 점심 먹고 숙소에서 오후 내내 낮잠을 잤다. 저녁에 노트북을 열어 미리 책을 읽고 내용을 정리해 둔 내용을 다시 들춰 보았다. 다음은 『코르다의 쿠바, 그리고 체』(알베르토 코르다 사진, 2006)에서 인용하였다.

1953년 10월 몬카다 병영 습격에 실패한 피델 카스트로는 체포되어 동생 라울 카스트로와 함께 재판에서 15년 강제징역형을 받고 피노스섬에 수감당했다. 국부 호세 마르티가 만 15살이던 1868년 쿠바 최초의 독립전쟁 때 민중봉기에 가담했다가 체포당해 감옥에 갇혀 족쇄를 차고 채석장에서 강제 노동한 곳이 바로 피노스섬(Isla de Pinos)이다.

1955년 5월 피델과 라울 등 18명은 여론의 거센 압력으로 사면을 받아 출옥했다. 피델과 동지들은 무장 혁명을 이루기 위해 일단 멕시코로 망명했다. 1955년 7월 어느 날, 피델은 동생 라울의 주선으로 멕시코에 와 있던 체 게바라를 만났다. 20세기 스파르타쿠스들은 첫눈에 의기투합했다. 그들은 지성의 검으로 무장한 검투사였다.

피델은 멕시코로 망명한 혁명 동지를 모아 군사 훈련을 받았다. 1956년 11월 25일 자정, 멕시코 툭스판 항에서 정원 12인승에 불과한 작은 요트 그란마호에 건장한 남자 82명과 무기와 의약품을 잔뜩 싣고 쿠바로 떠났다.

비좁고 낡은 나무배는 무게 때문에 속도를 잃었다. 엎친 데 덮친 격으로 멕시코만에 거친 파도가 일어 표류하다가 상륙 예정보다 2일 늦게 엉뚱한 곳에 도착했다. 훗날 체 게바라는 특유의 냉소적 유머 투로 이렇게 말했다.

"상륙했다고? 난파한 거지."

폭풍을 무릅쓴 항해에 대해서는 이렇게 말했다.

"배는 우스꽝스럽고 비극적인 꼴을 하고 있었다. 사람들은 고통스러운 표정으로 얼굴을 양동이에 파묻고 배를 움켜쥐고 멀미를 했다."

배에 물이 들어오기 시작했다. 펌프가 고장이 나서 양동이로 물을 퍼냈다. 결국 12월 5일 배는 쿠바 남동쪽 해안의 밀림 웅덩이에 좌초되었다. 그들은 무기와 식량과 의약품을 몽땅 버리고 배에서 겨우 총 몇 자루만 쥐고서 탈출했다. 독재자 바티스타의 군대에 금세 적발된 반란군은 첫 번째 매복에 걸려 거의 전멸하다시피 하고 생존자들은 뿔뿔이 흩어졌다.

피델 카스트로 곁에는 2명의 동료만 남아 있었다. 그는 훗날 "나는 2인 부대를 지휘하는 총사령관이었을 때도 있었다"라고 회고했다.

소수의 생존자는 농부들의 도움을 받아 마에스트라산맥으로 들어갔다. 12월 18일 동생 라울이 다섯 명의 동료를 데리고 형을 찾아왔을 때 피델이 물었다.

"총을 얼마나 가져왔지?"

5정밖에 없다는 것을 알고도 피델은 그 특유의 낙천성을 잃지 않았다.

"내 것까지 합하면 소총이 일곱 정이네. 이제 다 이긴 전쟁이나 마찬가지야!"

이틀 뒤 체 게바라와 후안 알메이다를 비롯한 대원 7명이 합류했다.

마에스트라산맥에는 '캄페시노스'라 부르는 농부들이 살고 있었다. 이들은 산 아래 계곡 쪽에서 살다가 인구가 팽창하자 점차 사람이 살기 힘든 산꼭대기 쪽으로 밀려났다. 가축 몇 마리를 키우며 커피 농사로 겨우 입에 풀칠했고, 사탕수수 수확할 때는 산 아래로 갔다. 하루에 1달러를 받기 위해 허리가 휘는 노동을 했다. 근처에는 학교도 병원도 없었다.

비참하게 가난하고 무식해서 무시당한 '캄페시노스'들은 학살 위험이 있음에도 착취하는 정부군에 쫓기는 게릴라들을 자연스럽게 도왔다. 게릴라군은 정부군처럼 행동하지 않았다. 게릴라들은 식량은 돈을 주고 사고 여자들을 존중하는 원칙을 철두철미하게 지켰다. 의사였던 체 게바라 행세를 하며 진찰을 구실로 어린 소녀들과 아주 가깝게 지냈던 전직 초등학교 교사를 재판해서 총살했다.

전투 중에 아무리 오랫동안 행군했더라도 피델은 매번 "그날 하루는 무슨 일이 벌어졌고, 우리의 문제, 적의 문제가 무엇인지 설명했다. 이렇게 함으로써 사람들이 무슨 일이 벌어지고 있는지를 훤히 알게 되었고 대장에 대한 절대적 존경심을 가졌다."

상륙한 지 겨우 6주 정도 지난 1957년 1월 17일, 피델은 전세의 주도권을 잡기 위해 기껏 25명뿐인 병력만으로 근처 정부군의 작은 부대를 점령했다. 대단한 전과는 없었지만 게릴라의 존재를 알리는 심리적 효과를 거두었다.

한 달 뒤에는 한층 대담해져서 〈뉴욕타임스〉 기자 허버트 매슈스를 산속으로 불러들였다. 기자는 병력이 얼마나 한심한지 눈치채지 못했고 오직 젊은 지도자에게 매료되었다.

"피델이 부하들의 존경을 한 몸에 받고 이 섬의 젊은이들의 상상력에 충격을 주었던 이유를 쉽게 알 수 있다. 그는 대의명분에 헌신한 지적 광신도이며, 지도자로서의 자질을 갖춘 용기 있는 이상주의자이다."

"마에스트라산맥 어디를 가도 피델은 모든 사람의 이름과 길을 기억해 냈다. 피델의 기억력은 탁월했다. 피델은 책 한 권을 통째로 외우기도 했다."

1957년 중반 무렵 해방구를 만들었다. 마에스트라산맥에 반란군이 학교와 병원을 건설하고 관리했다. 처음에는 10㎢ 정도였다가 100㎢까지 늘었다.

전투가 없는 기간에 체는 부상자와 환자를 치료했는데 피델은 "저 의사는 진짜 군인이다"라고 했고, 29살의 아르헨티나 의사에게 반란군 중에서 가장 높은 계급인 부대장의 별 계급장을 달아 주었다. 그것은 빈말이 아니었다. 습격 때마다 가장 선두에 서는 사람은 체 게바라였다. 1958년 초부터 이백 명가량으로 불어나 강력해진 반란군은 조금씩 떠돌이 생활을 청산하기 시작했다. 체는 자기 부대원을 이끌고 엘 옴브리토에 정착한 뒤에 무기 제작소, 제빵 공장, 정육점, 구두 가게, 창고를 세웠다. 그리고 〈자유 쿠바〉라는 작은 신문을 등사판으로 찍어 냈다.

피델은 처음 정착 부대의 본부로 마에스트라산맥에서 가장 접근이 어려운 곳에 '사령부(라 플라타)'를 설치했다. 참호로 둘러싸이고 곳곳에 방공호와 원격 조정용 지뢰가 깔린 요새였다. 6월에 정부군의 공격을 받아 후퇴한 반란군은 이곳에서 반격을 시도한 뒤 산토도밍고에서 대승을 거두고, 7월에는 엘 히구에서도 승리를 거뒀다. 주교의 승인을 받은 사르디나스 신부가 해방구에 들어왔다. 그는 시에라(산맥)에서 태어나는 아기들에게 유아 세례를 주었고 피델은 매번 그들의 대부, 즉 두 번째 아버지가 되었다.

"쿠바인들이 피델 카스트로를 안 것은 프랑스인이 드골을 안 것처럼 라디오 방송을 통해서였다. 그의 음성은 조금 높은 듯하면서 거의 최면 효과를 일으키듯 아주 독특했다."

1958년 8월 21일, 혁명 방송을 통해 피델 카스트로는 쿠바 전역에 대한 공격 명령을 내렸다. 밀림과 늪지를 지나고 폭격뿐 아니라 두 차례의 태풍을 견디면서 체 게바라와 또 다른 대장인 카밀로 시엔푸에고스의 부대는 수백 킬로미터 거리를 행군했다. 10월 3일, 가혹한 조건 속에서 행군하던 체 게바라는 이렇게 썼다.

"내 정맥을 끊어서 사흘 동안 아무것도 먹지도 자지도 못한 저들의 입술에 뭔가 따스한 것들을 주고 싶다."

다행스럽게 바티스타 군대는 더 싸울 의욕이 없었다. 그들은 거의 부대 밖으로 나오지 않았다. 부대장들도 전선에 나타나지 않았다. 그들은 대세의 흐름이 바뀌었음을 느꼈던 것이다. 나라 전체, 심지어 이웃 강대국 미국조차도 이제 독재자에게 등을 돌렸다. 쿠바 한복판에 있는 도시 산타클라라는 2,500명이 주둔하고 있는 바티스타의 마지막 요새이자 아바나로 들어가는 입구였다.

독재자는 막판 승부에 모든 것을 걸었다. 장갑차를 준비했다. 그러나 364명의 대담한 반란군과 함께 체 게바라는 기관차를 탈선시킨 뒤 화염병으로 공격했다. 병사들이 타고 있던 장갑 기관차는 거대한 화덕으로 변했고 장교들은 투항을 시작했다. 그들은 반란군에게 인간다운 대접을 받으리란 것을 알고 있었다. 1959년 1월 1일, 산타클라라의 마지막 요새까지 무기를 내려놓았다. 독재자는 그 전날 밤, 아바나에서 산토도밍고로 아무도 모르게 도망쳤다.

나의 유일한 관심사는 오직 더 나은, 더 행복한 쿠바입니다

1955년 5월 피델 카스트로는 몬카다 병영을 습격해 징역형을 받은 동생 라울 카스트로 등 18명과 함께 석방되었다. 여론의 거센 압력으로 사면을 받은 그는 힘주어 말했다.

"나는 어떤 야망도 열망도 없습니다. 나의 유일한 관심사는 오직 더 나은, 더 행복한 쿠바입니다."

체 게바라는 1928년 6월, 아르헨티나의 로사리오에서 태어났다. 피델 카스트로보다 2살 어리다. '체'는 에스파냐어로 '친구, 벗'을 뜻하며 호격으로 쓰인다. 두 살 때부터 심한 기관지성 천식을 앓았던 체 게바라는 1948년 부에노스아이레스 의과대학에 입학해 의사로서의 인생을 준비했다.

23세 되던 해에 모터사이클 여행(1951년 12월~1952년 9월)을 떠나게 되는데, 이 여행은 그가 안락한 미래를 버리고 게릴라의 역정을 선택하는 데 결정적인 전기가 되었다. 특히 페루의 광산지대에서 목격한 강제 노동의 현실과 2주일 동안의 나환자촌 진료 활동은 아르헨티나 중산층 청년이었던 그가 빈곤과 사회적 불평등 문제를 진지하게 고민하도록 했다. 훗날 쿠바 중앙은행 총재가 되었을 때, 그는 이 여행이 자기 삶에 끼친 영향을 이렇게 설명했다.

"나도 다른 사람처럼 성공하고 싶었다. 하지만 그것은 개인적인 승리일 뿐이다. 나는 라틴아메리카 곳곳을 돌아보면서 빈곤, 기아, 질병을 목격했다. 이를 통해 유명한 학자가 되거나 의학 분야에서 기여하는 것보다 더 중요한 무엇인가가 있으며, 그것이야말로 진정 인민을 돕는 길이라고 어렴풋이 깨달았다."

1953년 7월, 체 게바라는 의과대학 졸업장을 손에 쥐고는 이제까지의 시민적인 일상과 약혼녀를 떠나기로 마음먹었다. 처음에는 파리나 이스터섬으로 갈 생각을 했으나, 결국 그 계획을 포기하고 3년 동안 스페인령 남아메리카를 지나 위쪽의 중남미 멕시코까지 떠돌아다녔다. 그동안 의사 보조, 웨이터, 부두 노동자, 말 사육사, 거리 사진사로 일하며 입에 풀칠했다. 곳곳에서 농민과 광산 노동자들의 고통을 목격했다,

체는 1953년 12월 과테말라에서 민주청년동맹에 가담했다. 그곳에서 그는 첫 번째 부인이 될 페루 출신의 활동가 일다 가데아(Hilda Gadea Acosta, 1925~1974)를 만났다. 일다는 경제학 공부를 한 공산주의 지도자였다. 그는 일다의 영향으로 마르크스와 레닌의 저작을 깊이 탐독했다. 1954년 과테말라에 들렀을 때는 미 CIA의 지원을 받은 군부가 하코보 아르벤스(Juan Jacobo Árbenz Guzmán, 1913~1971) 대통령의 좌파 개혁 정부를 무너뜨리는 것을 지켜보면서 양키들에 대한 증오를 불태웠다. '양키 제국주의'를 비난하면서 미국뿐만 아니라 라틴아메리카의 과두 지배 세력에 대항하는 무장투쟁의 필요성을 역설했다. 그는 급진적인 혁명가의 길을 걷기로 결심했다.

1955년 체는 자신의 운명을 결정지을 이와 만났다. 두 살이 많은 쿠바 출신 변호사 피델 카스트로를 만난 것이다. 20세기 스파르타쿠스들은 첫눈에 의기투합했다. 그들은 지성의 검으로 무장한 검투사였다.

마침 피델은 바티스타 압제로부터의 쿠바 해방을 위해 유격대원을 모집하는 중이었다. 한 사격장에서 게릴라 훈련 과정을 마친 체는 1956년 12월 2일 피델과 함께 위험천만한 항해 끝에 쿠바 해안에 상륙했다. 해방군을 자처하는 80명의 유격대원과 함께 압제에 시달리는 600만의 쿠바인들을 구하기 위해서였다.

한국에 돌아와서 여러 자료를 살펴보다가 우리에게 알려지지 않은 아주 중요한 인물을 발견했다. 셀리아 산체스였다(셀리아 산체스(Celia Sanchez, 1920~1980)에 대한 아래의 내용은 『코르다의 쿠바, 그리고 체』에서 요약, 인용했다).

셀리아 산체스는 '7월 26일 운동(M-26-7, 몬카다 병영 습격 사건을 기억하는 운동)' 초장기부터 가담한 소수의 여성 가운데 한 명이었다. 그란마호 상륙에 필요한 준비를 담당하면서, 게릴라들이 도착하면 산티아고에서 무력 봉기를 지원할 예정이었다. 상륙 작전이 실패해서 1957년 2월 16일에야 피델은 셀리아

왼쪽_게릴라 활동 시절 피델과 산체스 / 오른쪽_체 게바라와 함께

를 만났다. 셀리아가 암으로 죽을 때까지 23년 동안 지속한 기막힌 인연이 시작되었다.

지방 의사의 다섯 딸 가운데 한 명으로 반란군이 시에라마에스트라에 오기 전부터 반란군과 접촉을 시도했다. 남자처럼 자랐고 의지와 지성으로 똘똘 뭉친 피델보다 여섯 살 많은 36살의 그녀는 자기 꿈에 어울리는 임무를 찾았다.

두뇌가 명석하기로 유명해서 마에스트라산맥 게릴라 캠프에서도 병참을 총괄 책임질 정도로 피델이 신뢰한 인물인 셀리아는 게릴라 캠프에서의 공동체 생활이 인생에서 가장 행복했던 시절이었다고 회상했다. 젊은 게릴라들은 열정과 이상으로 똘똘 뭉쳐 그 어떤 역경도 이겨 낼 희망을 지녔다고 한다.

셀리아는 암으로 숨을 거두는 순간까지 피델 곁에서 투쟁에 헌신했다. 혁명 전사로서, 또 그의 인간적인 면모에 매료된 셀리아는 고된 행군과 빗발치는 총알을 무릅쓰고 싸움터, 심지어 그의 꿈속까지 피델을 따라다녔다. 비서, 애인, 어머니, 간호원 역할을 해내며 셀리아는 요리하고, 명령을 전달하고, 자료를 정리하는 등 수많은 역할을 했다. 무기를 다루는 데도 전문가인 셀리아는 반란군 중에서 전투에 참여한 최초의 여자였다.

처음에는 마에스트라산맥과 다른 지역을 오가며 연락하는 일을 담당했는데, 1957년 말에는 바티스타 정권의 경찰이 검거 그물을 조이는 바람에 산속에만 머물러야 했다. 반란군이 승리를 거둔 후 이 멋진 여자는 최고영도자의 분신이 되었다. 피델이 없을 때 명령을 내릴 수 있고, 보안상 이유로 피델이 어디에서 밤을 보내는지 알고 있는 유일한 사람이었다. 매일 저녁 셀리아는 피델의 카키색 전투백 호주머니를 뒤져서 조그만 종이 뭉치를 꺼내 왔다. 거기에는 피델이 낮 시간 동안 떠올렸던 생각들이 적혀 있었고 그것은 곧바로 실행에 옮겨져야 할 일들이었다.

"나는 더 큰 투쟁을 맞이할 거요"

훗날 혁명 정부가 들어선 뒤 최고지도자 피델의 비서실장으로 오랫동안 일한 셀리아를 두고 많은 호사가들이 그녀를 피델의 연인이라고 했다.

피델 카스트로의 삶에서 가장 중요한 여자는 두말할 것 없이 셀리아 산체스가 분명하지만 연인 관계라는 소문을 그는 단호히 부정했다.

셀리아의 아버지는 빈민을 위해 평생 헌신한 존경받는 의사였고, 그 덕분에 셀리아는 의료 복지에 대한 관심이 남달랐다. 혁명 성공 후 쿠바 정부는 전 인민을 대상으로 무상의료 정책을 강력하게, 꾸준히 시행했다. 이제는 세계에서 으뜸가는 의료 모범 국가가 되었다. 피델의 이런 신념 뒤에는 참다운 의사였던 체 게바라와 참다운 의사의 딸이었던 셀리아 산체스의 영향이 분명 있었을 것이다.

1958년 여름, 피델은 셀리아에게 편지를 썼다.

"지금의 투쟁이 끝나면 나는 더 큰 투쟁을 맞이할 거요. 그 투쟁은 미국과의 싸움이 될 것이고, 그것이 우리 운명이요."

이 말에서 나는 베트남의 호찌민이 떠올랐다.

1954년 5월 7일 5시 30분 미국의 지원을 받은 프랑스군은 보 응우엔 잡 장군이 이끄는 북베트남군에게 항복을 했다. 잡 장군은 승전 1보를 호찌민에게 타전했다. 호찌민은 격려의 사자후를 내뿜었다.

"한 작은 식민 국가가 역사상 처음으로 식민주의 본국을 무찔렀다. 이것은 베트남 인민의 영광스러운 승리이자 세계 민주주의, 그리고 사회주의를 수호하는 세력의 승리다."

그리고 이 말도 잊지 않았다.

"승리는 장한 일이지만 지금부터가 시작이다."

그는 '바로 지금부터' 미국이 베트남 최대의 적임을 내다봤다. 10년 뒤 인류 역사상 최강의 제국인 미국이 베트남에게 최악의 잔인한 침공을 저질렀다. 미국을 바라보는 위대한 혁명가의 시선은 쿠바와 베트남에서 일치했다.

1945년 2차 세계대전이 끝난 후 지금까지 지구촌 약소국의 '자주와 독립'을 방해한 최대의 걸림돌은 언제나 미국의 한 속성인 제국주의 야욕이었다.

우리 한반도는 1945년 이후 지금까지 진정한 '자주와 독립'을 누릴 수 없었고, 차베스가 떠난 베네수엘라는 지금도 미국의 제국주의 야욕이란 바람 앞에 촛불 신세를 벗어나지 못하고 있다.

우정의 극치, 피델 카스트로와 체 게바라, 전태일과 조영래

역사 탐방을 일찍 마치고 오후 내내 푹 쉰 덕분에 저녁부터 늦은 밤까지 두 눈이 말똥했다. 역사의 현장을 생생히 본 벅찬 감동도 한몫했을 것이다.

2018년 7월 9일 새벽, 룸메이트가 곤히 잠들어 억지로 누워 잠을 청했으나 도저히 눈이 감기지 않았다. 차라리 역사의 흔적을 찾은 흥분을 노트북에 담아야겠다는 생각이 일었다. 룸메이트를 깨우기 싫어 야외 식당 탁자로 갔다.

식당 소파에는 개가 편히 잠자고, 잔디 마당에는 돼지가 코로 땅을 홍홍거리며 훑고 있다. 여기 돼지들은 우리에 갇혀 있지 않고 마당이고 거리를 쏘다녔다. 돼지에 목줄을 걸고 거리에서 끌고 다니는 모습도 보았다. 그래서인지 돼지들이 몸집이 작고 날씬했다. 아주 귀엽기도 하고. 반려견(伴侶犬) 같은 반려돈(伴侶豚)이었다.

한밤중에 식당 형광등 아래서 노트북을 열었다.

마에스트라산맥에서 '혁명의 길'을 걸으며 혁명의 산실인 게릴라 사령부를 답사한 것은 일생의 소중한 경험이었고, 이로써 '쿠바 혁명이란 무엇인가?'에 대해 중요한 실마리 하나를 찾았다.

인류사의 일대 사건, 쿠바 혁명을 이야기하다

1956년 12월 멕시코에서 출발한 게릴라 82명이 탄 배는 계획과 달리 쿠바 해안 엉뚱한 곳에 좌초했고 바닷물에 푹 젖은 무기와 의약품을 육지로 나를 수 없어 대원들은 자신을 지킬 총 한두 자루만 들고 가까스로 뭍으로 기어 올라왔다. 체 게바라는 이때를 이렇게 기억했다.

"발밑에는 의약품이 담긴 배낭과 탄약 한 상자가 나뒹굴고 있었다. 둘 다 짊어지기에는 너무 무거웠다. 나는 탄약만 집어 들었다."

인생은 결단의 연속이다. 결단을 내린다는 것은 그때마다 새로운 자신이 되는 기회이기도 하다. 체 게바라는 청진기를 든 의사를 선택하기에 앞서 총을 든 혁명가를 선택할 수밖에 없었다.

상륙하자 곧이어 정부군의 공격을 받은 게릴라는 혼비백산한 채 16명만이 목숨을 부지해 산세가 험악한 마에스트라산맥으로 들어가 정부군 4만여 명을 상대로 전투를 시작했다. 겨우 16명이! 역사에는 투쟁 성패를 숫자의 힘으로만 단순 예측할 수 없을 때가 많이 있었다.

감옥에서 풀려나와 곧바로 왜군 300여 척을 상대해야 했던 이순신 장군이 "신에게는 아직 12척의 배가 남아 있습니다"라고 하신 기개 있는 말씀은 당신의 지략에 대한 확신이 아니었을까.

1934년 미국의 현대식 무기를 지원받은 장제스의 국민당군 수백만 명이 마오쩌둥의 넝마주이 같은 홍군을 총공격하자, 홍군 8만여 명은 18개 산맥을 넘고 17개 강을 건너 1만 2,500킬로미터나 도망갔다. 1년 뒤 1935년에 목적지에 도착한 대원은 8,000명에 불과했다. 결국 홍군은 1949년 최종 승리를 거두는데, 승리의 가장 큰 요인은 홍군이 오천 년 봉건 지배 아래서 토지 노예로 신음하던 민중에게 토지 혁명의 꿈을 불어넣었기 때문이었으리라.

2차 세계대전이 끝날 무렵인 1944년 12월, 호찌민은 불과 게릴라 34명으로 '베트남민족해방군 선전부대'란 무장 군대를 창설했다. 1945년 2차 세계대전이 끝나자 프랑스는 미국의 현대식 무기를 공급받아 다시 베트남을 침공했다. 베트남 해방군이 지닌 무기라곤 프랑스군에게 빼앗은 총과 겨우 셀 수 있는 총알뿐이었고 삽, 곡괭이 심지어 돌멩이와 나뭇가지마저 들고 저항했다.

서방 기자가 물었다. 넝마주이의 모습으로 현대식 무기로 무장한 서구 침략자들을 어떻게 이기겠냐고. 호찌민의 답은 의외로 간단했다.

"인간의 정신은 인간이 가진 무기보다 강하다."

다시 말해, 역사 투쟁을 이끄는 지도력에는 지략, 민중이 요구하는 절실한 꿈을 실행하려는 강력한 정신력이 필요하다.

피델 카스트로와 체 게바라는 그러한 지략과 꿈과 정신력을 충분히 지닌 반항아들이었다. 전략적 감각과 구체적인 상황을 판단할 수 있는 능력이 뛰어난 그들은 상황을 신속하게 분석했다. 반항아라 하기보다는 오히려 지성이 번뜩인 게릴라 철학자들이었다. 그들에게는 세계에 대한 통찰력이 있었고 많은 생각들이 분수처럼 솟구쳤다.

마에스트라산맥의 16명 스파르타쿠스들은 투쟁 과정에서 역사의 윤리를 지켰기 때문에 민중의 전폭적인 지원을 받았다.

매슈스 기자가 물었다.

"당신들은 농민의 것을 도둑질하지 않고, 여자들을 강간하지 않으며, 죄수들을 고문하지 않겠다고 생각한 최초의 게릴라였습니까?"

"아닙니다. 그렇다고 단정할 수 없습니다. 나는 1946년에 우리보다 앞선 투쟁을 시작한 베트남 애국주의자들이 여자를 강간하고 농민의 것을 도둑질했다고 믿지 않습니다. 그랬으리라고 생각하지 않습니다. 그런 예를 지킨

투쟁이 많습니다."

피델은 이런 말도 곁들였다.

"나는 우리 인간이 결점도 있고 한계도 있지만, 자신이 지키고 나아질 수 있는 지성이 충분히 있다는 믿음에서 출발합니다. 우리 군대의 규율과 의식은 지도자의 권위나 개인적 요인이 아니라, 굳건한 정치교육에 바탕을 두고 있습니다."

1959년 1월 1일, 16명의 남루한 게릴라들이 2년 1개월 만에 수천 명으로 불어나 4만의 병력을 가진 친미 괴뢰 독재 정권을 무너뜨리고 수도 아바나에 들어갔다. 이는 자본주의 제국 미국의 콧등에서 자본주의 질서를 거부한 현대 인류사의 일대 사건이었다.

쿠바 혁명의 상징이 된 체 게바라

날이 밝으면 일찍 식사하고 내륙 도시 카마구에이를 거쳐 해변 도시 트리니다드로 약 400킬로미터를 가야 했다. 여기 산토도밍고까지 타고 온 SUV 차량을 미니버스로 갈아타기 위해 다시 바르톨로메 마소로 갔다.

차를 바꾸어 타고 조금 지나니 산악지대를 벗어났다. 미니버스는 광활한 평원 사이 도로를 달렸고 말로만 듣던 끝없는 사탕수수밭이 목초지와 함께 지평선 너머까지 펼쳐져 있다. 우리나라 도로에 비하면 낡고 좁은데, 차량보다는 우마차가 더 많이 보였다. 낡은 차와 오토바이와 자전거와 우마차가 심심찮게 공존하고 있다.

평원을 3시간 정도 달렸을까, 로터리가 있는 도로 옆에 야자 잎 지붕을 얹은 널찍한 휴게소에 들렀다. 음료와 책자와 사진엽서를 팔고 있었다. 책과 사진엽서는 대부분 체 게바라에 관한 것이었다.

체 게바라 입간판에 '영원한 승리의 그날까지'가 적혀 있다.

화장실에 다녀온 후 휴게소 앞에 서서 기지개를 켜며 주위를 돌아보았다. 로터리 저편 가장자리에 체 게바라 사진이 그려진 커다란 간판에 구호가 적혀 있다. 가이드에게 그 뜻을 물어보니, 아바나의 시민 혁명광장에 있는 바로 그 구호라 했다.

"Hasta la victoria Siempre(영원한 승리의 그날까지)."

쿠바에 도착한 날 공항을 빠져나와 처음 찾은 곳이 혁명광장이었다. 그 혁명광장의 상징은 호세 마르티 기념탑이지만, 전 세계에 가장 많이 알려진 것은 내무부 건물 외벽을 철 부조로 장식한 체 게바라의 형상과 바로 이 구호였다.

나는 감각적인 면에서 좀 아둔한 편이라 그 혁명광장의 구호를 얼른 이해하지 못했다. 쿠바에서 5일 밤을 지내고 나서야 쿠바의 혁명 정신이 어떤 맛인지 어렴풋이 느꼈다.

왜 쿠바에는 실질적인 권력자 피델 카스트로의 형상은 거의 없고 어딜 가나 체 게바라의 형상과 구호만 넘실거릴까? 아르헨티나 태생의 외국인 체 게바라가 왜 쿠바 혁명의 상징이 되었을까? 쿠바의 초등학생들은 수업하기 전에 "나는 체처럼 될 거야(Seremos como el Che)"라는 말을 반복할까?

피델 자신은 독재자라고 많은 비난을 받지만 체는 민중의 사랑을 듬뿍 받는다는 사실을 그는 몰랐을까?

역사의 교과서, 『사기』와 사마천

로터리 저편 체 게바라의 간판을 보면서 제일 먼저 떠오른 것이 역사의 교과서라 일컫는 『사기』의 저자 사마천이었다.

사마천은 역사의 깊은 속살을 속속들이 보기 위해 20대에 중국 천하를 두루 다녔다. 역사 사건이 일어났던 장소 사람들의 마음, 풍속, 지리를 관찰하며 역사 유적과 전설에 감격했다. 이때 느낀 감정을 태사공왈(太史公曰), 즉 '나는 이렇게 생각한다'로 표현했다. 태사공은 사마천의 호다.

사마천은 자신이 가장 숭배한 공자의 고향 취푸(曲阜, Qufu)를 방문하여 묘당을 찾았을 때 공자의 모습을 상기하고는 차마 발길이 떨어지지 않았고, 만리장성 대사업에서 산을 깎고 골짜기를 메운 농민들의 피땀과 희생을 생각하며 가슴 미어졌다고 한다. 사마천은 이처럼 역사에서 윤리를 으뜸으로 삼은 역사가였지만 현실 생활의 중요성도 잊지 않았다.

『사기열전』의 첫 번째 편은 '백이열전'이다. 옛 주나라 백이와 숙제는 이 세상을 올바르지 못한 악의 세계인 만큼 타협할 여지조차 없는 타락한 세계로 보았다. 그런 현세에 절망한 나머지 백이와 숙제는 차라리 굶어 죽었다. 사마천은 백이와 숙제가 신념을 굳게 지키면서 죽은 행위를 순수한 이상주의로 숭상했다.

『사기열전』의 마지막 편인 '화식열전'은 상공업으로 재산을 모은 인물들의 이야기다. 화식(貨殖)은 돈 버는 방법을 말한다. 이 열전에서는 물질의 중요성, 즉 경제생활을 중시하는 현실주의를 논했다.

사마천은 도덕적인 이상주의자인 '백이숙제'를 가장 먼저 언급한 후, 경제적인 현실주의자인 '돈 번 상공인'을 가장 나중에 언급했다.

사마천은 철학자가 아니라 역사학자였다. 철학의 이상과 현실의 생활 사이의 틈에서 생기는 모순을 포착하는 일을 역사가의 중요한 의무라고 생각했다.

역사에서 인간의 윤리적 도리와 인간의 경제적 이기심은 언제나 대립했다. 명분과 이익은 때로는 정의와 불의로 변질하면서 역사는 굴러갔다. 사마천은 도덕적 이상을 존중하면서도 물질이 가진 현실적인 힘을 알았기 때문에 역사를 객관적으로 바라볼 수 있었다.

피델과 체 게바라의 신비로운 우정

피델 카스트로와 체 게바라는 1955년에 멕시코에서 처음 만났다. 태어난 곳도, 자란 환경도, 경험도 달랐다. 그럼에도 둘의 마음속에는 같은 적이 자라고 있었다. 두 사람은 만나자마자 라틴아메리카 약소국들을 장악하고 있는 미국 제국주의에 반대하는 데 뜻을 같이하고 곧바로 의기투합했다.

둘의 만남은 어쩔 수 없는 운명이었다. 운명은 쿠바 혁명의 완성으로 이끌었고, 미·소 냉전의 정점에서 갈 길을 달리했다. 이들의 만남과 헤어짐은 20세기에 가장 치열했던 미·소 냉전의 중요한 사건을 이해할 수 있는 비밀 열쇠였다.

그 사건은 쿠바 미사일 사태라 불린다. 1962년 10월 14일, 미국은 쿠바에 미사일 기지를 건설 중이라는 사실을 확인했다. 이 사태로 미국과 소련이 핵전쟁 문턱까지 갔다. 10월 28일, 소련이 쿠바에서 미사일을 철수하는 대가로 미국은 튀르키예(터키)에서 소련을 향한 미사일 배치를 철수하기로 했다.

이에 체 게바라는 소련이 가난한 사회주의 국가의 사회주의 혁명을 확실하게 지원하지 않는다는 마음이 생겼다. 혁명이 성공한 다음의 '탈미국 그 이후'가 문제였다. 피델은 소련의 힘을 미국의 대안으로 삼을 수밖에 없었으나, 체는 소련 역시 또 다른 제국주의라는 걸 알고는 크게 실망했다. 피델의 현실과 체의 이상은 충돌할 수밖에 없었다.

체 게바라는 소련의 성공적인 산업화 전략이 '제2의 미국 사회' 건설과 크게 다르지 않으며, 사회 전체를 위해 공헌하기보다는 이윤에 민감한 소련인들도 '양키'와 다를 바 없다고 신랄하게 비판했다. 체에 따르면 사회주의 체제는 새로운 인간을 창출해야 한다. 1965년 체는 '쿠바의 사회주의와 인간'이라는 연설을 통해 다음과 같이 주장했다.

> "자본주의 사회에선 경제적 강제와 물질적 동기 부여를 주요 수단으로 활용한다. 하지만 새로운 사회의 인간은 경제적 강제에 매이지 않을 것이고 대신 노동을 사회적 의무로 받아들일 것이다. 새로운 인간의 형성을 위해 필요한 요소들은 공산주의적 교육, 자발적 노동, 사회적 의무로서의 직업 교육, 타의 모범 같은 것이다. 우리는 하나의 현실로서 물질적 동기 부여를 완전히 반대하거나 부인할 수 없다. 하지만 사회주의 건설 과정에서 그 역할은 부차적이고 점차 미미해질 것이다."

체는 개인의 의식에 남아 있는 자본주의적 심성을 어떻게 변화시키느

냐가 새로운 사회체제와 인간을 창출하는 데 중요한 관건이라고 보았다. 그는 일상적 욕망이나 물질적 가치에서 벗어나 평등주의적 가치관과 상호 존중을 바탕으로 책임감을 고취시키는 데 역점을 두었다.

체가 아프리카로 향한 더욱 직접적인 동기는 소련과의 정책적 갈등 또는 카스트로와의 미묘한 관계에서 찾아야 할 것이다. 앞서 지적한 대로 체 게바라는 물질적 보상에 바탕을 둔 소련의 경제 개혁뿐 아니라 소련의 외교정책, 특히 미국과의 평화 공존 전략이 라틴아메리카 게릴라 운동에 대한 소극적인 지원을 가져왔다고 공개적으로 비판하기 시작했다. 그는 소련과 다른 지역의 혁명 세력 사이에는 자본주의 국가 사이의 관계와 유사한 형태가 아니라 완전히 새로운 관계를 구축해야 한다고 역설했다.

쿠바 혁명 정부가 어느 정도 안정을 찾자 이상에 목말라 하던 체는 정치를 현실적으로 운영해야 하는 피델을 떠났다. 피델은 자신과 의견을 달리하며 떠난 체를 비난하지 않았다. 체는 아프리카 콩고와 남미 볼리비아에서 돈키호테 같은 이상을 추구하다 목숨을 잃었다.

최고 권력자 피델은 체의 이상을 자신의 현실 정치에서 수용하기 힘들었지만, 혁명 정신의 원천으로서 체의 이미지는 쿠바 인민에게 아주 소중한 혁명 자원이라고 강조했다.

체의 이상은 '불가능한 꿈'일지 모른다. 현실에는 이기적이고 현실적이며 불가피한 생존 전략만 가득할 뿐이다. 이런 상황에서 체 게바라는 이상의 상징이었다. 관습과 습관에 얽매인 현실을 비웃었다. 현실 정치인으로 탈바꿈한 피델이 오히려 체의 진정성과 순수성에 부채 의식을 느꼈을 것이다.

피델과 체의 정치적 관점 차이가 치열했던 만큼 만남은 짧았으나 영혼의 헤어짐이 결코 없었던 신비로운 우정이었다.

권력, 명예, 돈을 한꺼번에 갖지 말자!

후배지만 내가 아주 존경하는 사람이 대구에 있다. 최봉태 변호사는 일찍이 일제 피해자 인권 문제에 평생 전념했다. 특히 위안부 문제를 미국 하원과 유엔에 상정하여 이 문제가 일본의 전쟁 범죄라는 인식을 전 세계에 알리는 데 혼신의 힘을 쏟았다. 그는 자신의 인생 신념을 이렇게 말했다. "권력, 명예, 돈을 한꺼번에 갖지 말자!" 우리 정치에서 권력을 가진 자가 명예나 부를 추구하지 말자는 뜻이다. 또한 명예나 부를 가지고 정치를 이용하지 말자는 뜻이다.

다음은 철학 역사상 가장 성실했던 철학자인 스피노자의 말이다.

> "나도 명예나 돈에서 많은 이익을 얻을 수 있다는 것을 알고 있었으며, 만일 진지하게 새로운 사물을 연구하려면 이 두 가지를 얻는 것은 그만두어야 한다는 것도 알고 있었다.
> … 그러나 명예나 돈을 지니면 지닐수록 쾌락은 증대하므로 사람은 더욱더 이 두 가지를 늘리려고 한다. 이런 사실로 미루어 보면 언젠가 우리들의 희망이 좌절될 때 우리 마음속에는 극히 깊은 고통이 생긴다. 명성에도 또한 커다란 약점이 있다. 즉 우리가 명성을 추구하기 위해서는 사람들이 싫어하는 것을 피하고 사람들이 기뻐할 일을 찾아 그 기호에 맞게 우리의 생활을 지켜 나아가야만 한다는 것이 바로 그것이다."

돈과 명예를 충분히 얻을 수 있는 능력을 지닌 스피노자는 오직 진리의 추구와 지성의 기쁨으로만 행복을 추구하며 가난을 기꺼이 감수했다.

청문회에서 우리 정치인을 보면 세 가지를 한꺼번에 가지려고 노력하는 자가 이루 셀 수 없다는 걸 확인할 수 있다. 특히 대통령은 그 어느 직위와도 비교할 수 없는 거대한 권력인데, 그 직위로 명예를 탐하고 부를 획득한 이가 불행히도 우리에게는 흔했다. 그런 대통령을 배출한 우리 사회는 미개했다.

피델은 스스로의 권력 위에 명예를 덧씌우지 않았다. 그는 자신을 포함한 살아 있는 자에게는 어떠한 우상도 금지했는데, 자신이 우상의 덫에 걸리지 않기 위해서였다. 성공한 혁명의 명예는 호세 마르티와 체 게바라를 위시하여 카밀로 시엔푸에고스, 아벨 산타마리아, 후안 알메이다 같은 혁명 동지들에게 영원히 바쳤다.

1985년 피델의 여동생 후아나가 미국으로 망명하자, 미국은 친동생마저 카스트로의 독재에 신음했다고 대대적으로 선전하며 신이 났다. 피델은 이렇게 말했다.

"내가 가족을 백만장자로 만들어 주는 지도자들 가운데 한 사람이었다면 이런 문제를 겪지 않았을 것이다. 이는 개인적으로 매우 씁쓸하고 고통스러운 현실이다. 그러나 이것이 공산주의자로 사는 대가라고 생각한다."

최고 권력자가 친동생마저 어떤 특권이나 부를 누리지 못했다고 하자, 미국은 더는 할 말이 없었다.

쿠바 사회는 모든 인간 세상이 그렇듯 확고한 이상 사회가 아닐 것이다. 혁명 후에도 대립과 갈등이 당연히 많았을 것이다. 장점이 많았지만 허점도 수두룩할 것이다. 하지만 무소불위의 권력자 피델이 성공한 혁명의 영예를 체 게바라에게 고스란히 양보한 점만은 현대 정치사에서 아름다운 우정의 모범이며 쿠바 혁명 정치의 최대 미덕이라 할 수 있다.

양보야말로 진정한 우정의 으뜸가는 미덕이 아닐까. 『사기』의 '관안열전'

에 나오는 '관포지교'는 우리가 익히 알고 있는 교과서적인 우정이다.

옛 중국 제나라에 관중과 포숙이 있었다. 두 사람은 어린 시절부터 거센 세파와 어지러운 정치에 시달리면서 우정을 이어 갔다. 우정의 핵심은 포숙이 관중의 위대한 재능을 발견하고 그 점을 발휘할 수 있도록 끊임없이 관중의 결점을 감싸고 돌봐 준 포숙의 조건 없는 양보였다. 그 덕분에 관중은 중국 역사에서 가장 위대한 재상의 한 사람으로 이름을 떨쳤다. 권력의 정상에 오른 관중은 사람들에게 친구 포숙에 대해 이렇게 말했다.

"일찍이 내가 가난할 때 포숙과 함께 장사를 했는데, 이익을 나눌 때 나는 내 몫을 더 크게 했다. 그러나 포숙은 나를 욕심쟁이라고 말하지 않았다. 내가 가난함을 알고 있었기 때문이다. 또한 내가 사업을 하다가 실패하였으나 포숙은 나를 어리석다고 말하지 않았다. 세상 흐름에 따라 이로울 수도 있고 그렇지 않을 수도 있음을 알았기 때문이다. 내가 세 번 벼슬길에 나아갔다가 번번이 쫓겨났으나 포숙은 나를 무능하다고 말하지 않았다. 내가 시대를 만나지 못했음을 알았기 때문이다. 내가 싸움터에 나가 세 번 모두 패하고 도망쳤지만 포숙은 나를 겁쟁이라고 비웃지 않았다. 내가 늙으신 어머니를 모시고 있음을 알았기 때문이다. 나를 낳은 이는 부모님이지만 나를 알아준 이는 포숙이다."

서양의 아리스토텔레스는 우정을 인생의 참된 즐거움으로 보았고, 진정한 우정을 나눌 수 있는 친구가 있다면 인생은 성공한 것이라 여겼다.

"우정은 유용성과 즐거움 그리고 선 이 세 가지에 바탕을 두고 있다. 선에 바탕을 둔 우정만이 영원하다."

전태일과 조영래의 위대하고 아름다운 영혼에 다가서고 싶다

나는 쿠바에서 피델이 체에 베푼 우정을 보면서 자연스럽게 전태일과 조영래 사이의 우정을 떠올렸다. 두 분은 생전에 한 번도 만나지 않았지만, 조영래가 전태일 영혼에 다가가 전태일 정신을 세상에 드러낸 우정은 30대 초의 내 의식 형성에 무한한 영감을 주었다.

전태일은 암담한 노동 현실의 근본 원인이 근로기준법이 준수되지 않기 때문임을 깨달았다. 전태일은 초등학교조차 제대로 나오지 않았지만 한자투성이 법대 교재인 『근로기준법 해설서』를 구했다. 전문적인 법학 개념과 법률용어로 된 책과 씨름했다. 전태일은 이때부터 "대학생 친구가 하나 있었으면 원이 없겠다"라는 말을 입버릇처럼 했다.

'위대한 청년' 전태일은 자신의 몸을 불살라 노동자에게 참담한 고통이 있다는 것을 세상에 알렸다. 분신 사망 후 그토록 원했던 대학생 친구인 '아름다운 청년' 조영래가 전태일 영전에 찾아왔다.

위대한 청년은 이 세상 가장 낮은 곳에서 인간 고통의 본질을 알아냈고, 아름다운 청년은 이 세상 가장 높은 곳에서 가장 낮은 곳으로 찾아 내려와 그 고통을 이 세상에 드러내었다. 혼과 혼으로 이어진 두 사람의 인연을 나는 우리 현대사에서 가장 '아름답고 격조 있는 만남'이라 부른다.

내가 산 시대에 일어난 민중의 위대한 자각, 다시 말해 반드시 극복해야 할 시대모순을 돌파한 시대정신은 노동자의 자각을 외친 전태일의 분신이라고 나는 생각한다.

그러나 무지렁이 전태일의 분신만으로는 역사 의미가 온전히 드러나지 않았을 것이다. 조영래는 고등학교 때 한일회담 반대 데모를 하면서도 서울대학교에 수석 입학한 천재였다. 사법고시를 준비하던 대학원생 조영래가 분신 사망 소식을 듣고 초등학교도 제대로 나오지 않은 전태일의 영혼에 친구로서 다가갔다.

관중이 뜻을 실현하도록 포숙이 언제나 양보했듯이, 피델이 쿠바 혁명의 영예를 고스란히 체에게 헌사했듯이, 조영래는 자신의 능력을 전태일 정신 부활에 온 힘을 쏟았다.

1970년대 이후 우리나라 모든 민주화 운동은 이 두 분—전태일과 조영래—의 영혼에 큰 빚을 안고 있다 해도 결코 지나친 말이 아니다.

체 게바라가 남미 혁명을 꿈꾸다 볼리비아에서 젊은 생을 마감했고, 전태일은 노동자의 권리를 위해 자신의 몸을 불태웠다.

죽음의 의미가 태산보다도 무거울 수도 있고, 깃털보다 가벼울 수도 있을 것이다.

피델과 조영래는 이상을 추구한 체와 전태일의 죽음이 의미하는 역사의 무게를 가장 잘 이해하고 그 정신을 실천한 사람들이었다. 이들의 우정은 '관포지교' 이상이다.

나는 앞으로 남은 생에서 베트남 혁명, 쿠바 혁명, 68혁명에 대해 공력을 더 쌓아, 이를 바탕으로 전태일과 조영래의 위대하고 아름다운 영혼에 다가서고 싶다.

전통 건축이 온전한 도시, 카마구에이와 트리니다드

휴게소를 떠나 쿠바에서 세 번째로 큰 도시인 카마구에이(Camaguey)로 가니 오후가 되었다. 도시 입구에 들어서자 좁은 거리에 골목은 구불구불했다. 칠이 벗겨진 낡은 건물들이 많았다. 도시 중심부에 들어서자 다소 깨끗한 건물들이 보였다.

이곳은 스페인이 식민지 초기 쿠바에 세운 7개 마을 중 하나로 내륙 중심지에서 목축업과 설탕 생산에 중요한 역할을 했다. 식민시대의 교역 루트에서 멀리 떨어져 있어 스페인 건축기술자들이 설계한 중세 유럽풍 도시 모습을 간직하고 있다. 덜 번잡하고 조용한 골목과 한적한 광장이 자리하고 있는 '카마구에이 역사지구'는 국립기념물이다.

카마구에이 도시 구조가 불규칙한 이유는 해적과 싸우는 과정에서 남은 흔적이라 한다. 약탈자 해적을 혼란에 빠뜨리기 위해서 구불구불한 골목과 좁고 복잡한 거리로 도시 구조를 특이하게 만들었다. 한때 극심한 물 부족으로 빗물을 받아 저장하는 큰 항아리나 질그릇을 개발해서 물을 보관했는데, 이때 '흙으로 만든 물병의 도시'라는 별명을 얻었다.

호텔 식당에서 성당이 많이 보였는데, 여기가 쿠바 가톨릭의 본산이며

맨 위_로스 시네스 거리

위_영화 포스터가 많다.

왼쪽_체 게바라 얼굴 부조가 있는 카마구에이 우체국. 손호철 교수가 사진을 찍고 있다.

성당 건축은 바로크 양식이라고 한다.

영화 간판이 많은 곳은 로스 시네스 거리(La Calle de los Cines, 영화의 거리)인데, 2014년 카마구에이 건립 500주년을 기념해 진행한 도시 개조 계획 가운데 가장 돋보이는 결과물이라고 자랑한다.

'카마구에이 역사지구'는 라틴아메리카에서 뛰어난 도시 건축 양식 유산을 간직한 독특한 도시라고 하는데, 서양 건축 양식에 대한 지식이 없는 내가 기껏 두서너 시간 돌아다닌 것으로 이 도시를 평가하는 것은 불가능하다. 아바나나 산티아고 데 쿠바의 분위기보다는 요란하지 않고 차분하다고 느꼈다.

내가 살던 동네, 내가 만난 사람들

건축 전문가들은 이렇게 말한다. 인류의 문화유산 가운데 가장 빛나는 장르라고 할 건축은 예술이라기보다 차라리 그 자체가 하나의 문화다. 그만큼 우리 삶이 복합적으로 드러난 것이 건축문화다. 건축은 단지 보기 좋고 쓸모 있는 건물을 짓는 일만이 아니다.

건축가 김석철 선생은 '건축과 도시는 인간의 역사를 증언하는 상형문자'라는 의미심장한 말을 남겼다.

서울을 돌아보자. 천만 도시의 절반인 강북에는 조선 시대 역사 공간과 일부 한옥마을 이외에는 별다른 건축물의 특징이 없고, 1970년대부터 개발한 또 하나의 절반인 강남의 건축은 필요와 효용만 강조하고 게다가 투기 붐이 어지러워 이기적인 공간으로 변했다.

2017년, 이탈리아 여행 때 중부 지방의 언덕 위 성곽도시 오르비에토(Orvieto)를 거닐었다. 대성당은 700여 년이나 되었고 일반 주거 건물도 몇백 년 되었다고 한다. '영주 부석사 무량수전 같은 건물이 인사동 조계종 터에 있다 하면 서울의 품격이 얼마나 근사할까?'라는 생각이 떠올랐다.

주민들이 이런 건물에서 살면서 유적 보전을 위해 건물 수리도 마음대로 할 수 없다는 가이드 말을 듣고는 일행 중 한 여성이 이렇게 중얼거렸다.

"이런 데 살면 아주 불편할 건데, 이 사람들 어찌 견디며 살꼬."

이 말에는 편리만 강조하는 아파트 거주에 푹 젖은 우리나라 사람의 특성이 잘 나타나 있다. 전통 가치를 가볍게 생각하는 인식이 느껴져 안타까웠지만, 나중에 곰곰이 곱씹어 보니 인정할 점이 있었다. 외국의 전통을 대체로 과대포장하고, 우리 현실을 마냥 비하만 해서는 안 된다는 생각이 들었다.

우리 사회를 돌이켜보면 1960년대 후반부터 주거 모습이 급격하게 변했다. 새마을운동의 영향으로 시골의 초가집과 목조 양철 지붕 집을 획일적으로 시멘트 블록으로 벽을 쌓고 슬레이트를 지붕으로 얹은 집들이 우후죽순 등장했다.

1970년대부터 들어선 아파트 문화는 가히 주거 혁명이었다. 아궁이에 밥 짓고 난방하던 것이 석유 곤로와 연탄보일러로 대체되었다. 보일러 시설로 바뀌자 세면대 수도꼭지를 틀면 뜨거운 물이 술술 나온다는 사실이 신기했다. 그전까지 집에서 따뜻한 물로 샤워한다는 것은 상상하지 못했다.

연탄 아궁이로 난방을 했기 때문에 겨울이면 전국적에서 하루에 수십 명이 연탄가스에 질식하는 사고가 끊이지 않았다. 1970년대 중반 내가 하숙하던 시절, 연탄가스 중독 염려로 추운 겨울에도 방문을 조금 열고 자라고 부모님이 신신당부하셨다.

1970년대 후반부터 연탄 아궁이는 점차 사라졌고, 아파트가 들어서면서 서민 아파트도 연탄보일러로 바뀌자 연탄가스 중독 사건이 급감했다.

1980년대 후반부터 아파트에서 연탄보일러마저 사라지고 기름보일러로 바뀌었다. 지금은 더 편리한 가스보일러가 아닌가. 하루에 십수 명이 사망하던 연탄가스 사고가 지금은 아예 없다.

사람들이 사는 곳, 그곳에서 오래된 이야기를 떠올리다

집은 추위와 더위를 피하게 하는 인위적인 결과물이다. 추위가 없는 쿠바에서는 수백 년 된 옛집이라도 추위에 약한 우리 전통 목조 한옥만큼 현대 생활에 불편은 없으리라.

우리는 1960년대 경제 성장 이후 전통 주거를 싹 없애고 획일적인 아파트가 들어섰다고 비판을 한다. 비판의 근거에는 여러 가지가 있겠지만, 우리 주거가 추위에 강한 아파트로 흘러올 수밖에 없지 않았나 하는 생각이 든다. 이탈리아 여행 때 일행의 말에 수긍이 갔다.

아파트 주거 문화로 옮겨 간 또 다른 원인은 아파트가 여성의 가사 일을 크게 줄여 주었기 때문이다. 한옥 부엌은 아궁이 때문에 마당보다 낮은 곳에 있었다. 부엌 천장도 낮았다. 아궁이를 중심으로 식사 준비를 해야 하므로 허리를 잔뜩 굽혀 일했고, 낮은 부엌에서 높은 안방으로 밥상을 오르락내리락 날라야 했다. 그 당시 여성은 나이가 들면 허리 굽은 '꼬부랑 할머니' 신세를 피할 수 없었다. 지금의 주거 환경에서는 1980년대 이전 서민 여성의 일상적인 가사노동 강도를 상상하기가 쉽지 않다.

이전에는 겨울에 빨래하려면 더운물 마련이 어려웠다. 자체 우물이 없는 서민 가정에는 세탁할 물조차 귀했다. 겨울에는 세탁물을 지고 냇가에 갔다. 얼음을 깨고 영하의 찬물에 비누도 귀한 시절이라 양잿물로 세탁했다. 고무장갑은 상상할 수 없었고 동상에 걸릴 듯한 찬물에 손빨래했다. 빨랫감을 냇가 돌 위에 얹어 놓고 방망이로 때려 가며 빨았다. 엄마와 누나 세대가 그렇게 빨래하던 모습이 어렴풋하게 기억난다.

나는 쿠바의 서민 가정집에는 들어가 보지 못했지만 쿠바와 기후가 비슷한 베트남의 가정집은 여러 번 가 봤다. 벽돌로 벽을 쌓고 지붕을 얹고 나서 바닥을 시멘트로 마무리하면 집이 된다. 난방을 할 필요가 없어 서민 주거 건물은 단순하고, 더위는 선풍기로도 웬만하면 견딘다. 추위가 심한 우리는 '남쪽을 향해 산을 등지고 물을 바라보는, 배산임수(背山臨水)' 같은 풍수에 따라 집을 지었다. 산이 가까이 있어야 땔감을 쉽게 구할 수 있기 때문이다. 우리는 겨울에 방 안까지 햇빛이 잘 드는 남향으로 집을 짓지만, 더운 지방에서는 집 방향이 거리를 향해 있다. 거리가 남북으로 있으면 거리를 중심으로 동향과 서향이 있고, 거리가 동서로 있으면 남향과 북향이 서로 마주 보고 있다. 추위가 없으니 따듯한 남향을 고집할 필요가 없어 그냥 편리한 대로 집 방향을 정하는 것 같았다.

지금 베트남에는 자본주의식 경제 성장으로 하노이나 호찌민 같은 대도시에는 아파트가 죽죽 올라가고 있다. 아파트 가격도 서울 강남 못지않다. 부자들은 부의 상징으로 고층 호화 아파트를 우리만큼이나 좋아한다고 한다. 쿠바도 자본주의가 물밀듯 들어오면 그렇게 되려나?

카마구에이의 건축물, 문화유산의 힘으로 남다

카마구에이 건축물들은 식민지 시절 스페인 건축기술자들의 영향으로 중세 유럽풍의 도시 모습을 간직하며 지금까지 이어졌다. 오래되고 낡은 건축물에서 생활하면서 불편하겠지만 추위가 없기에 그럭저럭 견디지 않을까 추측해 본다.

언젠가 경제 강의에서 1960년대에 전 세계적으로 자본주의 경제 변화가 가장 급격했다는 말을 들었다. 건물을 부수는 불도저가 주도하는 토건 경제가 전 세계적으로 폭발한 시대였다는 것이다. 중동의 황량한 사막에도 뉴욕의 마천루 같은 건축물이 들어섰고, 이는 당시 우리와 같은 저개발 국가가 선망했던 목표였다.

그런데 쿠바는 1960년대에 미국과 극한 대결을 하면서 미국식 자본주의 경제가 침공할 기회가 비켜 갔다. 이를 '새옹지마'라 하던가. 쿠바의 오랜 건물은 자본주의식 파괴에서 벗어나 고스란히 남아 있는 덕분에 문화유산이 되어 지금은 관광 수입의 큰 몫을 차지하고 있다.

전주 한옥마을이 관광지로 명성을 누리지만 그 영역은 도시의 극히 일부다. 도시 전체가 한옥마을이 아닐뿐더러 우리 주거환경에서는 전주 전체를 그렇게 할 수도 없을 것이다.

카마구에이를 굳이 우리 식으로 보면 도시 자체가 '전주 한옥마을'인 셈이다. 유서 깊은 역사 지구인 이곳을 3시간 정도 돌아다니고서 내가 이 도시에 대해 이러쿵저러쿵 말하는 것은 가당찮은 일이다. 만약 불교문화를 잘 모르는 서구 사람들이 불국사, 해인사, 부석사 등을 언뜻 스쳐 가며 보고서 불교 건축과 사찰의 고유한 특성을 이해하는 것 같은 난센스란 말이다.

당간 지주, 일주문, 탑과 석등, 대웅전, 삼성각, 명부전, 관음전, 범종루 등등 불교 건축 조성 양식, 가람 배치, 주변 자연환경과 조화 여부를 외국인이 알려고 하면 얼마나 공부를 해야 할까?

불국사의 청운교, 백운교, 석가탑, 다보탑의 종교적 건축학적 의미를, 해인사 장경각이 소장하고 있는 팔만대장경이란 세계문화유산의 값어치를, 저 멀리 소백산맥이 병풍처럼 버티고 있는 부석사의 가람 배치와 장쾌한 자연과 조화를… 이런 의연한 전통과 아름다움의 형식을 웬만한 외국인이 소화해 낼 수 있을까?

솔직히 카마구에이 같은 도시가 왜 세계문화유산인지 나는 전혀 파악하지 못했다. 외국인이 해인사 장경각이 왜 세계문화유산인지 파악하기 어렵듯이.

이곳에도 체 게바라의 흔적은 여전했다. 파란색 테두리를 한 건물에 체 게바라의 형상이 눈에 띄었다. 일단 사진을 찍었다. 저녁에 노트북에 사진을 저장하면서 보니, 마침 이번 여행을 기획한 손호철 교수가 그 건물을 사진으로 찍는 모습이 보였다. 손 교수는 이번 쿠바 여행기를 경향신문에 '손호철의 쿠바 여행'이란 기사로 연재했고, 『카미노 데 쿠바: 즐거운 혁명의 나라 쿠바로 가는 길』이란 책을 내셨다. 그때 찍은 사진이 그 책의 표지가 되었다. 나중에 찾아보니 그 건물은 '카마구에이 우체국'이었다.

쿠바 제1의 도시 아바나와 제2의 도시 산티아고 데 쿠바를 보고 나서 제3의 도시 카마구에이를 슬쩍 지나치면서 봤다. 생각해 보니 우리 절에 가면 대웅전 앞에 큰 뜰이 있듯이 쿠바 도시의 큰 성당 앞에도 광장이 있었다. 내가 본 이탈리아 유적 도시들도 그랬다.

유럽이나 쿠바의 일상적인 광장은 여의도 광장, 광화문 광장과 무언가 다른 의미가 담긴 것 같았다. 그래서 나는 광장의 의미를 이번 여행의 숙제로 남겼다. 아직 광장에 대해 내 의견을 낼 지식과 견문을 쌓지 못해 아쉽다. 다음 쿠바 여행에서는 광장의 의미를 풀어내고 싶다.

여기 '산 후안 데 디오스 광장(Plaza San Juan de Dios)'은 가장 보전이 잘된 아름다운 공간이라 한다. 광장 문화에 문외한인 내가 보기에는 그저 단조롭고 한가한 공간에 낡은 건물이 있을 뿐이었다. 구태여 비교하자면 불국사의 화려한 석가탑, 다보탑이 있는 공간보다는 부석사 무량수전 앞의 소박한 공간 같은 느낌이었다. 광장의 한 건물 앞에 앉아서 핸드폰에 열중하는 아가

산 후안 데 디오스 광장과 성당

씨가 인상적이었다.

카마구에이 같은 역사 유적 도시를 봤다는 것에 만족하면서 트리니다드(Trinidad)로 떠났다. 노을이 질 무렵 트리니다드 해변의 호텔에 도착했다. 동남아 여느 리조트 호텔과 별다를 게 없었다. 단 밤마다 해변 야외 공연장에서 쿠바의 화끈한 음악과 젊은이들의 몸놀림을 보여 주는 춤 공연이 있다고 한다.

세계 최고의 여행지 트리니다드로 가다

그다음 날 도시 전체가 식민지 시대 스페인 유적을 가장 잘 보전하고 있어, 유네스코가 세계문화유적지로 지정한 트리니다드 시내를 구경했다.

여행안내서 『론리 플래닛』은 트리니다드를 세계 최고의 여행지로 꼽는다고 한다. 이 안내서는 내용이 풍부하고 상세하고 정확해서 세계적으로 권위가 있다.

2015년 3월 초, 베트남 북부 하노이에서 디엔비엔푸까지 산악지대 약

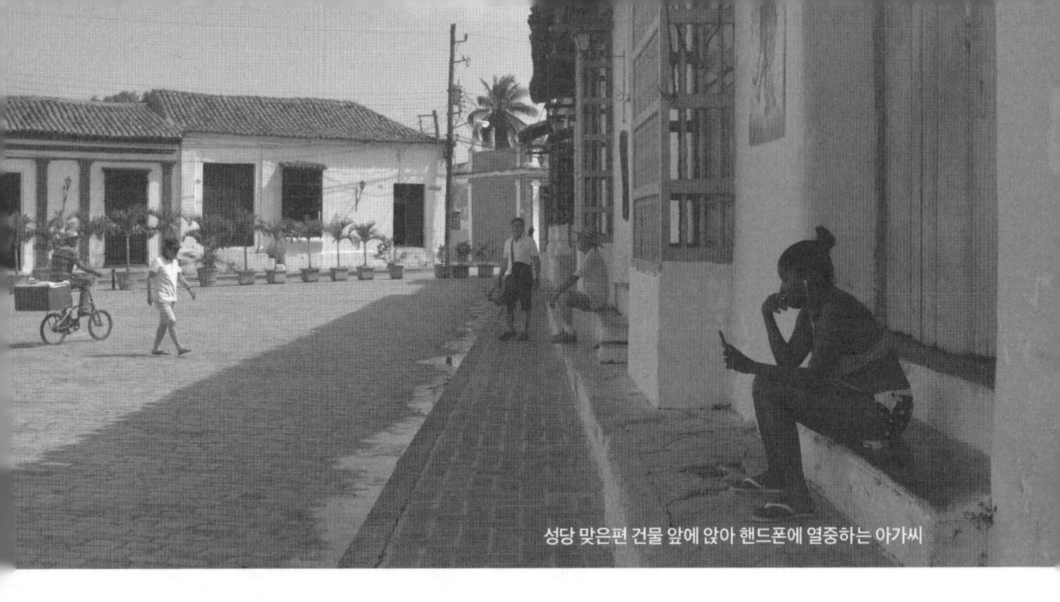
성당 맞은편 건물 앞에 앉아 핸드폰에 열중하는 아가씨

500킬로미터를 자전거로 여행한 적이 있었다. 강원도 산악지대보다 훨씬 험했다. 이때 가이드북으로 삼은 책이 『론리 플래닛』이었다. 금자 씨보다 더 친절해서 말도 통하지 않는 오지에서 쉽게 길 안내를 받았고 숙소도 잘 잡을 수 있었다. 글로 된 내비게이션이었다. 이 안내서가 트리니다드를 최고 여행지로 꼽은 것은 아주 의미 있는 도시라는 뜻인데, 이를 감상할 내 안목이 부족한 것이 안타까웠다.

트리니다드는 식민지 도시 건설의 뛰어난 사례로 꼽힌다. 고풍스러운 건물들과 광장이 조화로운 도시로, 건축과 역사와 문화 요소를 함께 담고 있다고 한다.

카마구에이와 마찬가지로 유서 깊은 유적 도시를 내 나름대로 의미 있게 평가하기는 어렵다. 자갈보다 큰 호박돌(cobble stone)로 포장한 골목길을 마차를 타고 덜거덕거리며 구석구석 돌아다닌 것과 동네 외곽에 전시한 증기 기차를 구경한 것이 색다른 경험이었다.

점심은 해물 요리 전문 식당의 베란다에서 먹었다. 큰 나무가 옥외 베란다 전체를 뒤덮고, 식사하는 동안 관광객을 위한 가수의 등장도 빠지지

도시 거리를 마차를 타고 구경했다.

앙콘 호텔에서 본 카리브해변

않았다. 여성 혼자 기타를 치며 '라 팔로마' 같은 노래를 조용히 불렀다. 대가로 CD를 10달러에 샀다.

7월 10일, 트리니다드 시내 관광을 마치고 점심 식사 후 호텔로 돌아와 카리브 해변을 즐겼다. 앙콘 해변 호텔에서 본 카리브해는 밝고 맑고 조용했다.

잉헤니오스 계곡에서 맞닥뜨린 노예 착취의 흔적

2018년 7월 11일 아침, 앙콘 해변 호텔을 출발했다. 트리니다드를 거쳐 동쪽으로 약 8킬로미터 정도 가니 해발 192미터의 나지막한 언덕이 있다. 이 언덕에 잉헤니오스 계곡(Valle de Los Ingenios) 전경이 한눈에 들어오는 전망대가 있다. 전망대에서 본 넓은 계곡에는 씨만 뿌리면 인간의 배를 넉넉히 채울 수 있을 것 같은 풍요로운 초록이 가득했다.

의문이 하나 일었다. 계곡의 정의가 무엇인가. 우리는 계곡이라 하면 설악산 천불동 계곡, 지리산 뱀사골 계곡같이 험준한 산의 급격한 경사 사이로 가파르게 물이 흐르며 사람이 집단으로 거주하기 힘든 골짜기를 일컫는데, 서양식 정의는 우리가 분지라고 생각하는 곳도 계곡이라 한다.

잉헤니오스 계곡의 길이는 약 12킬로미터, 폭은 약 22킬로미터로 평평한 평지다. 베트남의 유명한 격전지 디엔비엔푸 마을도 계곡이라 하는데, 폭이 8킬로미터 길이가 20킬로미터이며, 우리나라 읍 이상 규모의 꽤 큼직한 마을이다. 물론 사방이 산으로 둘러싸여 있지만. 이런 너른 들판도 그들이 계곡이라 이름 지었으니 계곡이라 하자.

전망대에서 본 잉헤니오스 계곡

전망 좋은 탑 위에서 노예 생활의 고통을 떠올리다

전망대 맞은편 멀리 잉헤니오스 계곡의 목가적인 들판을 든든한 보초병처럼 감싸고 있는 병풍은 쿠바 산맥 가운데 두 번째로 긴 에스캄브레이산맥(Sierra del Escambray)이다.

트리니다드는 이 계곡 덕분에 한때 막대한 부를 누렸다. 스페인 식민시대에 설탕 생산의 중심지였으니까. 계곡의 중심에는 과거의 부를 엿볼 수 있는 설탕 창고, 제당 기계, 노예 구역, 영주의 저택 등 10여 곳의 유적이 남아 있다. 옛 증기 기관차 같은 관광 기차가 시속 30~40킬로미터로 트리니다드에서 이 계곡까지 왕복한다고 한다. 융성했던 공장 대부분은 독립전쟁과 미국-스페인 전쟁 중에 파괴되었고 그 후 사탕수수 재배 중심지는 서쪽 마탄사스(Matanzas)로 이동했다. 약간의 사탕수수밭이 남아 있지만, 오늘날 계곡은 유네스코 세계유산 등재지로 더 유명하다. 목가적인 들판에는 대왕야자나무들이 색 바랜 유적들과 어울려 아름다움을 이어 가고 있다.

이스나가 저택 입구 마을

전망대에서 10킬로미터 정도 가니 기찻길이 있다. 이를 건너니 과거 흔적을 엿볼 수 있는 마을이 나왔다. 마을 입구에 들어서자마자 높은 탑이 눈길을 끌었다. 호박돌이 깔린 마을 입구의 길, 양옆으로 손수 만든 물건들을 빨랫줄 같은 데 걸어 놓고 관광객의 걸음을 멈추게 한다. 식탁보, 치마, 셔츠 등이 볼 만했는데, 20개월 된 손녀 원피스를 샀다. 손녀를 얻고 난 뒤에는 아내와 딸 아들의 선물은 눈에 들어오지 않는다.

길을 따라 들어가니 대저택이 나타났다. 앞마당에는 큰 종이 보였다. 이 저택은 '마나카 이스나가(Manaca Iznaga)'라고 하는데, 식민시대 사탕수수 농장 주인 이스나가가 살았던 곳이다. 지금은 박물관과 레스토랑으로 사용하고 있다. 저택 실내 벽면에는 노예 생활을 엿볼 수 있는 그림이 많이 걸려 있었다.

저택 뒤뜰에는 사탕수수즙을 짜는 큰 맷돌이 있다. 뒤뜰에 돼지 바비큐 파티를 했던 공간을 보니 농장주의 풍요한 생활을 읽을 수 있었다.

저택에서 왼쪽에 있는 큰 탑으로 갔다. 7층 탑의 높이는 45미터라고 한다. 한 층이 아주 높다. 134개의 계단은 엄청 가팔랐다. 좁은 계단이라 관광

오른쪽_종과 탑, 탑을 만들 당시의 그림

아래_탑 꼭대기에서 바라본 계곡 전경

저택 뒤뜰 바비큐 장소

사탕수수를 가공하는 기계

객이 밀리니 서로 교차하지 못해서 오르내리는 데 시간이 많이 걸렸다. 숨을 헐떡이며 계단을 오르고 나니 계곡의 전망에 가슴이 펑 뚫렸다. 드넓은 분지 계곡에 초록이 한없이 펼쳐져 있다.

쿠바의 설탕 산업이 최고조에 달했을 때는 3개의 계곡에 50개가 넘는 사탕수수 분쇄기가 있었고, 3만 명 이상의 노예가 농장에서 일했다고 한다.

1750년에 세워진 공장단지를 1795년 악랄한 사업가인 이스나가가 샀다. 그는 불법 노예 거래라는 부도덕한 사업으로 쿠바 최고 부자가 되었다.

이 탑은 1816년에 지었다고 한다. 앞마당에 있던 종은 원래 이 탑 꼭대기에 달려 있었다. 여기서 울려 퍼지는 종소리는 설탕 농장에서 일하는 노예들의 근무 시작과 종료 시간을 알려 주었다. 또한 종소리는 노예들에게 아침, 정오, 오후 하루에 세 번 거룩한 성모에게 기도해야 할 시간을 알렸다. 노예들은 기도하면서 참혹한 영혼에 위안을 얻었을까? 화재나 일어났거나 노예가 탈출했을 때는 요란한 종소리를 경보음으로 사용했다. 노예를 한눈에 감시하기 위한 이 탑은 그 당시 쿠바에서 가장 높은 구조물이었다. 이런 전망 좋은 탑에서 농장주의 감시를 받으며 아프리카에서 끌려온 이들은 어떤 생활을 했을까?

"이 때문에 당신들이 유럽에서 설탕을 먹을 수 있었습니다"

18세기 프랑스 대혁명을 가꾸는 밭에서 혁명의 씨앗을 뿌리며 가장 열심히 밭일을 한 사람은 볼테르였다. 18세기 프랑스 계몽사상의 우두머리 볼테르는 유럽 절대 왕조와 가톨릭교회의 권위를 재기발랄하고 유쾌하게 조롱한 위대한 반역자였다. 볼테르는 적(敵)으로 간주한 제도의 불합리를 비웃으며 적을 힘차게 죽이는 방법을 알았다.

"인간이 휘두른 가장 무시무시한 지적 무기는 볼테르 자신의 조롱이었다."

볼테르는 1759년에 고통스럽게 불합리한 권위를 웃음 터뜨리며 조롱하기 위해 180여 쪽짜리 중편 풍자 소설을 3일 만에 썼는데, 그 책이 『캉디드(Candide)』이다. 작가 아나톨 프랑스(Anatole France, 1844~1924)는 이렇게 말했다.

"볼테르의 손에서는 펜이 달음질을 치며 웃음을 터뜨린다. 『캉디드』는 모든 문학 가운데 가장 훌륭한 단편일 것이다."

『캉디드』는 순진한 청년 캉디드가 유럽, 아프리카, 라틴아메리카 여러 나라에서 박해를 받으며 환멸과 곤욕 속에서 방황하는 이야기다. 볼테르는 캉디드의 입을 빌려 당시 유럽 사회가 저지른 식민 지배란 깡패 짓의 뿌리 깊은 병폐와 종교 맹신을 신랄하게 고발했다. 운명이 파란만장한 캉디드는 유럽 종교재판을 피해 남미 파라과이로 갔다.

"그곳에서는 예수회 신부들이 모든 것을 소유하고 민중에게는 아무것도 없다. 이것이야말로 이성과 정의의 걸작이다."

볼테르는 캉디드의 입을 빌려 유럽 가톨릭의 착취를 반어법적으로 풍자했다. 내가 『캉디드』를 읽으며 무릎을 탁 친 구절이 몇 군데 있는데, 노예의 비참함을 묘사한 내용이 기억난다.

> 캉디드는 네덜란드 식민지에서 손과 다리가 하나뿐인 몸뚱이에 넝마를 걸친 흑인을 만났다. 흑인은 노예로서 말했다.
> "사탕수수 농장에서 일할 때 기계에 손가락이 걸려 손이 잘렸습니다. 우리가 달아나려 하자 다리를 잘랐습니다. … 이 때문에 당신들이 유럽에서 설탕을 먹을 수 있었습니다."

인간 세상에서 누군가가 사치를 누리려면 분명 다른 누군가를 착취해야 한다는 사실을 이보다 더 기막히게 묘사할 수 있을까? 소수가 누리는 사치는 다수에게서 착취한 대가가 아니겠는가?

미국의 인구는 세계 인구의 약 4%에 불과하지만 전 세계 석유생산량은 약 25%를 사용한다고 한다(1990년대 기준). 석유 수입국 가운데 유가가 가장 싼 미국의 석유 에너지 과소비를 상징하는 말이 있다. '실내에서 여름에는 긴소매 옷을 입고, 겨울에는 반소매 옷을 입는다.' 여름에는 추울 정도로 에어컨을 사용하고 겨울에는 지나치게 더울 정도로 난방을 한다는 말이다. 석유가 풍부한 중동에서, 특히 요즘 남미 베네수엘라에서 끊임없이 분쟁을 일으키는 미국의 행태는 석유를 싼값에 과소비하기 위한 산유국 길들이기라고 볼 수밖에 없다. 어찌 보면 제국주의란 무시무시한 개념이 아니다. 심오한 사회과학 이론을 알아야 이해할 수 있는 어려운 이념이나 제도도 아니다.

인류 문명의 역사에서 힘센 자는 사치를 누리려는 욕망으로 힘없는 자를 끊임없이 착취했다. 힘 있는 자의 탐욕과 착취 논리가 바로 제국(帝國)의 주의(主義), 즉 제국주의가 아닌가. 『캉디드』는 제국주의 본성을 예리하게 파헤쳤다.

> 순진한 캉디드는 늙은 현자 마르탱과 여행 도중에 대화를 나눈다.
>
> 캉디드가 말했다.
>
> "인간이 옛날에도 오늘날과 같이 서로 살해하여 왔다고 생각하십니까? 인간은 항상 거짓말쟁이이며, 사기꾼이며, 배신자이며, 배은자이며, 도적이며, 멍텅구리이며, 불량배이며, 욕심쟁이이며, 주정뱅이며, 질투가이며, 야심가이며, 잔인하고 중상가이며, 광신자이며, 위선자이며, 그리고 바보였다고 생각하십니까?"

마르탱은 말했다.

"매는 비둘기를 보면 언제나 그것을 잡아먹었다고 보는가?"

"물론입니다"라고 캉디드는 대답했다.

"그렇다면." 하고 마르탱은 말했다.

"매는 언제나 같은 성질을 지니고 있는데 어떻게 인간은 그 성질을 고쳤다고 생각하는가?"

"오." 하고 캉디드는 말했다.

"그야 다르지요. 그러나 자유 의지란…."

이렇게 토론을 계속하는 동안 그들은 목적지에 도착했다.

-『캉디드』(볼테르, 2004)에서

인류 역사에서 동서고금을 막론하고 세계는 매의 성질을 지닌 '힘센' 중심부 국가와 비둘기의 성질을 지닌 '힘없는' 주변부 국가로 나눌 수 있었다. 매의 집단이 곧 제국이다. 지배자와 피지배자 사이에는 권력관계가 발생했고 이른바 제국주의 체제가 성립했다. 제국주의 체제에서 평등은 성립할 수 없었다. 실존했던 역사 세계는 명령하는 집단과 복종하는 집단으로 나뉠 뿐이었다. 주변부 국가들은 중심부 국가에 복속해 중심부 국가 문화를 모방했다. 문명이 지구상에 발생한 이래로 제국주의는 언제나 존재했다.

르네상스 시대 이후 유럽은 항해술 발달과 화약 기술을 무기로 유럽 이외의 국가를 주변부로 만들었다. 인도네시아에는 네덜란드 제국이, 베트남에는 프랑스 제국이, 중동과 인도와 미얀마에는 영국 제국이 있었다. 유럽의 여러 제국은 아프리카를 갈기갈기 찢어 놓았다. 라틴아메리카에는 스페인과 포르투갈 제국이 있었다.

유럽의 극동에 자리 잡은 우리는 유럽의 손길에서는 벗어나 있었지만,

중국 대륙에서 생긴 제국의 영향에서는 벗어날 수 없었다. 신라 시대에는 당 제국이, 고려 시대에는 원 제국이, 조선 시대에는 명·청 제국이 있었다. 조선 시대를 끝장낸 세력은 일본 제국이었고, 일본 제국을 끝장낸 세력이 미국 제국이었다.

미국, 양면의 얼굴로 세계를 바라보다

1945년 2차 세계대전이 끝나자 미국이 세계 제국 역할을 담당했다. 미국에 의미 있는 도전을 할 수 있었던 세력은 소비에트뿐이었다. 1990년대 초 소비에트마저 붕괴된 후 지금 미국은 인류 역사상 최대 제국의 지위를 마음껏 누리고 있다.

2차 세계대전에서 미국의 승리는 나치 독일이나 군국주의 일본과는 다른, 민주주의란 새로운 질서를 가져오리라는 기대가 있었다. 그런데 약자를 지배하려는 속성이 인간의 본능이라는 니체의 관점에서 본다면, 미국 제국주의 역시 인간의 속된 본능에서 한 치도 벗어나지 않았다. 미국 제국은 식민지를 거느리지는 않았지만, 약소국을 무력으로 강제하고 웃는 얼굴로 평화적으로 대하면서 문화와 경제의 힘으로 복종시켰다.

미국의 역사를 보자. 남북 전쟁 이후 과잉 생산으로 공산품과 농산물을 국내 시장에서 다 소비할 수 없게 되자 새로운 시장을 개척해야만 했다. 개척한 서부를 통해 태평양 연안에 눈을 뜨고 나아가 중남미 지역과 동아시아, 태평양으로 진출했다.

미국 자본가들은 공황과 불경기의 원인을 과잉 생산, 과소 소비로 파악했고 잉여 생산물을 판매할 수 있는 해외 시장 개척에 주력하면서 정경유착을 통해서 적극적으로 제국주의 정책을 실행했다. 미국의 정책은 산업화를 통해서 새로 형성한 신흥 중산층을 중심으로 시민 계층 안에서 결속력을 강화했다. 정경유착 세력은 노동자의 위협에 맞서기 위해 중산층과 연합하고 노동자 계층을 분리했다. 이것이 미국식 민주주의다!

미국의 군산복합체 세력에게 가장 큰 고통을 당했던 호찌민은 미국이 부르짖는 이상인 자유와 평등이 결국은 피상적이며 하잘것없고 단순한 장식에 불과함을 처절하게 깨달았다.

오늘날 우리 사회는 미국식 민주주의를 올바른 정치 제도로 간주하고 맹목적으로 무비판적으로 지향하고 있지만, 제국주의와의 연관성을 생각한다면 미국식 민주주의가 중우정치로 흘러가고 있음을 지나쳐서는 안 된다.

1898년에 미국 상원의원 베버리지(Albert J. Beveridge, 1862~1927)는 이렇게 말했다.

"미국인이여! 우리는 신이 선택한 민족이다. … 세상에 권리와 명예의 좋은 선례를 보여 주는 것은 우리에게 달려 있다. … 우리는 우리의 정기가 펼쳐지고 있는 지역에서 철수할 수 없다. 자유와 문명화를 위해서 그 지역을 구원하는 것은 우리에게 달려 있다."

19세기의 오만한 정치인과 천박했던 21세기 대통령 트럼프와 다른 점은 무엇인가? 120여 년 전 베버리지 말에서 지금 미국이 한반도를 분단 지속하게 하는 이유를 쉽게 찾을 수 있다.

미국에는 루스벨트(F. Roosevelt, 1882~1945)처럼 세계 경제를 좌지우지한 록펠러(J. D. Rockefeller, 1839~1937)를 비롯한 모든 막강 재벌을 해체하고, 2차 세계대전 후 즉시 식민지 해방과 독립을 약속한 대통령도 있었다.

또한 지미 카터(Jimmy Carter, 1924~) 같은 대통령이 있다. 그는 평화의 중재자로 수차례 북한을 방문했다. 이 양심적인 전직 대통령은 미국식 정치 질서에 건방지게 대들고 있는 북한 체제를 비방하기보다, 2차 세계대전 이후 미국이 약소국에 저지른 야만을 진정으로 사죄했다. 그는 북한 핵을 보며 이런 말을 남겼다.

"미국은 약소국가를 억압하기에 앞서 스스로 보유한 대량 살상무기를 폐기하는 모범을 보여야 한다."

지미 카터가 미국의 반성을 촉구한 일갈이다.

하지만 양면의 얼굴을 지닌 미국 지배는 민주주의가 발전하면서 제국주의도 함께 발전했다. 대내 정책인 민주주의와 대외 정책인 제국주의가 서로 정비례 관계에 있어서, 민주주의가 발전할수록 제국주의도 발전했다.

오바마 전 대통령은 미국 민주주의의 발전에 기여했는지는 몰라도, 중국을 견제하기 위해 일본의 재무장을 지지했다. 일본을 위해서는 한일 관계가 개선되어야 하는데, 그 걸림돌인 위안부 문제에 대해 박근혜 대통령을 통해 일방적으로 한국이 굴복하라고 했다. 또한 중국을 가까이서 샅샅이 감시할 수 있는 사드 배치를 강요했다. 사드 배치 후 우리가 중국의 경제 보복에 당한 손실은 얼마나 많은가?

그곳에는 불의가 있었다

1898년 미국은 쿠바를 지배하던 스페인과의 전쟁에서 승리하자 곧이어 쿠바를 점령했다. 1902년 미군이 철수하고 쿠바는 독립했다. 그 이후 명목상으로는 독립국이었지만 미국은 괴뢰 정권을 내세워 쿠바를 식민지 이상으로 예속했다.

1926년에 태어난 카스트로는 백인 대지주의 아들로서 부유하게 자랐지만 미국에 예속한 조국의 비참한 현실에 눈을 떴다.

"내 고향 비란(Biran)에서 보았던 많은 가난한 사람들과 배고픈 사람들,

신발도 신지 못한 사람들의 모습을 절대로 내 머릿속에서 지울 수 없습니다. 비란이나 그 주변에서 살던 사람들, 특히 미국이 소유한 큰 제당 공장에서 일한 사람들도 잊을 수 없습니다."

어린 카스트로가 본 조국 쿠바의 민중은 캉디드가 파라과이에서 본 손과 다리가 잘린 흑인 노예의 처지와 다를 바가 없었다.

> "게으르지도 않고 그렇다고 성질이 고약하지도 않은 사람이 가난하게 산다면, 그곳에는 불의가 있다."

쿠바 독립의 아버지 호세 마르티의 말이다. 여러 번 반복하지만 나는 쿠바 하면 이 금언(金言)이 가장 먼저 떠오른다. 불의에 저항하는 혁명의 당위성을 이보다 더 압축적으로 설명할 수 있는 이론이 있을까?

카스트로는 쿠바 민중이 가장 존경하는 호세 마르티를 가장 잘 따른 후배였다. 명석한 카스트로는 미국의 신식민지로 허덕이고 미국 마피아에 휘둘리는 조국에서 혁명을 하지 않을 수 없었다.

1955년 7월, 체 게바라는 여행을 하던 중에 혁명을 준비하던 카스트로를 멕시코에서 운명적으로 만났다. 체 게바라는 처음부터 이렇게 웅변조로 이야기하는 카스트로에게 단박에 매료당했다.

"혁명이 경제를 파탄시킨다고 비난하는 사람들에게 우리는 이렇게 대답하겠다. 토지가 없는 농민들에게는 경제 자체가 존재하지 않는다. 일자리가 없는 수백만의 쿠바인들에게는 경제가 존재하지 않는다. 철도 인부와 항만 노동자, 직물공장 노동자, 버스 운전사, 바티스타가 급료를 깎은 여러 분야의 노동자에게는 경제란 전혀 존재하지 않는다."

체 게바라는 카스트로와의 만남의 의미를 이렇게 말했다.

"피델 카스트로와의 만남은 정치적인 사건이다. 젊고 지적이며 자신감이 넘치는 아주 대담한 남자다. 우리는 서로에게 공감을 느꼈다."

카스트로는 체 게바라와 함께한 마에스트라산맥에서의 게릴라 활동이 성공한 비결을 이렇게 말했다.

"농민들은 우리가 그들을 존중한다는 것을 알았습니다. 농민들의 것을 하나도 훔치지 않고도 살아갈 수 있었습니다."

혁명 세력이 가난한 농민을 착취하지 않으니 농민은 혁명 세력을 적극 지지했다. 카스트로와 체 게바라는 혁명 정부의 첫 번째 의무가 무엇인지를 재빨리 파악했다.

"예전의 노예들은 자본주의자의 소유물이었기 때문에, 그나마 동물처럼 보살핌을 받았습니다. 그러나 (미국 지배 아래) 자유노동자가 된 그들의 건강을 보살펴 주고 먹을 것을 줄 사람은 없었습니다."

미국은 카스트로의 혁명 쿠바가 가난하다고 비난했지만, 2000년 77개국이 참여한 '남반구 정상회의'에서 카스트로가 한 연설을 들어 보자.

"세계 경제 질서는 20%의 사람들을 위해서는 잘 작동하고 있지만, 나머지 80%의 사람들을 무시하고 비하하고, 품위를 떨어뜨리고 있습니다."

미국 신자유주의 경제에 꼼짝없이 편입한 우리나라 사정과 다를 바가 무엇인가. 나는 잉헤니오스 마을을 떠나며 부자 나라 미국과 가난한 나라 쿠바를 비교하면서 삶과 도덕의 질을 따져 보았다.

누구의 삶과 도덕이 더 바람직한가?

사족으로 말하자면 나는 반미주의자가 아니다. 미국만이 나쁜 나라라고 나는 생각하지 않는다. 다시 말해 인류 역사에서 힘이 센 나라치고 힘없는 나라를 못살게 굴지 않은 나라가 없었다. 이제까지 자비로운 제국은 존재하지 않았다는 말이다. 미국도 예외가 아닐 뿐이다.

나는 미국이 지닌 과학기술의 도움 없이 인류가 현대 문명을 누리기는 힘들다고 본다. 인터넷, 스마트폰 등 지구촌 일상생활을 지배하는 첨단 도구는 미국의 우주 과학 기술 덕분이 아니겠는가. 문제는 지금 미국이 인류 역사상 가장 강대한 군사 제국이라는 데 있다. 미국의 일부 집단인 군산복합체의 탐욕이 너무나 강해서 한반도는 물론 전 세계에서 나쁜 짓을 모조리 저지르기 때문이다.

2002년 5월 지미 카터가 쿠바 혁명 이후 미국 전현직 대통령 가운데 최초로 쿠바를 방문했다. 반미제국주의자 카스트로는 이 양심적인 미국 정치인에게 정중한 예의를 차렸다.

"그 어떤 상황에서도 우리는 미국 민중에게 행해진 9·11 테러 공격에 깊은 고통을 느꼈습니다."

동남아에 닥친 쓰나미를 하나님을 믿지 않은 벌이라고 말한, 어떤 대형교회 목사의 막말과 격조가 너무나 다르다.

"여기서 미국 민중을 우습게 여기는 말 한마디라도 발견하면, 내 손을 잘라도 좋습니다. 우리가 양국 정부의 차이를 미국 민중의 탓으로 돌린다면, 우리는 무지한 광부와 다를 바 없습니다."

카스트로는 수구 집단이 상상하는 잔혹한 반미 공산주의자가 아니라 진정한 휴머니스트의 품위를 보였다.

미국은 왜 한반도 분단을 즐기고, 왜 통일을 가로막는가? 미국은 한반도를 군산복합체의 황금시장으로 여기기 때문이 아닐까. 미국은 우리가 저항하기에는 너무나 많은 힘을 갖고 있다. 아무리 그렇더라도 지금 우리 어깨를 짓누르는 미국의 제국주의 논리에서 벗어날 생각을 하지 않는 우리 실존의식이 참으로 안타깝다.

20세기 혁명의 돈키호테가 탄생한 산타클라라

어처구니없는 몽상만 하는 사나이가 있었다. 그의 마음속에는 세상을 역경에서 구하려는 황홀한 상상력이 가득 차 있었다. 마침내 사나이는 어지러운 세상에 나가기를 결단하고 자신이 행동해야 할 의무와 목표를 정했다.

"일단 마음을 먹자. 이제 더는 생각만 하고 있을 수는 없었다. 쳐부수어야 할 부조리, 바로잡아야 할 부정, 고쳐야 할 비리, 제거해야 할 폐해, 처리해야 할 부채가 산더미같이 쌓여 있어 자신이 지체할수록 그만큼 세상이 받는 손실이 크다는 생각에 사나이 마음은 조급했다."

어느 날 동이 트지 않은 새벽에, 사나이는 엉성한 투구와 갑옷을 입고 창과 방패를 들고 말라비틀어진 말 로시난테에 올라탔다.

이 사나이는 문학사에서 가장 위대한 소설의 주인공으로, 400여 년 동안 인류에게 너무도 많은 사랑을 받아 누구에게나 친근한 돈키호테다.

혁명군, 마에스트라산맥을 오르다

1956년 12월 2일, 20인승 요트에 돈키호테 무리 82명이 무기와 의약품을 가득 싣고 멕시코를 떠나 쿠바에 도착했다. 엔진 고장과 폭우로 로시난테 같은 배 그란마호는 목표 지점 산티아고 데 쿠바가 아닌 남동부 해안에 좌초했다. 4만여 명의 정규군과 싸워야 할 이들은 바닷물에 젖은 무기와 의약품을 버리고 겨우 총 한 자루씩만 들고 라스 콜로라다스(Las Coloradas)라는 진흙투성이 늪지대에 상륙했다. 앞서 설명한 체 게바라의 회상이다.

"발밑에는 의약품이 담긴 배낭과 탄약과 한 상자가 나뒹굴고 있었다. 둘 다 짊어지기에는 너무 무거웠다. 나는 탄약만 집어 들었다."

산티아고 데 쿠바 인근에 있던 미국 영사관의 한 주재원은 이곳의 황량한 지형을 감안해서 이렇게 판단했다.

"이 지역에 주둔하는 정부군을 쓰러뜨릴 만큼 충분한 수의 반란군과 군사 장비가 상륙하는 일은 전술적으로 거의 불가능하다."

12월 5일, 숨을 곳을 찾던 중 정부군의 대규모 기습에 혼비백산 도망친 돈키호테 가운데 16명만 살아남아 험준한 마에스트라산맥에 기어올랐다. 소총 7자루로 정부군과 싸워야 했지만, 이 남루한 돈키호테 무리는 인류 역사에서 유례를 찾아보기 힘든 혁명 전투를 시작했다. 전혀 뜻밖에 인류사에 남을 위대한 승리를 했다. 아마 『돈키호테』의 저자 세르반테스조차 상상하기 힘들었으리라.

> "혁명에서 이익집단의 도움을 받는다면 권력을 차지하기도 전에 그 혁명은 부정부패로 물들 것이다. 혁명을 만천하에 공언한다면 반드시, 공공연하게 평화를 말하면서 은밀하게 음모를 꾸미는 것보다 훨씬 더 좋은 결실을 얻게 될 것이다."

돈키호테들의 우두머리인 피델 카스트로의 혁명 전략은 이데올로기가 아니라 쿠바 민중의 역사의식에 몸을 맡겼다. 반란의 역사와 매우 친근한 쿠바 민중은 사도(使徒)로 추앙하는 국부 호세 마르티의 후배라고 자처한 돈키호테의 등장에 열광하며 지원을 아끼지 않았다.

4·19 세대가 전봉준의 후예로 자처했다거나, 87항쟁 세대가 전태일의 후예로 자처했다면, 우리 운동의 성과가 어떠했을까?

정부군은 수적으로 우세했지만 전투에 진심으로 임하는 군인이 거의 없었고, 미국 마피아의 앞잡이 바티스타는 그런 오합지졸을 그저 앞으로 몰아붙이기만 했다.

돈키호테 무리 가운데 세르반테스의 의중에 가장 부합한 이로 후세 역사에 길이 남을 인물은 체 게바라였다. 몽상가인 그는 현실주의자 피델 카스트로의 혁명 명분에 적극 공감하며 혁명 대의를 성실하게 따랐다.

피델의 천재적인 전술과 체의 창조적인 영민함이 공명했다. 이제 막 수염이 나기 시작한 청년들이 험한 마에스트라산맥의 혁명 기지에 자발적으로 들어왔다. 압제와 착취에 시달려 온 농부들은 이들의 거처를 마련하고 음식과 물자를 공급했다. 돈키호테들이 승승장구할 수밖에 없었다.

1958년 12월 말, 남루한 돈키호테들은 쿠바섬 중앙의 군사 핵심 기지 역할을 하는 산타클라라를 점령하고자 했다. 이들에 대해 잔인한 전망을 했던 미국 영사관 주재원을 비웃듯이 말이다.

이들이 산타클라라를 점령한다면, 성화대에 승리의 불꽃을 점화하기 위해 성화를 들고 주경기장을 한 바퀴 돌면서 관중의 우레와 같은 박수갈채를 받는 셈이었다.

체 게바라의 유산이 살아 있는 도시 산타클라라로

우리 쿠바 역사 탐방단은 잉헤니오스 계곡을 출발하여 체 게바라의 흔적과 유산이 살아 있는 내륙 도시 산타클라라로 향했다. 약 120킬로미터 거리에 2시간가량 걸렸다. 이 도시는 아바나에서는 240킬로미터쯤 떨어져 있다. 여기저기에서 체 게바라의 형상이 보였다. 가정집 현관문 위 벽면에, 기념품 파는 가게의 티셔츠와 모자에까지 온통 체 게바라의 초상이 즐비했다.

몬카다 병영을 습격한 지 2년째 되는 1955년 7월 26일 저녁, 피델은 멕시코에 머물던 체를 처음 만났다. 둘은 다음 날 새벽까지 10시간가량 대화했다.

체는 피델의 혁명에 대한 낙관적인 '계획과 결의'에 깊이 감명을 받았다. 피델은 조국에서 쫓겨난 처지임에도 신세타령을 하지 않고 조국 쿠바로 돌아가려 치밀한 계획을 짜기 시작했다.

체는 피델에게서 "피델이 여기서 떠난다면 쿠바를 향할 것이고, 쿠바에 도착한다면 싸울 것이고, 싸우기 시작한다면 이길 것이라는 확고한 신념"을 읽었다. "우는소리 그만하고 맞서 싸워야 한다"는 것이 그의 의지였다.

쿠바의 돈키호테는 첫 만남에서 아르헨티나의 돈키호테를 신뢰했다. 피델은 체의 신념 어린 말에서 그의 가치와 능력을 높이 사 자신의 동지로 삼았다. 20세기의 기상천외한 돈키호테는 서로 보자마자 의기투합했다.

의사인 체는 군의관으로서보다도 전투원으로 뛰어난 능력을 보였다. 그럼에도 피델은 전투 기간 내내 유독 체에게만 심하게 굴었다. 미운 놈에게는 떡 하나 더 준다는 말의 뜻을 뒤집어 보면 진정 신뢰하는 자에게는 끊임없이 충고를 한다는 뜻과 다름없다. 피델은 잔소리를 해도 체가 다른 동료들보다 자신을 더 잘 이해해 줄 것이라고 믿었다.

미국 마피아 앞잡이에 불과한 바티스타 정권의 사냥개인 정부군은 계속 무너졌다. 마을을 게릴라 혁명군이 점령하면 주민들은 열광적으로 혁명군을 맞이했다. 그들은 붉은색과 검은색 바탕에 M-26-7 글자를 새긴 완장을 차고 있었다. 'M-26-7(7-26 운동)'이란 1953년 7월 26일 카스트로 일행이 정부군 요새인 몬카다 병영을 습격한 날을 기념하는 상징이다.

1958년 12월 26일, 피델 카스트로는 전투의 궁극 목표인 아바나 공격을 준비하라는 명령을 체 게바라에게 내렸다. 수도 아바나로 들어가는 최종 길목은 산타클라라였다. 인구 15만 명의 산타클라라는 쿠바섬 중앙에 위치해 운송과 통신 중심 도시였다.

바티스타는 산타클라라 사수에 마지막 희망을 걸었다. 산타클라라 수비대에 병사 2,000명을 충원해 총 3,500명 규모로 늘렸다. 바티스타는 수비대를 지원하기 위해 장갑열차에 무기와 탄약 그리고 통신장비를 가득 실어 보냈다. 그러면서도 바티스타는 자신에게 남은 시간이 별로 없다는 사실도 잘 알았다. 바티스타는 도박 같은 기대를 하지 않았다. 크리스마스 동안 바티스타는 자신이 선택한 장교들, 친구들 그리고 가족을 피신시킬 비행기 여러 대를 대기하게 했다. 바티스타는 자식들을 먼저 미국으로 보냈다. 겁을 잔뜩 먹은 증거다.

12월 27일 밤, 체 게바라는 340명의 전사를 이끌고 병력이 10배 이상이며 탱크와 전투기의 지원을 받는 정부군을 공격할 준비를 했다.

12월 28일 새벽, 체의 부대는 산타클라라에 잠입했다. 체의 부대를 안내할 '롤리타 로세이'란 여성은 게릴라들이 너무나 '지저분하고 엉망'이어서 깜짝 놀랐다. 옆에 서 있던 롤리타의 아버지는 믿을 수 없다는 듯 중얼거렸다.

"이 사람들이 산타클라라를 점령하겠다는 건가?"

아마 형편없는 갑옷에 비쩍 마른 말 로시난테를 탄 돈키호테를 연상했으리라. 그때 체를 처음 본 롤리타는 체가 정말 젊어 보일 뿐 아니라 뚜렷한 권위가 배어 있어 더욱 놀랐다. 전투에 지친 표정의 부하 한 명이 도시에 군인이 얼마나 있느냐고 롤리타에게 물어보았을 때 체의 인상이 더욱 강했다.

롤리타가 "5,000명 정도"라고 대답하자 그 부하가 고개를 끄떡이며 말했다.
"좋습니다. 우리 헤페라면 문제없습니다."

헤페(jefe)는 우두머리라는 스페인 말이다. 즉 우리 헤페란 체 게바라를 뜻했다.

체가 도시를 따라 걸을 때 무선 전신국에 잠깐 들러 민간인들에게 지원을 호소하는 방송을 했다. 방송하자마자 전투기와 폭격기가 도시 외곽에서 체의 병사들에게 기관총 쏘고 폭격을 퍼부었다.

정부군은 도시 주요 지역 곳곳 요새에 있었지만 체의 우선 목표는 산타클라라 도로 입구에 정차한 화물차를 개조한 장갑열차였다.

산타클라라 인근 대부분을 혁명군이 장악했다. 체는 우선 서쪽의 아바나-마탄사스 간 도로에서 진입하는 정부군의 증원을 막아야 했다.

12월 28일 밤부터 12월 29일 오전까지 체는 도심으로 전진하며 정부군이 자리 잡은 모든 위치를 목표로 삼았고, 특히 장갑열차에 집중했다. 체는 불도저로 철로의 일부를 들어 올렸다. 그런 다음 체의 부하들이 경찰서와 군 요새 그리고 장갑열차를 공격했다.

혁명군이 도심으로 전진하자 산타클라라는 피의 전장이 되었다. 어떤 지역에서는 전사들이 가옥의 내벽을 뚫어 가면서 전진했고 다른 곳에서는 거리에서 치열한 전투를 벌였다.

수많은 민간인이 같이 무기를 들자는 체의 호소에 호응하여 화염병을 만들고 피난처와 식량을 제공했으며 거리에 바리케이드를 쳤다. 그러나 탱크들은 포탄을 쏘고 전투기들은 역시 폭탄과 로켓탄 폭격을 펼쳤기 때문에 민간인과 혁명군 사상자들이 병원에 쌓이기 시작했다.

체가 어느 병원에 찾아갔을 때 죽어가던 한 소년이 체의 팔을 건드리잡더니 이렇게 말했다.

"저를 기억하십니까, 사령관? 레메디오스에서 제 무기를 직접 찾으라며 내보내셨지요. … 그래서 저는 당신의 말 그대로 여기서 직접 무기를 구입했습니다."

체는 그를 알아보았다. 며칠 전 실수로 총을 쏘아 무장 해제당한 어린 전사였다. 그때 자신이 어린 전사에게 했던 말이 떠올랐다. 체는 여러 해 지난 후 전쟁 회고록에 이렇게 적었다.

> "나는 언제나 쌀쌀하게 말했다. '네가 책임을 다할 수 있다면… 무장 없이 전선에 나가서 쓸 총을 직접 구해 와라.' 어린 전사는 분명히 그렇게 했고, 결국 치명적인 결과를 맞이했다. 그는 몇 분 뒤에 숨을 거두었다. 나는 그가 자기 용기를 증명한 것에 만족했다고 생각한다. 그것이 바로 우리 혁명군이었다."

12월 29일 오후에 전세는 바뀌었다. 혁명군이 기차역을 점령하고 정부군 요새로 돌격을 하자 요새의 정부군은 장갑열차를 지키려고 달아났다. 총 22량의 장갑열차가 도망치다가 철로를 불도저로 파괴한 지점에 다다르자 열차는 탈선했다. 구겨진 기차에서 비명을 지르는 병사들로 아수라장을 이뤘다. 체는 이렇게 적었다.

> "무척 흥미로운 전투를 벌였다. 화염병 공격에 군인들이 열차에서

빠져나올 수밖에 없었다. … 곳곳에서 휘발유가 불타는 화염병을 던지는 사람들이 장갑열차를 포위했다. 철판으로 무장한 장갑열차는 순식간에 대형 화덕으로 변해 버렸다. 몇 시간 내에 전원이 22개 차량과 대공포, 기관총… 어마어마한 양의 탄약(물론 우리의 약소한 분량에 비했을 때 어마어마하다는 뜻이다)을 가지고 항복했다."

여전히 산타클라라 곳곳에서 전투가 진행되는 가운데 국제 전신 회사들이 그날 저녁에 체가 죽었다고 오보했다. 그러나 그다음 날 일찍 라디오 레벨데(반군 방송)가 장갑열차를 빼앗았다는 소식을 떠들썩하게 전하면서 체의 죽음을 부인했다.

"남미에 있는 친척들과 쿠바 민중의 마음의 평화를 위해서 우리는 에르네스트 체 게바라가 멀쩡히 살아 전선에서 싸우고 있음을 알리며, … 얼마 안 가서 그가 산타클라라를 점령할 것임을 알린다."

전투에 가장 앞장선 엘리트 공격 부대를 '결사대'하고 불렀다. 체는 이렇게 적었다.

"결사대는 혁명 군단 사기의 모범이었고 선별된 지원자만 들어갈 수 있었다. 한 명이 죽을 때마다–전투 때마다 대원이 죽었다– 새로운 후보자가 거명되면 선택받지 못한 자는 슬픔에 빠졌고 심지어 울기도 했다. 고귀하고 숙련된 전사들이 전선 맨 앞에 서서 죽음을 맞이하는 영예를 갖지 못했다는 이유로 절망의 울음을 터뜨려서 아직 미숙한 젊음을 드러내는 모습을 지켜보는 것은 얼마나 진기한 일인가."

12월 30일, 산타클라라 주위 정부군 주요 수비대들이 혁명군에 항복했다. 장갑열차를 노획하자 산타클라라는 완전히 고립되었다. 일부 수비대와 경찰서의 저항은 여전했다. 한 무리가 도심에 있는 그란 호텔 10층에 숨어서 반군을 저격하고 있었다.

12월 31일 정부군의 근거지인 경찰서, 임시 정부 본부, 법원과 감옥이 차례로 무너졌다. 감옥에서 달아난 죄수들 때문에 도시는 더 큰 혼란에 빠졌다.

해 질 녘 극히 일부 수비대와 그란 호텔의 몇 명의 저격수들만 버티고 있었다.

체에게 장갑열차를 빼앗긴 사태는 아바나의 정부에 마지막 경종을 울렸다. 전국에서 정부군이 연달아 혁명군에 항복하자 바티스타는 도피 계획을 서둘렀다. 산타클라라에서 실낱같은 희망조차 사라지자 바티스타는 즉시 쿠바를 떠날 때가 왔음을 깨달았다.

바티스타는 고위 장교들과 그 가족들을 위한 신년 파티에서 대통령직을 포기하겠다고 말했다. 나이가 제일 많은 대법원 판사를 새 대통령에 지명한 뒤 근처 군사 공항에서 대기하고 있던 비행기로 갔다.

1959년 1월 1일 새벽이 밝기 전 어둠 속에서, 바티스타는 아내와 가장 가까운 친구와 가족들 40명과 함께 비행기를 타고 도미니카공화국으로 떠났다. 이때 바티스타의 형제인 아바나 시장과 정부 및 경찰 관료 수십여 명을 태운 비행기가 한 대 더 떴다. 또한 유대계 미국인 마피아 두목 메이어 랜스키도 쿠바에서 도망쳤다.

산타클라라에 아침이 밝아 올 때 바티스타가 달아났다는 소문이 돌았다. 마지막 수비대의 대장이 평화 협정을 요청했고 그란 호텔의 저격수들은 포위되었다. 체는 확고한 태도로 무조건적인 항복 외에는 아무것도 받아들일 수 없다고 했다. 그란 호텔의 저격수들은 탄약이 떨어지자 항복했다. 저격수들은 치바토(비밀정보원) 다섯 명과 경찰 네 명이었다. 2시에 간단한 약식 재판이 열리고 치바토 5명을 처형했다.

민간인으로 변장한 정부군 수비대장 카시아스도 멀리 달아나지 못했다. 밀짚모자를 쓰고 '7-26 운동' 완장으로 위장한 카시아스가 곧 혁명군에 잡혔다. 그는 혁명군 대장을 '위대한 전략가'라고 칭송하면서 목숨을 구걸했다. 혁명군 대장 보르돈이 그의 말을 잘랐다.

"아첨을 그만두라. 이제부터 쿠바인의 문제를 해결할 사람은 피델 카스트로가 될 것이므로 어떤 임시 정부도 필요 없다."

그러면서 산타클라라의 체에게 데려가겠다고 하자, 카시아스는 순식간에 안색이 바뀌더니 다른 헤페에게 데려갈 수는 없냐고 매달렸다. 끌려온 카시아스를 본 체는 이렇게 말했다.

"아! 당신이 헤수스 메넨데스를 죽인 자이로군."

카시아스는 하루를 넘기지 못했다. 그는 과거에 저지른 소름 끼치는 잔학 행위들에 대한 약식 혁명 재판을 받고 총살당했다.

수비대 전체가 무장 해제한 뒤 거리로 나가 혁명군과 합류했다. 도시 전역에서 환호성이 울려 퍼졌다. 마침내 산타클라라를 함락했다. 그러나 체는 아직 승리를 축하하지 않았다. 질서를 회복해야 했고 바티스타 앞잡이들과 치바토들을 재판해야 했으며 병력을 집결해야 했다.

체 게바라, 민중과 함께 '승리'하다

아르헨티나 출신 의사 체 게바라가 쿠바 혁명 역사에서 최초로 의미 있

맨 위부터 아래로

화물열차 박물관

철로를 파괴해 열차를 탈선하게 한 불도저

열차 안 사진 유물 전시

게 등장한 곳이 지금의 화물열차박물관(Monumento a la Toma del Tren Blindado)이었다. 우리 일행은 산타클라라에서 여기를 가장 먼저 찾았다.

1958년 12월 29일, 아르헨티나 출신 돈키호테는 이곳에서 쿠바 혁명의 횃불에 승리를 점화했다. 체는 18구경 소총을 휘두르며, 이제 막 10대를 벗어난 혁명가 일당과 함께 불도저로 철로를 끊고, 탈선한 무장 열차에 화염병을 던졌다. 90분 동안 이어진 전투는 완고했던 바티스타 독재 정권을 끝장내고 새로운 체제의 서막을 올렸다.

피델 카스트로의 무수한 주먹에 비틀거리던 골리앗 바티스타에게 마지막 결정적인 주먹을 날린 다윗은 체 게바라였다.

"야만스러운 무력과 불의에 저항하여 민중이 최후에 손에 넣은 것은 '승리'였다."

정부군 3,000명과 싸운 이들은 반군 300명만이 아니었다. 민중이 반군을 지원했기 때문이다. 체 게바라는 민중과 함께 '승리'했다.

우리는 기차가 탈선하자 중무장한 정부 병력 350명이 튀어나온 바로 그 지점을 찾아갔다. 당시 게바라가 몰던 불도저는 입구 대좌 위에 올려져 있다. 탈선한 열차를 복원하여 열차 실내에는 사진과 유품을 전시했다.

승리의 공간, 그 자랑스러운 공간을 둘러보며 한편으로 못내 아쉬운 감정이 북받쳤다. 우리 현대사에는 왜 이런 공간이 없을까 하는 아쉬움 때문에 말이다. 왜 우리는 '5·18 광주' 저항군 사수대가 장엄한 최후를 맞은 옛 전남도청 별관을 원형대로 고스란히 보존하지 않는가?

이곳을 관람한 다음에 멀리 떨어지지 않은 산타클라라 도심에 자리 잡은 비달 공원으로 갔다. 비달 공원에 있는 그란 호텔 외벽에는 산타클라라 전투 당시의 마지막 총탄 흔적이 선명하게 남아 그날의 전투를 우리에게 증언하고 있었다.

체 게바라 복합조형단지

그는 언제나 누구도 상상할 수 없는 것을 상상했다. 단지 그런 순간을 살아 본 영광이 없었던 사람만 그러한 상상을 부정한다. 그의 고귀한 상상은 정의와 평등이었다. 그는 자기 죽음을 의식하지 않고 혁명 열정의 불을 끄지 않은 채 다음 세대에 호소했다.

"어디서 죽음이 찾아오든, 싸우는 우리의 우렁찬 외침 소리가 누군가의 귀에 닿아 우리의 무기를 들기 위해 다른 손이 내밀어지고 다른 사람들이 일어선다면 기꺼이 죽음을 받아들일 것이다."

그의 본명은 '에르네스토 게바라 데 라 세르나(Ernesto Guevara de la Serna)'이며 '체 게바라'라는 이름으로 사랑받고 있다.

"위험이 제게 무슨 문제가 된단 말입니까? 저의 삶은 조국의 것입니다. 저의 삶은 두려움으로부터 자유롭습니다. 그리고 제가 죽는다면, 비난도 치욕도 없이 죽겠습니다."

프랑스 대혁명의 주역 가운데 한 사람인 로베스피에르(Robespierre, 1758~1794)의 말이다. 혁명의 진정한 열정은 목숨을 하찮은 지푸라기로 여기는가? 아르헨티나 태생의 쿠바 혁명가는 이런 말을 남겼다.

"위대한 혁명은 오로지 위대한 사랑의 감정에서만 태어날 수 있다."

위_체 게바라 혁명광장

아래_광장 뒤편의 체 게바라 유해 안치관과 박물관

위대한 혁명가, 사랑을 이야기하다

우리는 체 게바라 흔적의 마지막 장소인 산타클라라의 혁명광장(Plaza de la Revolucion)에 있는 '사령관 에르네스토 체 게바라 복합조형단지(Conjunto Escultorico Comandante Ernesto Che Guevara)'를 찾았다. 드넓은 광장과 우뚝 솟은 체 게바라 청동상과 기념비, 박물관, 체 게바라 영묘가 어울려 있는 곳이다.

드넓은 혁명광장을 맞닥뜨리는 순간, 베트남 하노이의 바딘 광장이 떠올랐다. 이 혁명광장의 주인공인 체 게바라는 바딘 광장의 주인공인 호찌민을 가장 존경했다고 한다. 호찌민은 1890년에 삶을 시작했고 체 게바라는 1928년에 태어났다. 체 게바라는 1967년에, 호찌민은 1969년에 세상을 떠났다. 두 사람의 시작은 38년 차이지만 끝은 불과 2년 차이였다.

두 사람이 임종을 맞이할 즈음, 1968년에는 세계사적인 의미를 간직한 '68혁명'이 지구촌을 뒤흔들었다.

1968년 1월 31일 새벽, 사이공시(현재의 호찌민시)에 있는 미국 대사관을 베트남 민족해방전선 전사(베트콩) 19명이 점거했다. 아침이 되자 미군이 대사관 내의 민족해방전선 전사를 공격하는 모습이 TV를 통해 전 세계에 중계되었다. 전 세계 민중과 지성인들은 거대한 골리앗에 한 발짝도 물러서지 않고 맞짱 뜬 가냘픈 다윗의 용기에 경탄하면서 이러한 영감을 얻었다.

"도전하지 못할 권위란 없다!"

프랑스는 혁명의 나라답게 베트남이 내뿜은 영감을 가장 민감하게 받아들였다. 1968년 5월 초, 파리대학교 분교인 낭테르 대학 당국의 억압적 처사에 항거한 학생 시위가 모든 권위에 저항한 '68혁명'을 촉발했다. 이 반항의 물결이 전 세계를 휩쓸었다. 심지어 미국과 일본도 혁명의 거센 불길에서 비켜나지 못했다.

차별과 억압을 받는 여성들이 저항했다. 여성해방, 다시 말해 진정한 '페미니즘'이 비로소 세상에 묻기 시작했다.

"왜 여성은 안 된다는 말인가?"

그때까지 프랑스 여성들은 낙태는 물론 피임약 사용도 금지당할 정도로 일상조차 억압받았다. 유럽인들은 시위하면서 호찌민의 피켓을 들고 외쳤다.

"호, 호, 호찌민! 민족해방전선은 승리하리라!"

유럽 시내에는 체 게바라의 명언을 낙서한 담벼락이 넘쳐났다.

"리얼리스트가 되자! 그러나 불가능한 것을 요구하자!"

가냘픈 나라 베트남과 쿠바의 상징 인물인 호찌민과 체 게바라. 그들이 유럽의 민중과 지성인의 심성을 사로잡은 이유는 무엇이었을까?

쿠바는 전광석화 같은 1959년 혁명으로 미국 자본을 쿠바에서 추방했다. 베트남은 '핵과 첨단 무기'에만 허약하게 의존하는 미국 무력에 끈질기게 저항했다. 쿠바와 베트남은 미국에 저항함으로써 자본주의와 제국주의의 추악한 모습을 전 세계에 폭로했다.

"쿠바와 베트남은 왜 투쟁했는가? 미국 제국주의 침략자와 미국 괴뢰 압제자들이 억압하고 착취했기 때문이다!"

호찌민은 스스로 깨우쳤고, 호찌민이란 이름은 베트남 혁명에서 알파요 오메가인 그 모든 것을 의미했다.

체 게바라는 피델 카스트로를 만나면서 막연히 생각했던 혁명을 깨우쳤고, 쿠바 혁명에서 대배우 피델 카스트로에 비해 조연급 배우에 불과했다. 그런데 아르헨티나인 체 게바라의 이름이 어떻게 쿠바 혁명의 상징이 되었을까? 쿠바 전역에 어딜 가나 체 게바라의 형상이 즐비하며 세계사 무대에서 혁명의 대배우로 추앙받을까? 오늘날까지 식지 않는 체의 인기는 어떻게 해석해야 할까? 대체 무엇이 불행과 재앙을 자초한 이 남자를 세계적 유명 인사로 만들었을까? 어떻게 불굴의 혁명가에서 이 세상 모든 저항 운동의 기수로 상징되었을까?

체는 늘 생각할 수 없는 것을 생각하고, 상상할 수 없는 것을 상상했기 때문이 아닐까.

피델, 체 게바라를 이야기하다

레닌 영묘, 튀르키예(터키)의 국부 아타튀르크 영묘, 호찌민 영묘, 마오쩌둥 영묘 등은 혁명 주인공의 흔적이다. 그러나 여기 산타클라라 혁명광장의 거대한 체 게바라 기념 복합단지는 1959년 혁명의 주역이 설계하고 만든 조연의 흔적이다.

절대 권력자 피델 카스트로는 자신에 대한 어떠한 우상도 금지했다. 피델의 유일한 조형물은 무덤으로 사용한 두 평 정도 넓이의 바위뿐이다. 조연 역할을 한 외국인 동료를 혁명의 상징으로 내세운 것은 피델의 독특한 위대함이라고 나는 생각한다.

피델은 현실 권력자로서 꿈을 꿀 수 없는 자신의 한계를 인정한 대신 무한한 이상을 꿈꾼 동료 체 게바라를 진정 존중함으로써 미래 세대에게 꿈의 소중함을 웅변조로 보여 주었다.

피델은 혁명 권력을 쟁취한 리얼리스트였고 집권한 처지에서는 더구나 불가능을 꿈꿀 수 없었다. 체는 현실 권력에 안주할 수 있었지만 꿈을 꿀 수 없는 현실을 박차고 불가능을 꿈꿨다. 이런 이질적인 두 사람은 어떻게 조화했을까?

피델은 2003년 무렵 이냐시오 라모네와 한 인터뷰에서 "나는 정말 체에 대해서 이야기할 수 있어서 기쁩니다"라면서 이렇게 회고했다.

"체가 아르헨티나에서 공부하고 있을 때의 여행 일정은 잘 알려져 있습니다. 체는 모터사이클을 타고 자기 나라의 내륙 지방(아르헨티나에서 베네수엘라까지)을 여행하고, … 이후 볼리비아를 비롯한 여러 라틴아메리카 국가를 여행했습니다.

… 여기서 잊지 말아야 할 것은 1951년의 군사 쿠데타 이후 1952년에는 강력한 노동자·농민 운동이 일어나 볼리비아에서 투쟁했으며 많은 영향을 끼쳤다는 사실입니다.

체가 의대 졸업을 앞두고 친구 알베르토 그라나도와 함께한 여행은 유명하죠. 그들은 여러 병원을 방문했고, 아마존의 나환자 병원에서 의사로서 일했습니다. 당시 그는 라틴아메리카 전역을 여행했습니다. 칠레의 추키카마타 구리 광산에도 있었고, 아타카마 사막을 횡단했으며, 페루의 마추픽추 유적을 방문했고, 티티카카 호수를 항해하면서 원주민을 알고는 그들에게 많은 관심을 보였습니다.

그는 콜롬비아와 베네수엘라에도 있었습니다. 그는 모든 주제에 관심을 가졌죠. 그는 학생 시절부터 마르크스주의와 레닌주의를 접했습니다.

그는 친구 알베르토 그라나도와 여행 중에 아마존에 있는 나환자 병원에서 의사로서 일했고, 그 후에는 과테말라에 갔습니다. 하코보 아르벤스(Jacobo Arbenz, 1913~1971) 시절이었습니다. 아르벤스는 군 장교로서 1944년 10월 혁명 주동자 중 한 명이었습니다. 이 민중 반란은 14년간 군부 통치를 한 호르헤 우비코 장군의 독재를 무너뜨렸습니다.

아르벤스는 1951년 과테말라 대통령이 되었습니다. 아르벤스 정부는 농업개혁법을 공포했는데, 이 법안은 많은 토지를 소유한 미국의 대기업, 특히 유나이티드 프루트 회사에 심각한 타격을 주었습니다. 그러자 미국 CIA는 아르벤스를 공산주의자라고 비난하면서 아이젠하워 대통령의 승인과 중앙아메리카의 몇몇 독재자의 도움을 받아 아르벤스를 실각시키기 위한 군사 쿠데타를 조직했습니다. 아르벤스는 1954년 6월에 실각했습니다.
당시 아르벤스 대통령은 과테말라에서 매우 진보적인 개혁을 시행했습니다. 그렇습니다. 그곳에서는 무척 흥미롭고 훌륭한 농업개혁이 진행됐는데, 그 개혁은 미국의 거대 초국적 기업이 수탈하고 착취한 커다란 바나나 공장에 큰 영향을 끼쳤습니다.
… 그러자 미국의 지원을 받은 군인들이 쿠데타를 일으켰고, 그 농업개혁은 즉시 폐기되고 말았습니다. 그 시기에 농업개혁법에 대해 조금이라도 입 밖에 꺼내는 것은 일종의 범죄와 같았습니다.
… 우리가 몬카다 병영을 습격한 1953년 7월 26일 이후, 많은 동료가 쿠바에서 과테말라로 갔습니다. 체는 이미 그곳에 있었고, 아르벤스의 실각을 쓰라리게 목격하고 멕시코로 갔습니다.
동생 라울 카스트로는 쿠바에서 멕시코로 간 최초 대원입니다. 그곳에서 이미 가 있던 우리 동료들의 중재로 체를 알게 되었습니다."

체는 피델을 처음 만날 날을 이렇게 기억했다.

"나는 밤새 피델과 이야기했습니다. 그리고 새벽녘에 이미 피델이 미래에 조직할 원정대의 군의관이 되어 있었습니다.
쿠바 혁명가 피델 카스트로를 알게 된 것은 일대 정치적 사건이었습니다. 피델은 젊고 똑똑했으며, 자신감 있었고 놀라울 정도로 용감했습니다. 나는 우리가 서로에게 친밀감을 가졌다고 생각했습니다."

피델은 체의 첫인상을 이렇게 말했다.

"체는 많은 경험을 했고 혁명적 소신을 지녔으며, 투쟁 정신을 가졌고 제국주의를 깊이 경멸했습니다. 무엇이 우리 사상인지 인식했기 때문에 우리 의견에 전적으로 동의했습니다. 또한 우리의 운동에는 소부르주아를 비롯해 모든 유형이 있다는 것을 알았습니다. 체는 민족해방 혁명과 반제국주의 혁명을 보았지만, 사회주의 혁명까지는 보지 못했습니다. 하지만 체는 기뻐하면서 즉시 우리의 운동에 가입하고 입대했습니다."

피델은 체의 죽음 후 이렇게 말했다.

"나는 체가 죽었다는 생각을 받아들이기가 평생 힘들었다. 나는 가끔 그의 꿈을 꾸었고, 꿈속에서 체에게 말했다. '너는 살아 있다'고."

영원한 승리의 그날까지!

피델은 이상을 꿈꾼 체를 선지자로서 평생 존중하고 체에 대한 기억을 여기 혁명광장에 한꺼번에 모아 놓았다. 그래서 이곳을 '체 게바라 복합조형단지'라 했다.

산타클라라 혁명광장 가장자리 중심에는 체 게바라의 동상이 있다. 1987년, 체 게바라가 볼리비아에서 살해된 지 20년이 지난 것을 기리기 위해 세웠다. 동상을 중심으로 좌우에 기념비가 있다. 쿠바 최고 조각가와 건축가와 숙련 장인들이 봉사하여 조성했다고 한다.

체 게바라 청동상 아래에는 쿠바의 영원한 표어 "영원한 승리의 그날까지(Hasta la Victoria Siempre)"가 있다. 체 게바라의 형상과 체가 쿠바를 떠날 때 피델에게 보낸 편지 전문이 쓰여 있다.

여러 문헌을 보면 약 7미터(22ft) 높이의 청동상과 기념비에 쓴 글들과 조형 부조들은 체 게바라 삶의 여러 측면을 나타냈다고 한다. 스페인어로 쓴 글은 읽을 수가 없었고, 머물 수 있는 시간이 짧아 사진만 찍었다.

기념비에 쓰여 있는 글과 조각 형상은 여러 문헌을 참조하여 아래와 같이 정리했다.

> "예를 들어, 과테말라와 유엔에서의 활동은 조각하였고 쿠바를 떠나면서 피델에게 보낸 작별 편지는 글로 새겨져 있다. 장식용 벽에는 마에스트라산맥에서 카밀로 시엔푸에고스와 피델과 말을 타고 있는 모습이 있다. 산업자원부 장관 시절 집무 모습이 새겨져 있다. 쿠바 어린이들이 매일 아침 '우리는 체처럼 될 것'이라고 낭송하며 수업을 시작하는 장면도 있다.
> 광장의 끝부분에는 피델이 '체, 모든 사람이 체와 같아지기를 원한다'라고 선언한 대형 광고판이 있다.
> '아르벤스의 과테말라에서 내가 배웠던 한 가지는 혁명적인 의사가 되거나 혁명적인 사람이라면 먼저 혁명이 있어야 한다는 것'이라는 체의 유명한 선언이 동상 아래에 새겨 있다.
> 청동상을 얹은 대리석 기단에는 체의 모토인 '영원한 승리의 그날까지'가 쓰여 있다."

동상과 기념비 아래층에는 체의 여러 유품과 사진을 전시한 박물관이 있다. 내가 가장 관심을 가진 것은 마에스트라산맥에서 체 게바라가 발치할 때 사용했던 몇 가지 기구였다. 박물관에는 사진기를 들고 갈 수 없고 핸드폰으로도 찍을 수 없다. 그래서 손바닥 반에 불과한 소형 카메라를 가지고 갔지만 워낙 보는 눈길이 많아 찍을 엄두가 나지 않았다.

박물관 바로 옆에는 체와 볼리비아에서 사망한 동료의 유해를 모신 엄숙한 분위기의 영묘가 있다. 묘에는 실패한 1967년 볼리비아 혁명에서 목숨을 잃은 동료 게릴라군을 새긴 38개의 벽감이 있다. 어두운 조명에 아주 엄숙한 공간이었다. 벽감 중앙에는 불꽃이 활활 타올랐는데 영원히 꺼지지 않게 했다고 한다.

1965년 초, 쿠바 혁명 정부 2인자였던 체가 공식 석상에 나타나지 않았다. 어떤 설명도 없이 세계에서 가장 눈에 띄는 정치 지도자가 그냥 사라졌다. 체가 중대한 정치적 사안에 피델과 다른 의견을 보여 감옥에 갇혔거나 심지어 죽었다는 말이 국제 언론에 떠돌았다. 피델은 그런 소문과 음모가 가라앉기를 조용히 기다렸다. 사실 그는 3월 말에 아프리카 콩고 혁명을 지원하기 위해 쿠바를 떠났다.

1965년 10월 3일에 피델은 체의 작별 편지를 새로운 쿠바 공산당 중앙위원회의 행사에서 공개했다. 중앙위원회에 왜 참석하지 않았는지 설명해야 했기 때문이다.

"온갖 장점과 미덕을 갖춘 한 사람이 보이지 않습니다. 이 자리에 꼭 필요한 사람인데 말입니다."

이렇게 말하며 자신에게 남긴 작별 편지를 읽었다. 요약하면 이렇다.

피델

지금 이 시간 이런저런 상념들이 떠오릅니다. 당신을 처음 만났을 때…. 나는 쿠바 땅에 국한된 쿠바 혁명에서 내 몫을 다했다는 느낌입니다. …

나는 당신의 인민들과 작별하려 합니다. …

내가 지나온 길을 되돌아보건대, 나는 지금까지 정직하게 또 한결같이 혁명을 공고히 하기 위해 노력했다고 말할 수 있습니다. …

다만 하나 내 잘못이라면 마에스트라산맥에 있던 시절 처음부터 당신을 온전히 신뢰하지 않고, 당신의 지도자적 자질과 혁명가적 기질을 좀 더 빨리 이해하지 못한 것입니다. …

지구상의 다른 땅들이 나의 미천한 힘을 요구하는군요. …

이제 우리가 작별할 시간이 왔군요. …

우리 인민의 혁명 의식과 내 의무의 가장 고결한 부분을 완수한다는 가슴 떨리는 기쁨을 간직하겠습니다. 제국주의와 투쟁하는 그곳에 이들이 모두 함께하려 합니다. …

영원한 승리의 그날까지!

뜨거운 혁명의 열기로 얼싸안으며.

이 편지의 마지막 구절 '영원한 승리의 그날까지!'는 체 게바라의 상징일 뿐 아니라 쿠바 혁명의 표어가 되었다.

불과 수십 명의 게릴라를 이끌고 콩고 혁명을 실현하려는 노력은 무참하게 실패했다. 1966년 7월 체는 피델을 제외하고는 누구도 알아보지 못하게 변장하고 쿠바로 돌아왔다. 체는 또다시 수십 명의 게릴라와 함께 볼리비아 혁명을 실현하기 위해 1966년 10월 쿠바를 떠났다. 사실 별 대안도 없고 성공의 보장이 없이 말이다.

이때부터 피델은 훤한 조명 속에서 모든 행동이 낱낱이 드러나는 삶을 살았고, 체는 빛 없는 조명 속에서 살았다. 체가 쿠바를 떠나 볼리비아에서 생을 마감할 때까지 짧은 시간 동안 두 사람은 매혹적이고 역사적 선례가 거의 없는 진정한 우정의 이야기를 만들었다.

1967년 10월 8일 체 게바라는 미중앙정보국(CIA)의 지원을 받은 볼리비아 정부군에게 체포되어, 다음 날 9일 정오 CIA 명령에 따라 처형됐다. 볼리비아 정부군은 체의 양 손목을 자른 뒤, 그 손목을 쿠바로 보내 체의 죽음을 확인하게 했다. 체의 시체와 게릴라 동료들의 시체는 아무렇게나 묻었다.

체의 죽음이 확인되자 쿠바에서는 30일간 조기를 내걸었고 혁명광장에서는 수천 명이 촛불을 켜고 밤샘 집회를 열었다. 다음은 피델의 말이다.

> 체의 죽음이 확인되자 우리는 많은 고통을 받았습니다. 당연한 일이었죠,
> 그래서 체의 죽음을 애도하면서 그날 나는 연설을 했습니다.
> "우리의 아이들이 어떤 사람이 되길 바랍니까?"라고 묻고는 "우리는 체처럼 되길 원합니다"라고 말했습니다.
> 그 말은 곧 '공산주의 선봉자들이여. 우리는 체처럼 되리라'라는 선봉자들의 표어가 되었습니다.
> 그런 다음 체의 일기가 도착했습니다. 그곳에서 일어났던 모든 일과 그의 사상, 그의 모습과 불굴의 의지와 본보기를 안다는 것이 얼마나 소중했는지 모릅니다.
> 지조와 위엄을 갖춘 완전무결한 사람, 그가 바로 체이고 세상 사람

들이 존경하는 체입니다. 똑똑하고 미래를 내다볼 줄 알았죠.
체는 라틴아메리카의 핍박받고 억눌린 사람들의 대의명분 이외의 다른 명분이나 이익을 수호하다가 죽은 것이 아닙니다. 그는 이 지구상에서 가난하고 헐벗은 사람들을 지키다가 죽었습니다.
체의 대의명분은 승리할 것이고 지금도 승리하고 있습니다.
체는 전 세계의 본보기이며, 그것이 바로 체입니다. 그 무엇도 파괴할 수 없는 도덕적 힘이 있습니다. 체의 대의명분과 사상은 신자유주의가 판치는 이 시간에도 승리하고 있습니다. 1997년 체의 시체와 다른 9명의 시체를 발견했습니다. 정말로 훌륭한 일이었습니다. 체의 시체를 발견한 것은 거의 기적에 가깝습니다. 그것을 찾아낸 사람들뿐만 아니라, 볼리비아 민중과 볼리비아 당국에도 감사합니다. 그들은 서로 협력해 전력을 다했고 도왔습니다.

…

체가 남긴 위대한 교훈은 무엇입니까?
무엇을 남겼을까요?
가장 위대한 것은 도덕적 가치와 양심이라고 생각합니다. 체는 가장 고귀한 인간적 가치를 상징하며, 정말로 훌륭한 본보기입니다. 체는 큰 영광과 신비를 창조했습니다. 나는 체를 무척 존경하며 높게 평가합니다.
체는 항상 그런 사랑, 즉 존경심을 불러일으켰습니다.
체는 우리에게 많은 기억을 남겨주었습니다. 체는 내가 알았던 사람 중에서 가장 고귀하고 특별하며 사심이 없었습니다. 그와 같은 사람들이 수백만 명, 아니 수천만 명이 있다고 믿지 않는다면 그것은 중요하지 않을 것입니다.

매우 특별하게 두각을 나타내는 사람들은 수백만 명의 사람들이 자기와 똑같은 싹을 가지고 있지 않다거나 그런 자질을 얻을 능력이 없다고 생각한다면 아무것도 할 수 없습니다. 그래서 우리의 혁명은 문맹 퇴치 운동이나 교육 개발 같은 투쟁에 많은 관심을 보였습니다. 모두 체와 같은 사람이 되도록….

혁명 동지들, 체 게바라를 추앙하다

체 게바라의 유해는 1997년 10월 17일 볼리비아에서 발굴되어 30년 동안 침묵을 깨고 혁명의 조국인 쿠바로 돌아왔다. 수많은 추도객의 조문 속에 쿠바의 산타클라라에 안장했다. 일주일간 계속된 장례식의 마지막 날 산타클라라에는 약 50만 명의 추도객이 몰려들었다. 피델은 영묘에 영원한 불꽃을 만들어 체를 언제나 기억하게 했다. 다음은 체가 죽기 전에 쓴 메모다.

나는 너를 사랑한다.
그것은 네가 별에서 왔기 때문이 아니다.
너는 나에게 "인간은 눈물과 고뇌를 가지고 있으며, 빛을 비추고,
또 빛을 가려 주는 문을 열고 닫기 위한 열쇠를 가지고 있다"라는
사실을 깨닫게 했다.

이 메모에서 체 게바라가 인류에게 품은 애정이 얼마나 큰지를 가늠할 수 있다.

"민중에 대한 사랑이나 인류에 대한 사랑, 정의감과 관대함이 없는

혁명가는 진정한 혁명가일 수 없다."

인간에게 쏟는 뜨거운 애정이 체의 혁명 동지였다.

1959년의 혁명이 성공하자 전 세계 좌파 선각자들이 '자유 쿠바'로 몰려와 체 게바라를 만났다. 프랑스 철학자 사르트르(Jean Paul Sartre, 1905~1980)와 역시 철학자이자 사르트르와 계약 결혼한 보부아르(Simone De Beauvoir, 1908~1986) 두 사람은 1960년 산업부 장관인 체 게바라의 사무실을 찾았다. 자정 무렵 만난 세 사람은 새벽 네 시까지 대화를 했다.

사르트르는 체를 '우리 시대 가장 완벽한 인간'이라고 극찬했다. 내면적으로 성숙했던 체 게바라는 이데올로기를 넘어서 인간에 대한 진정한 사랑을 위한 투쟁에 자신의 모든 것을 바쳤기 때문에 20세기 가장 의미 있는 철학자에게 인정을 받았다. 또한 다가올 21세기의 '새로운 인간', 즉 불의가 없는 평등한 세상을 살아가는 데 어울리는 인간을 목표로 했기 때문에 들은 찬사였다.

독일의 저항 시인 볼프 비어만(Wolf Biermann, 1936~)은 이런 시를 남겼다.

재킷에 붙어 있는 붉은 별
검은 수염 사이의 시가
총을 든 예수 그리스도
이렇게 당신의 사진은 우리를 공격으로 이끄는구나.

체 게바라는 이 세계의 너무나 선한 모든 사람이 결국 악한 세상 때문에 맞아 죽는다는 것을 몸으로 보여 주었다.

배려의 인간 체 게바라와 전태일, 그리고 혁명의 미래

벌이 꽃을 다치지 않고 꽃에서 꿀을 얻는 것이 벌이 지닌 가장 가치 있는 본능이라면 만물의 영장인 인간에게 가장 가치 있는 본능은 무엇일까?

나는 배려라고 생각한다. 가난한 사람, 힘없는 사람에게 느끼는 연민의 감정에서 우러나오는 배려 말이다.

붓다의 자비, 공자의 어짊(仁), 예수의 사랑도 본질적으로는 가난한 사람들, 힘없는 사람들을 따뜻하고 부드럽게 배려하라는 말씀이 아니겠는가.

배려란 단순히 도덕적이거나 종교적인 선행만이 아니라, 가난하고 힘없이 살 수밖에 없는 사람들의 사회 환경을 개선하는 구체적인 실천으로 이어지면 진정 가치가 있다.

배려가 가장 짧은 시일 안에 사회제도로 기능할 수 있도록 하려는 것이 혁명 아닐까? 이런 점에서 경제 착취로 신음했던 대다수 인류가 착취에서 벗어날 수 있게 하는 배려의 이론 근거를 마련한 마르크스에게 가난하고 힘없는 민중은 고마움을 표해야 마땅하다.

고 신영복(1941~2016) 선생께서 「혁명의 진정성과 상상력의 생환을 위하여」란 글에서 하신 말씀이다.

"혁명의 시기인 20세기가 지나고, 바야흐로 '이후'와 '해체'를 모색하는 탈주의 시대에 다시 혁명의 기억에 접속하는 이유는 무엇인가?
거꾸로 가는 귀성 여행인가, 아니면 또 하나의 탈주를 위한 탐구 여행인가.
그러나 오늘 우리에게 필요한 것은 시간 여행이 아니라, 혁명이란 무엇이었으며 오늘의 혁명은 무엇이어야 하는가에 관한 근본적인 성찰이라고 생각한다.
혁명은 모든 시대를 관통하는 이상 그 자체이기 때문이다.
…
따라서 혁명에 대한 올바른 독법은 거대 담론의 극적 도식을 해체하고 그 속에 묻혀 있는 인간의 진정성에 접속하는 일이다.
그것은 현실과 건너편을 사고하는 일이며 공고한 현실의 벽과 어둠을 넘어 별을 바라보는 성찰이기도 하다.
그리고 밤이 깊을수록 별은 더욱 빛난다는 사실을 확인하는 일이기도 할 것이다."

나는 베트남에서 쿠바의 혁명가이자 국부로 추앙받는 호세 마르티의 존재를 알았다. 또한 베트남의 혁명가이자 국부로 추앙받는 호찌민의 이름을 딴 호찌민 초등학교가 쿠바에 있다는 것을 쿠바에 가서 알았다. 진정성 있는 혁명을 겪은 나라끼리 이심전심으로 서로 존중하고 존경심을 나누었으리라. 남한 점령군 사령관 맥아더의 동상을 애지중지하는 우리 사회에서는 상상하기 무척 힘든 사실이다.

"게으르지도 않고 그렇다고 성질이 고약하지도 않은 사람이 가난하게 산다면, 그곳에는 불의가 있다."

나는 이 글을 통해 호세 마르티가 한 이 말을 여러 번 반복했다. 그 까닭은 혁명 이론이나 거대 담론에 관한 내 지식이 얕아서 그렇겠지만, 내 수준에서 이 말씀보다 더 명확하게 혁명의 진정성을 잘 표현한 말이 달리 없기 때문이기도 하다.

교육과 의료의 천국, 쿠바를 가다

미국 존스홉킨스 의과대학의 사회주의 예방의학자이자 공중보건정책 교수인 빈센트 나바로는 "민중의 건강 증진은 건강한 사회를 건설하여 실현한다"라고 했다.

유신이 마지막 위세를 떨치던 1970년대 말 나는 나바로 교수의 글을 통해 쿠바의 의료제도가 혁명적이며 이상적이라는 것을 어렴풋이 알았다.

나는 1987년 '6·10항쟁' 이후 의료민주화를 요구하는 '건치(건강사회를 위한 치과 의사회)'가 탄생되고서, 건치 활동을 통해 세계 여러 나라의 건강한 의료제도에 관심을 가졌다. 그 가운데 가장 관심을 가질 수밖에 없는 제도는 인간의 얼굴을 한 쿠바 의료제도였다. 올바른 의료제도 확립은 교육제도 확립과 더불어 국가가 국민에게 마땅히 해야 할 배려의 핵심 과제이기 때문이다.

아쉽게도 우리나라 사람이 쓴 쿠바 의료제도를 체계적으로 소개한 책을 보지 못했다. 번역된 책은 많이 있다. 전문가들이 쓴 논문은 있는지 몰라도 '옳아, 이런 게 참된 의료제도구나!'라며 감탄할 만한, 대중적인 의료제도에 관한 책을 아직 발견하지 못했다.

요시다 다로는 일본 농업 관료로 쿠바에 유기농업을 배우러 갔다. 쿠바 사회를 들여다보면서 유기농업은 물론 교육과 의료의 혁명적 제도에 감탄했다.

"유치원부터 대학까지 교육비 전부 무료!"

"암 치료에서 심장이식까지, 의료비 전부 무료!"

요시다는 1년 반가량 체류를 연장하여 쿠바의 교육과 의료를 파악하고서 『교육천국, 쿠바를 가다』와 『의료천국, 쿠바를 가다』를 썼다. 이 책들은 쿠바 교육과 의료 문제에 관해서 내가 국내에서 접한 책 가운데 가장 체계적이고 상세하다. 한편으로 일본의 농업 관료를 통해 쿠바 교육과 의료의 실체를 알아야 하는 우리 지성의 현실에 서글픔을 떨칠 수 없다.

언젠가 쿠바의 겉모습이라도 보기를 간절히 기다렸는데, 기회가 왔다. 2018년 3월 베트남 기행을 할 때 동행하며 한방을 쓴 손호철 교수가 7월에 쿠바에 같이 가자고 제안하셔서 두말하지 않고 승낙했다. 약 4개월간 시간이 있어 쿠바에 관한 책들을 구해 사전 공부를 시작했다.

다음 글은 쿠바를 다녀온 뒤 후 2018년 8월 초 내 페이스북에 쓴 글을 발췌하고 수정한 것이다. 나는 이 글에서 쿠바의 의료 실상을 대강 압축하려고 했다.

돈 없으면 목숨을 포기해야 하는 한국의 의료제도

쿠바에 가기 얼마 전, 미혼모가 고시촌에서 기르던 아이가 죽은 사건을 기사로 보았다. 아이는 선천적 기형을 안고 태어났고, 기형에 합당한 치료를 제대로 받지 못했고, 분유 값조차 마련할 수 없는 생활고가 겹쳐 결국 영양실조로 죽은 것 같았다.

국민 소득 3만 달러, 의사 평균 월 소득이 1,300만 원으로 추정되는 한국에서 일어난 사건이다.

"나는 임신 2개월부터 8개월까지 쿠바에 있었고 산부인과를 신랑이 신부 찾듯 다녔다. 내 생각에 너무하다 싶을 정도로 쿠바 정부는 임산부를 철저히 관리했다.

일단 임신을 하면 마을진료소(Consultorio, 콘술토리오)에서 임산부 카드를 작성하고 임산부 관리 프로그램에 들어가게 된다. 가장 감동받은 프로그램은 심리 상담이었다. 쿠바 임산부들은 반드시 남편과 같이 심리 상담을 받아야 한다. 임신은 계획한 것인지, 임신으로 인해 심리적 고통은 없는지 등에 대해 심리 상담을 받은 후, 담당 의사가 더 이상 상담을 받지 않아도 된다고 사인을 하고 나서야 마을 진료소에서 다음 프로그램을 진행한다.

마을진료소 산부인과 의사는 매번 임신 상태를 손으로 체크한 다음 각 시기에 필요한 검사를 위해 임산부를 검사기구가 있는 병원으로 보낸다. 임신 몇 주에는 어느 지역 어느 병원으로 가서 초음파를 하고 임신 몇 주에는 어느 병원으로 가서 기형아 검사를 하는 식이다.

마을진료소는 심지어 임산부 집을 방문해서 주거환경까지 기록해 간다. 햇볕이 잘 드는지, 필요한 영양제는 잘 먹고 있는지, 가족들이 임산부를 잘 돕고 있는지를 꼼꼼히 체크한다."

[『또 하나의 혁명(쿠바 일차 의료)』(린다 화이트포드·로렌스 브랜치, 2010)의 추천의 글에서]

정호현 독립영화 감독의 증언이다. 정 감독은 쿠바 문화를 체험하러 쿠바에 갔다가 10살 아래 쿠바 남성과 결혼했다.

쿠바에서는 임신하면 의무적으로 마을진료소를 찾아야 한다. 정 감독이 처음 진료소를 찾아갔을 때는 달랑 하나뿐인 너덜너덜한 침대에 누워 허접한 환경에서 일하는 의사까지 의심했다. 그러나 곧바로 기우라는 걸 깨달았다. 국민 소득 5,000달러가량, 의사 월급이 우리 돈으로 5만 원에서 10만 원 정도인 쿠바의 유아 사망률은 최고 의료 수준을 자랑하는 미국보다 낮다. 가난한 쿠바인 평균 수명은 아주 잘사는 미국인과 비슷하다고 한다.

나는 월급쟁이 공중보건의 3년을 빼고 33년을 돈 버는 치과 의사 생활을 했다. 퇴근하면서 '오늘은 얼마를 벌었지?'라는 생각을 하지 않은 날이 하루도 없었다.

의사들은 진료비가 비싼 비보험 진료를 좋아한다. 치과 의사인 나도 마찬가지다. 그런데 환자들은 비싼 진료비를 내는 대신 의사들의 친절을 문제 삼는 적이 꽤 많다. 과장이 심할지는 모르겠지만, 백화점 종업원이 돈 많은 고객에게 갑질을 당하는 뉴스를 보면 솔직히 동병상련을 느낀다. 소비자들은 많은 돈을 내기 때문에 서비스를 제공하는 자에게 친절을 강하게 요구한다. 음식점 직원이나 백화점 직원이나 관광버스 기사나 식당 주인이나 의사나 변호사도 돈 앞에서는 똑같은 처지에 놓인다.

오해하지 마시기를 바란다. 친절을 요구하는 것이 나쁘다는 뜻이 결코 아니다. 한 가지 예를 들겠다. 우리나라 관광 전세 버스에서는 노래를 못 부르게 되어 있다. 술 취한 승객과 기사가 노래를 하니 못하니 하는 문제로 승강이하는 경우가 있다. 눈치 빠른 친구는 기사에게 슬쩍 팁을 준다. 그러면 전세 계약 시간을 넘어 밤늦게까지 버스에서 흥청망청 놀 수 있다.

이탈리아 여행할 때다. 전세 버스에서는 물 이외의 음료나 음식을 금지했다. 먹고 마시면 쓰레기가 남거나 실내에 흘릴 수 있는데, 운전기사가 그걸 치울 의무는 없다. 버스 청소하는 시간은 하루 8시간 노동시간에 포함되지 않는다고 한다. 그리고 2시간마다 꼭 휴게소에 들러 휴식을 취해야 하고, 저녁에도 규정한 시간 이상 운전을 하지 않았다. 버스 기사가 승객의 편의를 봐주거나 그에 따른 친절을 제공하지 않았다. 버스 기사의 본분을 안전 운전에 맞추기 때문이라 했다.

의료 행위도 넓게 보면 이와 같다(앞으로 쿠바 의료제도에 대해 더 많은 공부를 해서 친절의 함정에 대해 여러분에게 이야기하겠다).

친절도 좋지만 본질적인 의료 행위는 '배려'다. 우리 의료제도에서는 돈 많은 환자에게 친절하기는 쉽다. 자본주의 사회에서는 그렇게 해야 생존할 수 있다. 의사도 인간인 이상 가난한 환자에게 친절하기란 만만치 않다. 시쳇말로 친절은 옵션이다.

그러나 정 감독의 사례가 보여 주듯 '배려'가 의료제도 자체가 되면, 가난한 사람도 부자와 똑같은 시스템에서 똑같은 절차를 밟을 수 있다. 의료에서 '배려'의 핵심은 무상이다. 무상의료 제도 아래서는 모든 사람을 '평등'하게 대한다.

평등 세상에서 만들어 낸 배려의 의료

쿠바 의사들은 도덕적인 자부심과 윤리적인 수준이 매우 높다. 월급을 많이 받아야 우리 돈으로 10만 원 정도인데도 말이다.

쿠바 의사들이 쿠바 일반 노동자 수준의 월급을 받으면서도 양심을 지키는 근원적인 동기는 의과대학 졸업할 때까지 받은 무상교육에 힘입은 바가 크다. 의과대학에서는 기숙사비는 물론 무료이고 용돈까지 받는다고 한다.

쿠바에서 국가는 '평등을 배려한 교육제도'로 의사를 만들고, 무상으로 교육받은 의사는 '평등에 바탕 한 배려의 의료'를 국민에게 제공하고 있다.

나는 '배려'하는 의료의 분위기를 엿보기 위해 쿠바에 갔다. 더 많이 공부하여 우리 실정에 맞는 정교한 의료제도를 우리 사회에 제시하기 위해 최선을 다하겠다고 다짐은 하지만….

쿠바의 라틴아메리카 의과대학은 1998년 해군기지를 개조해 만든 학교로, 외국인에게도 개방해서 무상교육을 하고 있다. 이 학교를 설립한 1998년도에는 쿠바 경제가 곤두박질칠 때였다. 그런데도 쿠바 정부는 국방비를 줄이고 의료 예산을 늘렸다.

쿠바 의료를 이끄는 힘은 어디에서 나올까?

나는 쿠바 방문 후 답사기를 정리하면서 쿠바 의료의 좀 더 근원적인 힘이 무엇인지를 알아봤다. 그 힘의 근원은 바로 가정주치의(Family Doctor) 제도이다. 다음은 『의료천국, 쿠바를 가다』에서 발췌, 정리한 내용이다.

> 마을진료소는 의사의 자택을 겸하는 지역(地域) 의원이다.
> 마을진료소의 가정주치의는 간호사와 팀을 이루어 약 120가구를 돌본다. 인구 밀도가 낮은 농촌에서는 75가구로 줄어든다. 의사와 간호사가 같은 지역에서 살기 때문에 24시간 왕진이 가능하다.
> 쿠바 의사는 특권계급이 아니며 수입은 쿠바 평균 임금의 1.5배 정도다. 박사나 전문의라면 2배 정도 받는다. 그래 봐야 우리 돈으로 치면 5만 원에서 10만 원 정도다. 생필품도 서민들과 똑같이 배급받는다.
> 마을진료소는 아침 9시부터 진료하는데 낡은 진료실에는 진찰대와 싱크대만 갖춰져 있다.
> 환자들에게 먼저 비누로 손을 깨끗이 씻으라고 권한다. 초보적인 위생관리 덕분에 쿠바에서는 전염병이나 기생충병을 거의 근절했다.
> 성이 개방된 쿠바에서는 에이즈 위험성이 다소 있다. 젊은 청년

이 오면 일부일처제의 의의와 콘돔 사용법을 가르치고는 '조심하게나'라며 타이른다.

좀 더 정밀한 진단 검사가 필요하면 2차 진료기관인 '폴리클리니코(Policlinico)'라는 지구(地區) 진료소에 의뢰서를 써서 보낸다.

미국의 경제 봉쇄로 의약품이 턱없이 부족해서 대안으로 한방약을 개발하여 대체하고 있다. 대표적인 것이 사탕수수 껍질의 추출물에서 만든 폴리코사놀(Policosanol, 사탕수수 왁스 알코올)이다. 혈관 내 콜레스테롤과 혈압을 조절하는 기능이 뛰어나 건강식품으로 세계적으로 널리 알려져 있다.

의사는 오전에는 진료소에 찾아온 환자 진료와 상담을 한 후 오후에는 왕진을 간다. 왕진 가방은 필수고 진료기록 수첩을 꼭 챙긴다. 고령자들과 부모 없이 사는 아이들을 먼저 찾아간다. 건강 상태를 체크한 뒤 어른들에게는 위로의 말을 건네고, 아이들에게는 희망의 말을 건넨다. 일 년에 두 번 이상 각 가정을 방문한다.

건강 상태에 따라 필요한 의료 지식을 설명한다. 예를 들어 고혈압 환자에게는 염분 섭취를 줄이고 적절한 운동을 권고한다. 정신 문제가 있는 환자라면 충분히 이야기를 하고 지구 진료소 정신과 의사에게 소개를 한다.

이런 왕진은 가정의 마음 건강에까지 두루 미친다.

왕진 이동 중에는 얼굴 아는 아이들에게 말을 걸거나 주민들과 세상 돌아가는 이야기를 나누면서 지역 전체의 분위기를 살핀다.

왕진이 끝나면 6시쯤이고 동료들과 미팅을 하고 9시쯤에 일과를 마친다. 그 뒤에도 입원할 사람이 있으면 그 준비를 한다.

대기실 벽에는 담당 지구의 건강 상황을 파악하는 일람표가 붙어 있다. 각 가구는 건강·불건강, 급성병, 만성병, 신체장애 등 네 가지로 분류해 있다. 얼마의 가구들은 식생활, 여가, 인간관계 등에 문제가 있다는 걸 표시한다. 이런 상세한 진단 결과를 기록한 수첩으로 분석 자료를 만들어 지구의 의료문제 해결에 활용한다.

경험 많은 의사는 아침에 지구 의원으로 간다. 거기에는 초보 의사, 간호사, 의대생이 기다리고 있다. 의대에서는 모든 교수진을 현장에서 일하는 의사로 꾸린다.

교수진에 해당하는 의사는 간호사와 의대생에게 기초적인 질문을 한 다음, 초보 의사에게는 전문적인 질문을 던진다.

"자신의 경험도 중요하지만 그것만으로는 충분하지 않습니다"라며 전문 웹사이트에 실린 전문가들의 견해를 공유하고, 최근 다시 수정한 치료 지침(guide-line)을 발표한다.

쿠바에는 경제위기 와중에도 컴퓨터 네트워크가 발달하여 관계자 전원이 전자 의료 정보를 교환하며 이런 정보는 제일선 현장에 보급하여 활용한다.

"의사가 의학 지식을 향상하려면 복잡하고 다양한 임상을 접해야 하는데 가정주치의 제도는 의사에게 그러한 기회를 갖지 못하게 만든다"라는 비판도 있다.

쿠바는 1985년부터 가정주치의 제도를 도입했다. 1990년대 사회주의 경제의 혹독한 위기 속에서도 의료 발전을 이룬 것은 가정주치의란 일차 의료제도를 확립한 덕분이라고 평가한다.

소비에트 해체 이후 쿠바의 1990년대 경제는 반 토막이 났다. 사상 초유의 위기였다. 의료 기자재와 약품은 고갈되고 휘발유가 없어 구급차는 움직일 수 없었다. 거즈와 아스피린마저 바닥이 났다.

청소차도 움직일 수 없어 쓰레기가 산더미를 이루었다. 수돗물은 염소로 위생 처리할 수 없었다. 위생 상태가 악화하여 그전보다 설사나 감염 때문에 사망자가 1.5배 증가했다. 하지만 벼랑 끝 상황에서도 건강 상태를 그럭저럭 유지했고 유아 사망률은 오히려 감소했다. 이런 보건 의료 기적은 가정주치의를 확립했기 때문이었다.

경제위기로 마을이나 지구 의원 건물을 만들지는 못했지만, 아파트나 일반 주택을 진료소로 이용했다. 열악하고 비참한 상황에서도 더 많은 의사를 훈련시켜 복지의료제도를 지켰다.

도시와 농촌에서 의사와 간호사들이 주민의 생활공간에서 함께 살면서 위기 상황을 같이 겪었다. 어떤 의사는 주민과 마찬가지로 식량 부족 때문에 생긴 비타민B 결핍으로 일시적으로 실명 위기에 빠지기도 했다. 그 후 영양 개선으로 시력을 회복했지만 신경장애는 여전했다고 한다. 이때 농촌에서 의료 활동을 한 의사의 농촌 체험 이야기다.

"모든 의사는 반드시 농촌에서 일해 봐야 합니다. 의대에서는 의학을 배우지만 농촌은 커뮤니티(Community, 공동체 의식)를 배우게 해주니까요. 커뮤니티는 제 인생의 중심입니다."

미국의 경제 봉쇄로 가난을 벗어나지 못하는 작은 사회주의 나라가 '의료복지는 국민의 권리'로 배려하고 있다.

가정주치의는 주민의 질환만 돌보는 의사가 아니다. 동네에 거주하며 마을공동체의 일원으로서 주민의 희로애락에 공감하며 힘없는 주민의 정신적 의지처가 되기도 한다. 가정주치의의 배려는 돈이 없어도 복지는 가능하다는 모범을 보이며 마을공동체 화합에 큰 역할을 담당한다. 복지는 인간의 존엄과 가치를 지키며 건강하게 살 수 있도록 배려하는 데 그 본질이 있다.

"사람의 생명이 금전보다도 가치가 있고 부드러움과 배려심만 있으면 생명은 구할 수 있다."

이는 쿠바 혁명 정부가 내건 의료철학이다.

"돈이 인간보다 가치 있는 시대가 된다면 유감이겠지만 그렇게 되지는 않겠지요. 저는 병이 아니라 인간을 진찰하고 있는 거예요."

쿠바 혁명 정부의 의료교육제도는 극히 평범한 젊은이를 이런 의사로 키워 냈다. 상업 의료에 물든 한국 의사라면 이런 생각을 무엇이라 몰아붙일까.

민중의 자발적 헌신과 혁명 엘리트의 지도력

쿠바를 피상적으로 바라보는 사람은 쿠바를 가난하고, 폐쇄되고, 독재에 신음하는 국가라고 한다. 모든 견해를 미국산 렌즈를 끼고 바라보는 시각이다. 물질의 부만 숭상하는 천박한 자본주의 렌즈를 낀 눈으로 말이다.

교육, 의료, 주택 문제에서 쿠바는 현재 세계에서 복지가 가장 발달한 북유럽의 어느 나라보다도 못지않다. 사실 북유럽은 과거에 제3세계 식민지를 착취해서 부를 축적했거나 자원이 풍부해 경제 사정이 넉넉한 나라들이다. 이에 비해 쿠바는 노예 식민 경험으로 오랫동안 착취를 당했고, 혁명 전에는 미국의 자본에 수탈당했다. 천연자원이 많지 않은 데다 산업 기반 시설도 전무했다. 오직 설탕 생산과 관광 수입으로 지탱해 온 가난한 나라다. 그런 가난한 나라에서 돈 없어도 교육받을 수 있고, 돈 없어도 건강을 지킬 수 있고, 돈 없어도 집을 지닐 수 있다.

엄청난 자본을 축적한 사회에서도 불가능한 일을 가난한 쿠바는 어떻게 실현했을까? 그 실현의 도구는 '1959년 혁명'이었다!

쿠바 혁명을 이삼십 대 젊은이들이 전광석화처럼 이룬 것 같이 생각하기 쉽다. 혁명 정부 출범 당시 피델은 33세, 체는 31세였는데 이들은 혁명 세력 가운데 가장 나이가 많았으니 말이다.

1492년에 콜럼버스가 쿠바를 발견했다. 이후 쿠바는 노예의 삶을 강요당했다. '국부' 호세 마르티는 억압과 착취와 불평등이 만연한 쿠바 땅에서 근원적인 혁명의 필요성을 발견했다.

1959년 혁명의 주역인 피델 카스트로는 한 세기 앞선 선배 호세 마르티를 따른 충실한 후배였을 뿐이다.

앞에서도 말했듯이, 스포츠 선수가 올림픽에서 우승하려면 땀을 얼마나 흘려야 할까? 피겨 스케이트 금메달리스트 김연아는 한 동작을 완성하기 위해 1만 번 이상 반복한다고 한다. 공중 회전하기 위해 점프할 때는 머리끝에서 발끝까지 모든 근육이 동시에 긴장하며 정신력과 혼연일체가 되어 힘을 집중해야 한다. 3바퀴 이상 공중 회전한 뒤에 집중한 모든 근육의 긴장을 풀어 부드럽게 내려서야 한다.

개인이 목표를 성취하려면 뛰어난 재능과 이처럼 엄청난 땀이 필요할진대, 한 사회나 국가가 혁명을 통해 제도 개혁을 완성하여 인류에게 모범을 제시하려면 역사와 국민은 어떤 재능과 노력이 필요할까?

혁명의 양 날개는 각성한 민중의 자발적 헌신과 혁명 엘리트들이 민중을 조직하고 동원하는 지도력이라 할 수 있다. 혁명이 성공하려면 민중은 혁명 엘리트의 지도력을 신뢰하고, 혁명 엘리트는 민중의 뜻을 결코 낭비하지 않아야 한다. 혁명이란 정치 권력의 단순한 교체를 의미하지 않는다. 민중의 삶에 근원적인 변화를 일으켜야 한다.

그런 의미에서 우리의 4·19의거와 6·10항쟁은 혁명으로 나아가지 못했다. 촛불 혁명? 아직은 '글쎄'가 아닐까?

쿠바 역사에서 은하수의 별처럼 총총한 혁명가 가운데 엘리트 두 사람만 꼽으라면 호세 마르티와 피델 카스트로다.

이들의 백인 부모는 스페인계 이민자였다. 식민지 쿠바에서 인종차별을 받을 일은 없었다. 총명하기 짝이 없는 이들은 마음먹기 따라 출세하여 기득권의 안락한 삶을 살았을 수도 있었다. 어릴 때부터 혁명 운동에 뛰어들어야 할 필연적인 이유가 없었다. 두 사람은 가난한 사람, 힘없는 사람을 연민으로 바라보며 혁명을 통하여 제도적 배려를 하고자 하는 확고한 신념이 있었다.

사심 없었고 인류애에 순수했던 호세 마르티의 사상은 쿠바 민중에게 혁명의 필요성을 불러일으키는 영감이 끊임없이 솟아나게 한 원천이었다. 쿠바 민중은 호세 마르티를 가슴에 새겼기 때문에 혁명에 기꺼이 헌신했다.

가난했던 호세 마르티에 비해 피델 카스트로는 부유한 농장주의 아들이었다. 카스트로는 "난 지주의 아들이었지 지주의 '손자'가 아니었기" 때문에 교만에 빠지지 않았다고 한다. 음식 찌꺼기로 허기를 달랬던 아이들, 사탕수수 농장 실직자들의 비참한 처지를 보면서 카스트로는 사회 부조리에 반항심을 키웠다. 늘 가난하고 힘없는 친구들과 어울리며 그들에게 본능적인 연민을 지니고 있었다. 호세 마르티를 닮으려고 의식적으로 노력했다.

카스트로가 1953년 몬카다 병영 습격 사건을 실행함으로써 쿠바 혁명의 도화선에 불을 붙인 까닭은 그해가 호세 마르티 탄생 100주년이었기 때문이다. 약 6년 뒤 1959년 피델은 기어코 혁명을 이루었다.

아르헨티나 태생인 체 게바라 역시 머리가 믿기 힘들 정도로 뛰어났고,

넉넉한 집안에서 자란 공통점이 있다. 체는 어릴 때부터 반항 기질이 있었다. 한번은 선생님이 새롭게 들어선 군부가 어떻게 국민을 교육시킬 것인지에 대해서 의기양양하게 설명했다. 조숙한 체는 배꼽 잡고 웃었다.

"어떻게 선생님은 군부가 국민을 교육시킬 거라고 생각할 수 있으세요? 정말 군부가 그 일에 성공하면 국민들이 군부를 끌어내릴 게 분명한데 말이에요."

체는 피델만큼 본능적이거나 재빠르게 저항 운동에 뛰어들지 않았지만 그럴 만한 잠재성은 항상 지니고 다녔다. 체는 젊은 시절을 이렇게 회상했다.

"누구나 그렇듯 나도 성공하고 싶었다. 다들 그 무렵에는 자신의 성공만을 바랐다. 나라는 인간도 당시의 환경에서는 예외가 아니었다."

체는 대학생 때 오토바이로 남미 여러 나라를 일주하며 원주민과 민중의 비참한 현실에 한없는 연민을 느꼈다. 체는 이 여행에서 의사의 힘만으로는 구제할 수 없는 병든 사람들이 있다는 사실을 절감했다. 가난한 사람의 고통을 못 본 체 외면하고 의사로서 현실에 안주했다면 세속적 부귀영화를 마음껏 누릴 수 있는 조건을 체는 다 갖추었는데도 말이다.

1959년 쿠바 혁명이란 수레를 피델 카스트로가 이끌 때 체 게바라는 민중과 함께 자발적으로 수레 뒤를 힘껏 밀었다. 민중의 자발적 헌신은 호세 마르티 사상이란 밑거름이 있었기 때문에 가능했다.

청년 피델 카스트로는 선배 호세 마르티의 뜨거운 혁명 의지를 잘 보존한 보온병이었다. 혁명 지도자가 된 피델은 호세 마르티를 따르는 민중의 열망을 한 치도 낭비하지 않았다.

토지개혁을 통해 집 문제를 해결했다. 무상교육을 통해 교육 수준을 획기적으로 높였다. 무상교육을 통해 배출한 자본주의에 물들지 않은 의사들로 인해 무상의료가 실시될 수 있었다.

우리는 역사와 마주하고 있다, 두려워 말자!

지금 인류의 능력으로 완전한 사회제도, 다시 말해 유토피아를 건설할 수 있을까? 쿠바 혁명이 성공적이라 해도 쿠바를 더할 나위 없는 유토피아 사회라고 단정할 수 있을까?

혁명 과업을 일사불란하게 추진하기 위해 쿠바는 숨 막히는 관료제로 흘러 '미국식 자유'를 제한했다고 보는 의견이 있다. 세계 경제 질서를 완강하게 이끌고 있는 미국과 완전히 담을 쌓으니 경제 저발전을 극복하지 못하고 생활필수품 부족에 시달리고 있는 것도 사실이다.

어제의 진보는 내일의 보수가 될 수 있는 게 인류 역사였다. 오늘의 낙관이 내일의 비관이 되기도 한다. 미래를 상상하지 않는다면 말이다.

피델은 현명하게도 더 나은 세계를 상상한 체 게바라의 정신을 미래 혁명의 횃불로 삼았다. 아직도 진행 중인 쿠바 혁명은 과거, 현재, 미래가 어울린 삼위일체였다. 과거는 호세 마르티가 현재는 피델 카스트로가 미래는 체 게바라가 맡았다. 혁명의 실제 권력을 현재인인 피델이 독식하지 않았다. 세계의 권력 투쟁사나 혁명사에서 유례가 없는 일이었다.

피델 카스트로의 쿠바 혁명이 체 게바라를 통해 미래를 꿈꾼 덕분에 가난하고 힘없는 민중에게 무상교육, 무상의료란 제도적 배려를 흔들림 없이 확립할 수 있었다.

세상은 체 게바라의 실패에도 불구하고 체 게바라에게 혁명의 미래를 위한 끊임없는 영감을 얻었다. 피델은 밀림에서 총살당한 체를 실패자로 보지 않았다.

"체는 스스로 혁명에 참여한 병사라고 생각했다. 생존 여부는 거의 고려하지 않았다. 볼리비아 투쟁의 비극적 결과 때문에 체의 사상이 실패했다고 생각하는 이들은 마르크스주의의 창시자를 비롯해 수많은 위대한 혁명의 선구자 역시 필생 과업이 절정에 이르는 순간을 목격하지 못한 채 죽었다는 이유만으로 단순히 실패자라고 말할 것이다."

체는 인간이 인간을 착취하지 않는 새로운 역사를 만들겠다는 신념을 소중히 하면서 말했다.

"우리는 역사와 마주하고 있다. 두려워 말자! 지금까지와 마찬가지로 앞으로도 계속해서 열의와 신념을 가져야 한다."

쿠바의 현실 역사에서 가장 강력한 힘을 발휘한 사람은 피델 카스트로였다. 49년간 집권하면서 혁명의 확실한 결과물을 역사에 남겼다. 무상교육과 무상의료, 무상에 가까운 무상주택은 누구도 되돌릴 수 없는 비가역적(irreversible) 성과로 쿠바 혁명의 상징이 되었다.

1959년 쿠바 혁명을 보면 체 게바라 없이 피델 카스트로의 지도력만으로도 혁명은 성공할 수 있었다. 그런 뜻에서 나는 쿠바에 가기 전에는 체 게바라가 피델의 장식물(액세서리)인 줄 알았다.

이상주의자 체는 소련에 기댄 현실주의자 피델 정권을 떠나 아프리카 콩고에 혁명의 불씨를 지피고자 했다. 떠나면서 피델에게 "영원한 승리의 그날까지!"란 마지막 편지 구절을 남겼고, 피델은 이 구절을 미래를 위한 혁명 표어로 만들었다.

피델은 체가 미래에 던진 말을 겸허히 받아들이고 체의 상상력을 소중히 간직했다. 인류의 권력 역사에서 일인자가 이인자를 존중을 넘어 숭상한 예가 있었던가. 이인자는 언제나 일인자에게 견제나 제거의 대상이었을 뿐이었는데.

혁명의 성자 호찌민에게는 체 게바라 같은 동지가 없었다. 훌륭한 많은 후배가 있었지만 통일 이후의 미래를 꿈꿀 수 있는 동지 말이다. 그런 면에서 피델은 행복했다.

김산을 찾아서

우리는 우리 땅 한반도에서 아직도 정의와 평등은 고사하고 민족의 독립도 제대로 이루지 못했다. 아직까지 좌절의 연속이다. 미국 대통령 트럼프의 의도에 가슴을 졸였고, 일본 총리 아베의 적반하장에 몸서리쳤었다.

산타클라라에 있는 체 게바라 기념관을 나서면서 1930년대 혁명가 김산의 비운이 떠올랐다. 체 게바라와 달리 직접 기록을 남기지 못했지만, 미국 작가 님 웨일스(Nym Wales, 1907~1997)가 대신 알린 드넓은 붉은 대륙 한 귀퉁이에서 홀로 애절하게 아리랑을 부른 김산(본명 장지락, 1905~1938)의 육성 말이다.

님 웨일스가 기록한 김산의 생애를 보면 우리 스스로 '독립과 자유'를 쟁취하지 못했지만, 우리에게도 체 게바라 못지않게 위대한 기개를 지닌 혁명가가 있었음을 알 수 있다. 다음은 『아리랑』에 나오는 김산의 육성이다.

> "나의 전 생애는 실패의 연속이었다. 우리나라의 역사도 그러하다.
> 내 승리는 단 하나다. 내 자신에게 승리했다.
> 이 작은 하나의 승리는 내 삶을 계속 지탱해 갈 수 있는 신념을 나에게 주기에 족하다. 다행스럽게도, 내가 경험했던 패배와 비극은 나를 파멸시키지 않고 나를 강하게 만들었다. 이제 나에게는 청운의 환상이 모두 깨져 버렸다. 그렇지만 나는 인간에 대한 신념은 버리

지 않았다. 역사를 창조하는 인간의 능력에 대한 신념은 버리지 않고 있다.”

김산은 중국 공산당의 오해를 받아 처형당했다. 체 게바라가 콩고와 볼리비아에서 경험한 실패는 김산의 실패와 다르지 않다. 그 역시 비운의 총살을 당했지만 자신에게는 승리했다. 체 게바라가 꿈꾼 세상과 김산이 꿈꾼 세상의 바탕에는 인간에 대한 믿음이 있었다.

김산의 ‘인간에 대한 믿음’이 우리 역사의 소중한 가치가 될 때 우리도 천박한 물질 만능의 자본주의 체제를 극복하고 언젠가 인간의 얼굴을 한 사회를 건설하리라.

체 게바라 기념관을 떠나 미국이 피그스만(Bay of Pigs)이라 부르는 히론 해변(Playa Giron)으로 갔다. 가이드에게 마을 어귀에 있는 입간판의 내용에 대한 해석을 부탁했다.

“히론, 라틴아메리카에서 당한 양키 제국주의의 첫 패배.”

‘양키(yanqui)’란 단어에 탄성이 나왔다. 이는 미국을 낮잡아 부르는 말이다. 우리가 중국인을 낮잡아 ‘짱꼴라’라 부르는 것과 마찬가지다. 조선 시대에 이 말을 썼다가는 당시의 국가보안법이었던 사문난적(斯文亂賊)으로 몰려서 온 집안이 망하는 꼴을 봤을 것이다. 그러한 면에서 우리는 전 세계 어디에서나 통하는 ‘양키’란 말을 함부로 쓰지 못한다.

모든 나라를 이웃으로 삼는 지혜가 필요한데도 오직 미국 하나만 쳐다보는 습성이 우리 사회에 널리 퍼져 있다. 명나라만을 섬긴 조선의 어리석은 양반들처럼.

역사상 여느 제국들처럼 미국 역시 우리가 배워야 할 좋은 점도 있고, 그렇지 못한 점도 있다. 특히, 분단 상황을 고착화하려는 군산복합체를 대

'히론, 라틴 아메리카에서 당한 양키 제국주의의 첫 패배'라는 히론 해변 마을 어귀 입간판

변하는 의도를 우리가 민족의 존엄을 훼손하면서까지 맹목적으로 따를 필요가 있을까.

우리는 미국에게 어떤 조건도 내걸지 않는다

"서양(미국)의 정신을 우리가 포용하면 친구가 되지만 그것에 사로잡히면 적이 됩니다. 우리가 그것을 향해 마음을 열면 친구가 되지만 우리의 마음이 그것에 굴복하면 적이 됩니다. 서양(미국)의 정신에서 우리가 필요한 것을 취하면 친구가 되지만 그것이 우리를 길들이게 놔두면 적이 됩니다."

이것은 레바논계 미국인 칼릴 지브란(Khalil Gibran, 1883~1931)의 말이다.

국제관계에서 우리가 마주해야 하는 상대방은 선악이라는 어떤 객관적 실체가 있는 것이 아니라, 우리 자세에 따라 상대방이 적일 수도 있고 우방일 수도 있다. 영원한 우방도 없고, 영원한 적도 있을 수 없다.

우리가 당당하다면 어떤 나라도 우방으로 만들 수 있고, 상대방의 힘에 눌려 우리가 비굴해지면 진짜 적은 상대방이 아니라 바로 우리 자신의 노예근성이라고 나는 본다.

우리 사회에서 '양키'란 미국의 다른 한 측면을 보면서 우리 주체를 세웠다면 미국은 누구에게나 훌륭한 우방이 되었을 것이다.

숭명(崇明)한 조선과 다를 바 없이 맹목적으로 숭미(崇美)를 할 것이 아니라, 민족의 자존을 세워 실용적으로 미국을 이용하는 용미(用美)한다면 승미(勝美)는 꿈이 아니라 현실이 된다.

위에 언급한 지브란의 말을 나는 이렇게 해석한다.

"승미(勝美)야말로 진정한 친미(親美)다! 궁극적 친미는 승미다!"

1961년 4월 미국 CIA가 미국으로 도망간 쿠바 망명인을 훈련시켜 히론 해변에 침공했지만 혁명군과 주민들은 합심하여 이들을 섬멸했다.

1961년 1월 19일, 젊은 대통령 당선자 케네디(John F. Kennedy, 1917~1963)가 다음 날 퇴임할 대통령 아이젠하워(Dwight David Eisenhower, 1890~1969)를 만났다.

케네디는 "미국이 쿠바의 게릴라 공작을 지원한다는 사실이 공공연하게 드러나 있는 상황인데, 이런 지원에 대해서 대통령으로서 어떻게 하는 게 좋다고 판단하느냐"고 물었다. 그러자 장군 출신인 대통령은 우리 정부가 거기에 갈 수는 없으니까 그렇게 하는 게 당연하다고 답했다. 다시 말해 미국은 말썽 많은 나라를 통제할 때 폭력(군사력)과 사기(CIA 공작)로 공포를 조장했다. 미국을 성가시게 하지 않는 게 좋을 거라는 메시지였다.

"CIA는 미국은 적들을 고기를 매다는 데 쓰는 갈고리에 매달면서 쾌감을 즐겼다."

케네디 대통령은 쿠바에 조용한 쿠데타를 원했으나 CIA는 대통령을 속였다. 대통령 취임 후 3개월밖에 안 된 케네디는 CIA가 준비해 왔던 쿠바에서 망명한 사람들이 결성한 반(反)카스트로 단체가 카스트로 정권을 전복하는 쿠바 침공 군사행동을 승인했다.

미국은 카스트로의 쿠바군 정도는 침공 즉시 제압하고 전광석화로 북쪽의 아바나로 몰아쳐 들어가 카스트로를 포함한 지도부를 제거하는 것으로 계획했다.

1961년 4월 15일 토요일, 미군 B-52 폭격기 8대가 쿠바 비행장 세 곳을 폭격해 상륙을 용이하게 했다. 4월 17일에 CIA 부대에서 훈련받은 쿠바 망명인 1,511명은 히론만(미국은 피그스만)에 침공했다. 역사는 이를 '피그스만 침공'이라 부른다.

미국 측은 B26의 조종사도 쿠바 출신이라고 밝히면서 어디까지나 침공의 당사자는 쿠바인이라고 주장했다. 최강 국가 미국은 전 세계인을 향해 조잡하게 눈 가리고 아웅 했다.

과테말라와 니카라과에서 출항한 CIA 주력 부대가 상륙하자 생각지도 않았던 일이 일어났다. 쿠바군이 미리 대기하고 있었고 사방에서 맹렬한 포격을 가해 왔다. 침공군은 쿠바군에게 초기에 완벽하게 제압당했다.

침공군은 많은 희생자를 내고 4월 19일 제대로 싸워 보지 못한 채 사망 118명, 부상 360명에다 나머지 1,100여 명은 포로가 되었다.

취임한 지 석 달밖에 안 된 케네디 대통령은 망신당하고, 쿠바 혁명 주역 피델 카스트로는 더욱더 공고한 국가적 영웅이 되었다.

피그만 사건은 냉전(Cold War) 시대의 한 획이었고 그 후 쿠바, 미국, 소련 3국의 관계를 초긴장 상태로 몰고 간 빌미가 되었다. 1962년 10월 쿠바 미사일 위기가 그것이다. 소련이 쿠바에 핵미사일 기지를 건설하려 하자 미국은 핵전쟁을 마다하지 않을 정도로 저지했다. 20세기 역사에서 3차 세계대전으로 이어질 뻔했다.

히론 해변 박물관. 히론 전투의
유물과 사진을 전시하고 있다.

미국이 튀르키예(터키)에 설치한 소련을 겨냥한 미사일을 철수하는 대신 소련은 쿠바에 미사일 기지를 설치하지 않기로 서로 주고받았다. 미·소 양국의 은밀한 합의에 카스트로는 현실적으로 받아들일 수밖에 없었고, 체 게바라는 미국과 타협한 소련에 분노를 표시했다.

미국에 추악한 오명을 남기며 어둠 속에서 악한 짓을 하는 CIA 건물 중앙 로비 상징석에는 요한복음의 구절에서 따온 다음과 같은 글귀를 세워 놓았다고 한다.

"너는 진실을 알게 될 것이다. 그리고 그 진실이 너를 자유롭게 할 것이다."

미국의 억압적 침탈에 저항한 쿠바 역사에 나는 진심으로 경의를 바친다. 쿠바인들은 미국에 저항한 대가로 무척 고통을 받았고, 미국의 지독한 경제 봉쇄로 아직 가난을 벗어나지 못했다.

우리가 자존심을 팔아 얻은 물질적 풍요 때문에 현재의 정신적 타락을 걱정하는 것은 배부른 소리만이 아니다. 점점 심해지는 강자의 갑질과 약자의 소외를 보면서 나는 '우리 사회가 가난한 나라 쿠바에게 우월감을 느낄 자격이 과연 있는가'라고 되묻고 싶다.

1964년 12월, 체 게바라는 유엔에서 연설하기 위해 미국 뉴욕에 갔다. 미국 방송 인터뷰에서 사회자는 그에게 미국과 관계 정상화를 하려면 쿠바는 소련과 군사적 약속을 파기하고, 라틴아메리카에 혁명을 확산시키는 정책을 포기해야만 한다고 윽박질렀다. 체는 재치 있고 현명하게 답했다.

"우리는 미국에게 어떤 조건도 내걸지 않는다. 우리는 미국에게 인종차별을 종식하라는 요구를 내걸지 않는다. 우리는 양국의 관계 수립을 위해 어떤 조건도 내걸지 않을 것이고, 어떤 조건도 받아들이지 않겠다."

히론 해변의 무지개 속에서 혁명의 이상을 발견하다

우리 일행은 히론 해변 호텔에 묵었다. 호텔 야외 식당에서 저녁 식사를 할 무렵, 시커먼 구름이 갑자기 하늘을 뒤덮더니 기어코 한줄기 소나기가 지나갔다. 그러더니 찬란한 무지개가 동쪽 하늘에 반원을 그렸다.

나는 스마트폰에 이어폰을 꽂고 음악을 들을 때면 늘 첫 곡으로 토스티가 작곡한 〈이상(理想, Ideale)〉을 듣곤 한다. 그 노래를 부른 많은 가수 가운데 나는 감미로운 호세 카레라스를 가장 좋아한다. 찬란한 무지개를 보니 호세 카레라스의 음률이 가슴속에서 나도 모르게 솟아났다.

너를 따랐네, 평화의 무지개 하늘을 비추듯이
너를 따랐네, 어둠 깃든 밤에 비치는 빛과 같이
너를 느꼈네, 광명과 공기와 향기로운 꽃 속에
나의 외로운 방은 가득했네, 너의 찬란함 속에
너의 음성에 나는 황홀했었네, 오랫동안 꿈속에
이 세상의 모든 고통과 십자기를 나는 잊었었네
오라 이상이여, 잠깐 다시 와서 미소 지어라
그러면 나에게 새로운 서광이 다시금 비쳐오리
새로운 서광 비치리
오라 이상이여, 오라, 오라

(우리말로 번역된 이 가사는 오래전 성악가 이인철 선생의 노래교실 자료집 악보에서 메모해 둔 것이다. 번역자가 누구인지를 지금은 찾을 수 없다.)

비록 짧은 여정이었지만 나는 쿠바에서 이상적인 혁명의 과거, 현재, 미

히론 호텔 해변에 뜬 무지개

래를 동시에 만났다. 호세 마르티! 피델 카스트로! 체 게바라! 그리고 쿠바의 인민!

다음 날 산타클라라에서 마탄사스를 거쳐 아바나에 도착하니 저녁 무렵이었다. 저녁 식사 후 마지막 밤을 세계적으로 유명한 '부에나 비스타 소셜 클럽'에서 보냈다. 영화에서 본 쿠바 음악의 짙은 향기는 나지 않고 할리우드식 관광 공연장이었다.

쿠바에서 마지막 날 아침, 아바나에서 미국 샤롯 공항과 LA 공항을 거쳐 인천 공항까지 약 26시간이 걸렸다. 쿠바에 갈 때 긴 항공 시간과 장기간 버스 탑승으로 쌓인 피로 때문에 오히려 잠을 설쳤다. 또 비행기 좌석의 불편함이란….

이어폰을 달고 있었고 덕분에 호세 카레라스의 〈이상〉을 반복해서 들었다.

지루한 귀국길 비행기 좌석에서 얼마간 멀뚱한 정신으로, 쿠바의 혁명

이상이 우리 사회와 나에게 무엇을 의미하는지 끊임없이 떠올렸다.

나는 마에스트라산맥에서 지리산의 이현상이 떠올랐고, 산타클라라 체 게바라 혁명 기념관에서는 비운의 죽음을 맞이한 혁명가 김산이 떠올랐다.

무엇보다 가난하고 힘없는 민중을 배려하는 혁명을 꿈꾼 체 게바라에게서 어린 여성 노동자에게 한없는 연민을 보낸 전태일의 모습이 아른거리며 겹쳤다.

피델과 체의 사후 우정에서 전태일과 조영래의 영혼의 우정이 떠올랐다.

지금은 그 어떤 사회에도 인간의 존엄을 위한 유토피아를 실현할 능력이 부족하지 않을까. 나는 쿠바 사회를 보면서 현재 인류의 능력으로는 사회제도의 완전한 개선을 이룰 수는 없으나, 최선의 해결은 언제나 가능할 수 있으리라고 느꼈다.

나는 지금보다 더 평등하고, 더 건강하며, 더 많이 교육받고, 차별하지 않고 다름을 인정하는, 그런 사회를 맞이할 수 있다고 생각한다. 언젠가는 그런 이성과 이상의 시대가 반드시 오리라.

오라, 이상이여, 오라, 오라.

Torna, caro ideale, torna, torna.

쿠바에서 나는 파랑새를 보았을까?

〈낙원의 정복(Conquest of Paradise)〉이란 영화가 있다는 걸 최근에 알았다. 1992년에 개봉한 콜럼버스의 아메리카 대륙 발견 500주년 기념 영화였다.

1492년 당시 유럽인에게는 금과 향료의 나라 인도는 파랑새였다. 하지만 유럽에서 인도를 가려면 동쪽으로 가야 하는데 그 길 중간의 중동지역을 오스만 제국이 장악하고 있었다.

평민인 콜럼버스는 기발하게도 새로운 대항해 길을 계획했다. 서쪽으로 거꾸로 돌아 항해를 하다 보면 인도에 도달하리라 생각했다. 스페인 여왕 이사벨라를 찾아 후원을 요구했다. 항해에 성공하면 귀족 칭호도 받고 식민지 총독 자리를 받고 그 지역에서 나오는 이익의 10%를 받기로 했다.

천신만고 끝에 인도의 일부라고 생각한 섬에 도착했다. 경탄할 만큼 순수한 원주민 부족을 만났지만 금을 찾지는 못했다.

콜럼버스가 첫발을 디딘 섬은 인도가 아니라 쿠바였다. 콜럼버스의 뒤를 이어 스페인을 비롯한 유럽 정복자들은 쿠바를 시작으로 아메리카 대륙을 장악했다. 저항하는 원주민을 참혹하게 학살하거나 전염병을 퍼트려 원주민 종족을 거의 말살했다.

영화는 침략자인 콜럼버스를 시대를 앞선 고독한 선구자로 미화했다. 아름다운 주제곡 〈낙원의 정복〉은 다나 위너(Dana Winner)가 불렀다. 주제곡 가사의 일부이다.

우리의 낙원은 바로 거기에 있어요.
모든 사람들이 마음의 자유를 찾게 되면
그 낙원은 바로 우리 눈앞에 있어요.
우리 모두가 평화를 누릴 수 있는 곳이에요.

서구 기독교인들은 그들이 찾아낸 낙원의 원주민에게 신의 이름으로 식민지 체제를 강요하며, 신이 부여한 지극히 명료한 인권을 거부했다. 노예 제도, 마약, 매춘, 알코올 강요 등 악행을 저질렀다. 식민 지배자들은 원주민에게서 착취한 재물로 아메리카 대륙을 자유로운 낙원으로 만들어 평화를 누렸다.

서구 사회가 부르짖는 이상(자유, 평등, 박애)이 결국은 피상적이며 하잘것없고 단순한 장식에 불과하다는 것을 쿠바 독립의 아버지 호세 마르티는 깨달았다.

아르헨티나의 젊은 의사 체 게바라는 카스트로를 따라서 호세 마르티의 나라 쿠바에 와서 혁명에 참여했다. 쿠바 혁명이 안정하자 체 게바라는 또 다른 혁명을 찾아 콩고와 볼리비아로 갔다가 목숨을 잃었다.

"혁명은 다 익어 저절로 떨어지는 사과가 아니다. 떨어뜨려야 하는 것이다."

이것이 혁명을 바라보는 체 게바라의 생각이다.

체 게바라가 세상을 뜨자, 카스트로는 수업 시작 전에 학생들이 큰 소리로 "우리는 체 게바라처럼 될 거야"라는 다짐을 하게 했다. 미래의 주역인 어린 학생들이 체 게바라처럼 불의에 저항하는 뜨거운 가슴을 지니기를 원했다.

콜럼버스 점령 이후 526년 지나서, 나는 과거에 유럽인들이 파랑새 나라라고 생각했던 쿠바 땅을 밟았다. 그동안 쿠바는 유럽인들이 마음껏 착취할 수 있는 파랑새였는지 모르지만, 쿠바인들에게는 기나긴 악몽이었다.

1959년 혁명 성공으로 쿠바는 비로소 악몽에서 깨어났다. 체 게바라의 혁명 동지와 후배들은 무상교육과 함께 무상의료 제도를 확립함으로써, 그가 그토록 뜨겁게 바랐던 민중의 염원을 실현했다.

"중요한 것은 윤리적 완성에 도달하는 것이 아니라 완성해 가는 과정이다."

대문호 톨스토이의 말이다.

그런 의미에서 쿠바 혁명에서 발아해서 성장한 쿠바의 무상의료는 인류가 보편복지를 완성해 가는 과정에 중요한 모범을 제시했다고 볼 수 있다.

이제 모든 인류는 쿠바 혁명이 이룩한 무상의료란 파랑새를 소중한 선물로 여겨야만 한다, 반드시!

이 책을 쓰기까지 고마운 분들께

돈벌이와 전혀 관련 없는 혁명 관련 분야에 많은 시간을 보내는 나에게 불만이 이만저만이 아니지만 그래도 꾹 참아 주는 아내에게 미안하면서도 아주 고맙다는 마음을 전하고 싶다.

쿠바 여행을 제안하고 알차게 여행 기획을 마련하신 손호철 서강대 명예교수께 고마움을 드린다.

『왜 호찌민인가』 출판 이후부터 내게 관심을 표하고 이 책의 출판을 기꺼이 맡아 주신 정광일 대표와 편집부 식구들에게 고마움을 드린다.

유신의 막바지였던 1970년대 말, 그러니 40년 더 지난 시절, 치과대학 지하 동아리에서 인연을 맺어 지금까지 소중한 인연을 맺은 선후배님과 동료가 있다.

개원하시면서 동아리 후배를 보살펴 주신 고광성, 이문영 선배님, 연세대학교 치과대학 구강병리학 교실의 김진 선배님에게 고마움을 드린다.

예방의학 교실의 권호근 선배는 쿠바의 예방의료를 소개해 주셔서 아직까지 내 기억에 그토록 강하게 남아 있었다. 권호근 선배께 고마움을 드린다.

2019년 대학 동기 가운데 절친인 이상훈 원장의 안중치과에서 6개월간 근무했다. 원룸 방을 얻어 주어서 낮에는 치과 일을 하고, 타향의 저녁이라 술도 거의 끊고 아무런 방해 없이 자료 정리에 집중할 수 있었다. 이상훈 친구께 고마움을 드린다.

대학 당시 절친한 후배며 지금까지 친하게 지내는 전영찬 원장, 1980년 광주항쟁 이후 제적을 당한 후 복교하지 않고 노동운동을 하며 모범을 보인 박장근 후배께도 고마움 드린다.

'베트남평화의료연대'를 조직하고 같이 활동한 정성훈 후배께도 고마움 드린다.

'베트남평화의료연대'를 통해 베트남에서 땀을 흘린 수많은 회원들께도 고마움 드린다.

20세기를 가른 쿠바 혁명과 베트남 혁명의 결과는 전 인류사에 남은 소중한 교훈이라 생각한다. 서로 다른 역사 환경 아래지만 제국주의에 처절하게 저항한 경험은 같은 정신의 바탕에서 출발했기 때문이다. 그래서 호세 마르티의 쿠바 인민과 호찌민의 베트남 인민의 존재에 고마움을 드린다.

쿠바 혁명은 21세기에서도 진행형이다. 인류의 삶에서 무상교육과 무상의료는 반드시 이루어야 할 과제다. 혁명으로 현실의 지평을 넓힌 피델 카스트로와 미래의 길을 제시한 체 게바라에게 고마움을 드린다.

우리 현대사에는 체 게바라가 없었던가?

나는 이렇게 알고 있다. 일제강점기에 김산이 있었다. 해방정국에는 이현상이 있었다. 그리고 우리 사회 자본주의의 부조리에 눈뜬 전태일이 있었다.

김산, 이현상, 전태일 이분들 모두에게 고마움을 드린다.

참고문헌

나는 컴퓨터를 사용하고부터는 책을 읽으며 중요한 내용에 대한 내 나름대로의 생각을 파일에 저장하여 보관했다. 이런 습관이 25년쯤 되었다. A4 용지로 2,000~3,000여 장에 달하지 않을까 싶다.

어떤 주제에 관한 글을 쓸 때 적어 놓았던 글이 떠오르면, 열어서 살펴보곤 했다. 그런데 워낙 오래되다 보니 출처를 적어 놓지 못했던 글이 많았다. 그래서 체계적인 논문처럼 인용 부분을 정확하게 정리하기 힘들었다.

나는 베트남 호찌민을 공부하면서부터 비슷한 역사 환경에 처해 있었던 피델 카스트로에 관심이 생겨 그에 관한 책들을 얼마간 읽었다.

그러다 2018년 초에 쿠바 답사를 결정하고 부랴부랴 쿠바 책을 다시 읽기 시작했고, 답사를 다녀와서도 여러 권의 책을 구해 읽었다.

앞서 이야기한 대로 정확한 출처를 밝히지 못한 부분에 대해서는 책을 읽는 분들에게 널리 이해를 바랄 뿐이다.

내 서재의 쿠바 칸에 있는 책들은 다음과 같다.

가브리엘 가르시아 마르케스(2021). 『백 년의 고독(1, 2)』. 조구호 옮김. 민음사.

김수우(2019). 『호세 마르티 평전』. 글누림.

김춘애(2016). 『쿠바 홀리데이』. 꿈의지도.

다카라지마사 편집부(2017). 『체 게바라의 100가지 말』. 송태욱 옮김. 아르테.

론리플래닛 편집부(2016). 『쿠바』. 김한아 옮김. 안그라픽스.

린다 화이트포드·로렌스 브랜치(2010). 『또 하나의 혁명(쿠바 일차의료)』. 최영철 외 옮김. 메이데이.

마이클 돕스(2019). 『1962 세기의 핵담판 쿠바 미사일 위기의 13일』. 모던아카이브.

박세길(2008). 『혁명의 추억, 미래의 혁명』. 시대의창.

방현석(2002). 『하노이에 별이 뜨다』. 해냄출판사.

배진희(2019). 『거꾸로 가는 쿠바는 행복하다』. 시대의창.

백민석(2018). 『헤밍웨이』. 아르테.

볼테르(2004). 『캉디드』. 염기용 옮김. 범우사.

사이먼 리드헨리(2009). 『혁명을 낳은 우정 피델 카스트로 & 체 게바라』. 유수아 옮김. 21세기북스.

설흔·박현찬(2007). 『연암에게 글쓰기를 배우다』. 예담.

손호철(2019). 『카미노 데 쿠바: 즐거운 혁명의 나라 쿠바로 가는 길』. 이매진.

아비바 촘스키(2014). 『자유를 향한 끝없는 여정 쿠바 혁명사』. 삼천리.

오로·김경선(2015). 『쿠바 알 판 판 알 비노 비노』. 너머학교.

요시다 다로(2005). 『생태도시 아바나의 탄생』. 안철환 옮김. 들녘.

요시다 다로(2011). 『의료천국, 쿠바를 가다』. 위정훈 옮김. 파피에.

요시다 다로(2012). 『교육천국, 쿠바를 가다』. 위정훈 옮김. 파피에.

우석균·조혜진·호르헤 포르넷 엮음(2018). 『역사를 살았던 쿠바』. 글누림.

윌 듀런트(1989). 『철학 이야기』. 박상수 옮김. 육문사.

유현숙(1997). 『체 게바라』. 자음과모음.

이규봉(2014). 『체 게바라 따라 무작정 쿠바 횡단-역사와 함께하는 쿠바 자전거 여행』. 푸른역사.

이봉재(2012). 『아프로 쿠바 음악 월드뮤직으로서 그 음악과 춤의 문화』. 예솔.

장 코르미에(2005). 『체 게바라 평전』. 김미선 옮김. 실천문학사.

정승구(2015). 『쿠바, 혁명보다 뜨겁고 천국보다 낯선』. 아카넷.

조지 오웰(2018). 『카탈로니아 찬가』. 정영목 옮김. 민음사.

존 리 앤더슨(2015). 『체 게바라 혁명가의 삶(1, 2)』. 허진·안성열 옮김. 열린책들.

크리스토프 로비니·알렉산드라 실베스트리 레비 엮음(2006). 『코르다의 쿠바, 그리고 체』. 이재룡 옮김. 현대문학.

피델 카스트로 & 프레이 베토 대담(2016). 『카스트로, 종교를 말하다』. 조세종 옮김. 살림터.

피델 카스트로·이냐시오 라모네(2008). 『피델 카스트로 마이 라이프』. 송병선 옮김. 현대문학.

피델 카스트로(2010). 『카스트로 아바나 선언』. 강문구 옮김. 프레시안북.

하워드 패스트(2008). 『스파르타쿠스』. 김태우 옮김. 미래인.

헨리 루이스 테일러(2010). 『쿠바식으로 산다. 밑바닥에서 본 아바나의 이웃공동체』. 정진상 옮김. 삼천리.

호세 마르티(2019). 『호세 마르티 시선집』. 김수우 옮김. 글누림.

Aleida March(2015).. 『CHE & FIDEL』. OCEAN.